VOYAGES

EN CORSE,

A L'ILE D'ELBE,

ET EN SARDAIGNE;

PAR M. VALERY,

BIBLIOTHÉCAIRE DU ROI AUX PALAIS DE VERSAILLES ET DE TRIANON;
AUTEUR DES VOYAGES HISTORIQUES ET LITTÉRAIRES EN ITALIE.

TOME PREMIER.

PARIS,
LIBRAIRIE DE L. BOURGEOIS-MAZE, ÉDITEUR,
QUAI VOLTAIRE, N.º 23.
1837.

VOYAGES

EN CORSE,

A L'ILE D'ELBE,

ET EN SARDAIGNE.

On trouve aussi à la même Librairie :

Voyages historiques et littéraires en Italie, ou l'Indicateur Italien ; par M. Valery, Bibliothécaire du Roi aux palais de Versailles et de Trianon. Paris, 5 vol. in-8° . . . . 35 fr.

VERSAILLES. — IMPRIMERIE DE DUFAURE,
rue de la Paroisse, 21.

PRÉFACE.

Après avoir consacré plusieurs années à l'étude des arts, de l'histoire et de la littérature de l'Italie, et avoir fait plusieurs voyages dans cette docte et poétique contrée, j'ai essayé de peindre une Italie nouvelle, et si j'ose le dire, inconnue. Un voyage en Corse, à l'île d'Elbe et en Sardaigne m'a paru se rattacher à ce système de découvertes. Les deux premières de ces îles devenues célèbres, sont peu connues; la dernière est restée à peu près ignorée.

Si la fatigue du voyage qui ne peut se faire qu'à cheval et par d'affreux chemins, était bien plus grande en Corse qu'en Italie, la fatigue littéraire était encore plus forte. Je n'avais plus à mettre en œuvre ces excellens ouvrages d'art et d'antiquités, écrits par de savans auteurs; mais il me fallait peindre des mœurs et rappeler de glorieux souvenirs : au lieu de tableaux et de statues, j'avais en Corse des actions et des hommes.

La Corse, la dernière de nos provinces françaises, ne s'est montrée inférieure à aucune d'elles par la qualité de ses habitans. En moins d'un demi-siècle, elle avait produit des capitaines et des hommes d'état tels que les trois Paoli, Bonaparte, Salicetti, Arena, les deux Casabianca, Abbatucci, Cervoni, Pozzo di Borgo, les deux Sébastiani, et des magistrats tels que Vidau [1], Bertolacci [2], Castelli et Colonna [3]. Il semble que cette île infréquentée ait encore vu passer et comme attiré les plus puissans contemporains : Mirabeau y sert comme officier; Dumouriez jeune y intrigue et s'y bat; Nelson blessé y perd un œil; Murat fugitif y rêve son trône, et s'y embarque pour aller mourir; et le vainqueur de Rivoli et d'Essling ainsi que le roi Charles-Jean y sont

---

[1] Premier président à Florence sous l'Empire.
[2] Ancien président de la cour suprême en Corse.
[3] Voyez sur ces deux magistrats, le chapitre vi.

faits caporaux. A côté de ces héros de l'histoire, la Corse est encore parcourue par quelques héros de romans, Guibert et Lauzun. Récemment, elle a été visitée par un Bolingbroke, par la princesse de Galitzin, née Souvaroff, et par quelques Français distingués; l'illustre auteur des *Souvenirs, Impressions, Pensées et Paysages pendant un voyage en Orient*, avait parlé de s'y rendre, et elle commence à devenir à la mode.

Les trois îles que j'ai visitées se recommandent diversement à l'intérêt et à la curiosité du voyageur, même après l'Italie. La Corse offrira les délicieuses vallées du Cap-Corse, la charmante Balagne, la vaste plaine d'Aleria, l'immense prairie du Coscione, les plus belles forêts de l'Europe, et le gigantesque Monterotondo.

L'île d'Elbe a sa superbe mine de fer, et le passage de Napoléon.

La Sardaigne compte deux merveilles, les premières dans leur genre : la grotte d'Alghero, la reine des grottes, et la forêt d'orangers de Milis, à laquelle les plages même de San-Remo, de Salò et de Gaëte ne peuvent être comparées. Le point de vue de Cagliari est à la fois singulier et magnifique. Le nouveau musée phénicien, unique en son genre, présente les antiquités religieuses les plus reculées. Le peuple sarde est resté, je crois, le plus pittoresque de l'Europe, et ses fêtes nombreuses au mois de mai sont admirables. Enfin pour décider certains voyageurs indifférens à tant de divers mérites, la Sardaigne est un des premiers pays du monde pour la chasse, et nulle part on ne dîne aussi copieusement.

Le grave accident survenu à ma vue à la fin de ce voyage en a suspendu la relation. Ce retard a toutefois contribué à rendre l'ouvrage moins imparfait; j'ai pu profiter des matériaux officiels recueillis par M. Robiquet dans ses *Recherches statistiques sur la Corse :* les chiffres de cet écrivain sont ainsi venus en aide à mes impressions et à mes remarques qui lui devront de mériter plus de confiance. Une autre circonstance peut-être ne m'a pas été moins utile : un régiment presque entièrement composé de Corses a tenu garnison pendant plusieurs mois dans la ville solitaire que j'habite, vaste ruine qu'une pensée royale et française vient de ranimer en y évoquant les souvenirs de notre gloire. Après avoir travaillé le matin sur mes notes et les livres, j'allais le soir achever mes idées au corps-de-garde et je serais ingrat si je taisais ce que je dois au 60.ᵉ régiment, mon collaborateur.

Il est un secours plus doux, plus gracieux, dont je parlerai sans pudeur : c'est celui de ma femme; sa tendre sollicitude pour les débris de ma vue ne m'a point permis de toucher à une plume; le journal du voyage a été déchiffré par elle, et le manuscrit est tout entier de la main de cet intelligent et aimable secrétaire.

ERRATA.

Page 51, lig. 7, Marati; *lisez :* Murati.
    75,   20, Quelfurci; *lisez :* Quelfucci.
    89,   19, tranféré; *lisez :* transféré.
    140,   10, n'eut; *lisez :* n'est.
    146,   17, *Sudelle;* lisez : *Scudelle.*
    246,   15, Les femmes; *lisez :* Ces femmes.

VOYAGE EN CORSE.

LIVRE PREMIER.

BASTIA.

CHAPITRE Ier.

Le Napoléon. — Bastia. — Aspect. — Port. — Rocher.

Le Napoléon, splendide et commode bateau à vapeur, part de Marseille tous les dix jours, et vous mène en 32 heures et pour moins de cinquante francs à Bastia. *Le Napoléon* possède tout le confortable de ces bâtimens industriels qui sillonnent tristement la poétique Méditerranée, et rendent impossibles aujourd'hui ses classiques naufrages, et les dix années d'aventures du roi d'Ithaque. Après avoir touché à Bastia, *le Napoléon* ne met que huit heures pour arriver à Livourne; ainsi le voyageur qui a parcouru la Corse, peut déjeûner à Bastia, et le soir aller en Italie au grand opéra.

Bastia, en amphithéâtre, et au milieu de jardins d'oliviers, de citronniers et d'orangers, est plutôt longue que grande.

Le port de Bastia, bien situé, mais petit, incommode, peu sûr, ne contient que 50 bâtimens ; agrandi, il pourrait, par sa position, presque rivaliser avec celui de Livourne, et attirer une partie des richesses de ce bazar de la Méditerranée. Cette conquête sur l'Italie, pacifique, légitime, faite chez soi, serait certaine et durable. Il en coûterait, pour atteindre à ce brillant résultat, un million cent cinquante mille francs, dépense vivement désirée par la ville et le département, qui ont offert d'y contribuer, la première de cent mille francs, le second de soixante mille. On doit regretter que les travaux aient été ajournés et exigent de nouvelles études : les ingénieurs prétendent que la nécessité d'établir le nouveau bras du môle à un point où la mer n'a pas moins de 20 mètres de profondeur, afin d'abriter le port contre les vents d'est et de sud-est, rendra l'entrée difficile et dangereuse.

A l'entrée du port est un noir rocher tacheté de lichens blancs et de mousse, ayant la forme d'un lion et appelé par les marins *il leone*. Ce monument de la nature me paraît merveilleusement analogue au caractère du peuple corse, et digne d'annoncer l'île qui a vu naître Napoléon. J'ai depuis rencontré à Porticciolo, petit village sur le bord de la mer, à quelques milles de Bastia, un autre rocher pouvant aussi offrir, à la queue près, la forme d'un lion; il n'est pas, dit-on, le seul, et ce genre d'observations peut faire juger de la sorte d'imagination des habitans.

CHAPITRE II.

Reflet italien. — Sociabilité de Bastia. — Pavé.

Le reflet italien est très-sensible à Bastia. Cette ancienne capitale de la Corse offre une douceur de mœurs, une véritable sociabilité que ne possède point encore sa nouvelle rivale Ajaccio, sauvage chef-lieu du département, malgré les édifices administratifs dont il a été, à grands frais, décoré [1].

Le pavé de Bastia *lastricato* et formé de dalles de la pierre de Brando, extraite de carrières voisines, est une espèce de marbre jaspé supérieur même au pavé de Milan, de Florence et de Naples; il serait plus digne de palais ou de temples que de rues : les nuances de cette pierre ressortent après la pluie avec un éclat singulier. La petite ville de Bastia, cette simple sous-préfecture de France, est peut-être la première ville de l'Europe pour le pavé.

Les églises, riches, dorées, ornées de marbre, rappellent encore vivement l'Italie.

---

[1] Voyez ci-après, chap. L.

CHAPITRE III.

Saint-Roch. — *La Conception.* — Inauguration du buste de Paoli. — *Saint-Jean-Baptiste.* — Tombeaux de Boissieux. — de Marbeuf. — Lettre de Napoléon. — M. de Montélégier. — Le curé Bajetta. — Tableau de M. Pasqualini.

La petite église Saint-Roch, espèce de salon, est riche comme toutes les églises dédiées à ce saint en Italie, et même aujourd'hui à Paris, grâce à la pieuse munificence de la plus auguste et de la plus sainte des paroissiennes de notre Saint-Roch.

La Conception, autre petite église voisine, et dorée, fut élevée à la fin du xvie siècle par la confrérie rivale de celle qui avait fondé Saint-Roch. Une telle émulation, sainte vanité, commune alors aux grandes et commerçantes cités de l'Italie, est à la fois un signe de piété, d'opulence et de civilisation.

C'est à la Conception qu'eut lieu la première assemblée du parlement de 1795; le buste de Paoli fut inauguré avec un perfide respect, alors que lui-même allait être mis honnêtement de côté, faute grave des Anglais, car Paoli nommé vice-roi, pouvait seul empêcher le retour des républicains français. La belle constitution donnée par l'Angleterre et rédigée par un Corse, M. Pozzo di Borgo, ce code si savamment pondéré, un des plus libéraux dont aucune nation ait été dotée, les sages réglemens administratifs et judiciaires dus au même publiciste et imprimés ainsi que la constitution à Corte, l'or prodigué par les maîtres nouveaux [1], tout ce bien-être politique et matériel devait être moins puissant sur l'esprit d'un peuple indigent, mais indépendant et fier, que le nom national, que le vieux nom du chef de l'insurrection.

Saint-Jean-Baptiste, inachevée, est l'église la plus riche, la plus grande et la plus importante de Bastia. Dans le chœur, le tombeau d'un neveu de Villars, du comte de Boissieux, généreux et infortuné commandant de l'armée française, prédécesseur de Maillebois, et mort le 2 février 1738, n'a même pas d'inscription. Boissieux périt à la suite de la défaite dite improprement *vespero*

---

[1] La somme versée en Corse par l'Angleterre, pendant les deux années de sa domination, a été évaluée à 57 millions, et la perception des impôts avait été à peu près nulle. Il existe encore aujourd'hui en Corse, une vingtaine d'officiers, tant lieutenans que capitaines, pensionnés par l'Angleterre : les premiers touchent par jour une demi-solde de 4 fr. 75 c., les seconds de 7 fr., demi-soldes qui sont le double de celles de nos braves.

corso, puisque cette affaire fut une véritable bataille et non un vaste assassinat comme le meurtre de Sicile.

Par une étrange réaction d'épitaphes, la tombe de M. de Marbeuf, mort presque octogénaire, dont le nom est déjà consacré par l'histoire et la reconnaissance des Corses, ne porte aucune inscription : les révolutionnaires détruisirent la première, honorifique, et la remplacèrent par une autre, injurieuse, qui a disparu à son tour et a laissé depuis la pierre muette [1]. L'autorité pourrait, sans beaucoup se compromettre, rétablir l'épitaphe honorifique et méritée : la France doit Napoléon à M. de Marbeuf (et cela soit dit sans croire à la chronique de l'île); l'empereur n'oublia point les bienfaits qu'il avait lui et sa famille reçus de l'ancien gouverneur de la Corse [2] : la comtesse de Marbeuf fut recherchée et traitée par lui avec la plus rare distinction [3]; son fils devint officier d'or-

---

[1] Voici cette inscription, monument curieux de la grossièreté de l'époque, qui, malgré sa manie d'imiter les Romains, s'est fort peu exprimée en latin. *Monumentum, quod vile mendacium et venalis adulatio tyranno gementis Corsicæ dedicârunt, ridentis nunc totius Corsicæ libera veritas et vera libertas delevere.*

[2] Voyez à l'appendice n.º 1, sa lettre inédite à M. de Marbeuf fils, et ci-après, chap. XXXII.

[3] A la formation des maisons des membres de la famille impériale, madame Letitia ayant cru devoir mettre à la tête de la liste de ses dames pour accompagner, madame de Marbeuf, Napoléon

donnance, colonel d'un régiment de lanciers, et fut marié à l'une de ces riches héritières portées aux statistiques départementales, et son gendre M. le lieutenant-général d'........ pair de France, rapidement avancé. Le jeune Marbeuf périt dans la campagne de Russie, blessé à mort à la tête de son régiment lorsqu'il enfonçait un carré ennemi ; il fut amèrement pleuré de Napoléon. La veuve de M. de Marbeuf, à laquelle il s'était uni presque septuagénaire, existe encore, et elle a conservé de la Corse le plus cher et le plus doux souvenir. Cette femme jolie, irréprochable, d'un esprit aimable et cultivé, a embrassé, après la perte de son fils, la vie religieuse, à laquelle ses vertus chrétiennes et ses œuvres de charité l'avaient depuis long-temps préparée. On se souvient encore à Bastia de cette association de dames, véritables sœurs grises de la société, instituées par madame de Marbeuf, et de la touchante commisération déployée par la jeune épouse du magnifique gouverneur de l'île, qui parcourait les salles de l'hôpital avec son pieux cortège, portait la potion aux malades, soulevait leur couche, et,

s'y opposa par une noble délicatesse : « Après ce que M. de Marbeuf a été pour nous, dit-il à sa mère, il ne serait point convenable que sa veuve fût à votre service. » Il avait accordé à madame de Marbeuf, faite baronne, la jouissance du majorat créé en faveur de son fils.

ceinte du tablier de toile cirée, pansait de ses mains les blessés.

Un tombeau plus récent rappelle la nouvelle gloire militaire de la France : c'est celui de M. de Montélégier, mort gouverneur de la Corse, universellement regretté pour l'agrément de ses manières, l'éclat de ses fêtes et l'abondance de ses aumônes. L'intermédiaire de ces aumônes était un Corse, Pierre Bajetta, pendant vingt ans curé de Saint-Jean-Baptiste, véritable apôtre, mort dans la pauvreté. Un seul trait entre mille peut faire juger de la charité de Bajetta. Un soir qu'il rentrait chez lui après ses visites spirituelles qu'il accompagnait ordinairement de secours aux malheureux, sa nièce crut s'apercevoir à sa démarche embarrassée et à la précaution qu'il prenait de cacher ses jambes avec sa soutane, qu'il n'avait ni ses bas, ni un autre vêtement voisin encore plus indispensable : étonnée, un peu confuse, elle lui demanda ce qu'ils étaient devenus ; « Ne « vous en inquiétez point, répartit le saint prê- « tre, je les ai laissés à des pauvres qui en « avaient plus besoin que moi. » Tel était l'amour qu'avait inspiré M. de Montélégier, que lors de sa mort prématurée, la douleur fut générale et publique ; et que spontanément, sans ordres, les magasins et les boutiques se fermèrent ;

touchant témoignage qui, depuis M. de Marbeuf, ne s'était point renouvelé.

Saint-Jean-Baptiste a une ancienne et petite *pêche miraculeuse*, qui paraît un bon ouvrage. A la chapelle Saint-Antoine et Saint-Diègue, est un tableau du saint, envoyé de Rome par M. Pasqualini, peintre distingué de Rostino, et commandé par M. Lota, négociant honorable, maire de Bastia, en mémoire de bonnes opérations de commerce faites le jour de la fête de saint Diègue.

CHAPITRE IV.

Cathédrale. — Biguglia. — *Vagabondi*. — Tableau de M. Varèse. — Artistes Corses.

Ainsi que dans plusieurs villes d'Italie, la cathédrale, quoique ancienne et belle, n'est point la plus magnifique église de la ville, car elle est inférieure à Saint-Jean-Baptiste. Près du maître-autel, deux niches sont ornées de sculptures en marbre blanc de très-bon goût, probablement du xvi.ᵉ siècle.

Le tombeau littéraire de Jérome Biguglia, poëte, historien, théologien, jurisconsulte et podestat de la ville, mort en 1669, suffirait presque à illustrer la cathédrale. Quoique Dante, selon l'abbé Germanès, ait vanté « le goût délicat et le « penchant naturel des Corses pour la belle littéra- « ture, » les lettrés corses semblent arriver assez tard et en petit nombre, et l'académie du pays, fondée en 1650, et qu'avait présidée Biguglia, paraît avoir pris naturellement le titre *dei Vagabondi*.

Cette académie fut rétablie vers le milieu du

dernier siècle, par un général français, le marquis de Cursay, rappelé trop tôt et dont le nom est resté vénéré en Corse. Jean-Jacques composa un petit et médiocre discours sur la question creuse proposée par la nouvelle académie *dei Vagabondi*, « quelle est la vertu la plus néces-
« saire aux héros, et quels sont les héros à qui
« cette vertu a manqué ? » discours dont il a plusieurs fois parlé presque avec honte, qu'il ne jugea pas digne d'envoyer ni d'imprimer, mais qui, à travers sa déclamation, offre quelques traits d'une vraie beauté [1]. L'académie *dei Vagabondi*, après avoir plusieurs fois vainement essayé de revivre, n'existe plus.

Un tableau de *sainte Anne*, est de M. Varèse, de Bastia, fils d'avoué, et avoué lui-même par le besoin et la société ; mais né peintre, et qui, dans ses portraits, ainsi que j'ai pu en juger, est merveilleusement doué du talent de la ressemblance. Ce n'est que de nos jours que les Corses ont commencé à s'adonner aux arts. J'ai déjà nommé M. Pasqualini, de Rostino ; M. Gheraldi, d'Ajaccio, est cité pour la bonne exécution et la

---

[1] Tel est le trait sur la mort de Socrate, placé depuis dans la *profession de foi du vicaire savoyard* : « Si Socrate était mort
« dans son lit, on douterait peut-être aujourd'hui s'il fut rien de
« plus qu'un adroit sophiste. »

fidélité de ses copies, et M. Fournier, son compatriote, établi à Florence, jouit d'une juste réputation pour l'élégance de ses vignettes. Cette tardive culture des arts en Corse ne peut être attribuée au défaut d'intelligence ou de génie, mais les arts réclament une certaine douceur de temps, une aisance, une facilité de mœurs dont l'île fut trop long-temps privée ; elle n'a jamais eu, elle n'a point encore d'industrie, et celle-ci, qui finit par tuer les arts, les a presque partout précédés.

Sainte-Croix, moderne et toute brillante de marbres et de dorures, paraît d'assez mauvais goût.

CHAPITRE V.

Hôpital militaire. — Citadelle. — *Maschio.* — *Bastion-Saint-Charles.* — Anciennes prisons. — Palais des gouverneurs français.

Les édifices de Bastia sont assez peu remarquables. Le premier, le plus beau, est l'hôpital militaire, ancien couvent de Saint-François.

La citadelle, médiocre aujourd'hui, est dominée par des collines couvertes elles-mêmes de petits forts.

Le donjon, *il Maschio*, remonte au XVe siècle, et fut commencé par l'un des plus brillans héros de la Corse, le comte Vincentello d'Istria [1]. Le célèbre Bastion-Saint-Charles, qui se voit du port, construit peu de temps après, a donné son nom à la ville. Les Génois élevèrent le beau corps de bâtiment, résidence de leurs gouverneurs. C'est là qu'étaient convoqués les prétendus députés de la nation et les hommes influens, dont les remontrances trop libres furent quelquefois immédiatement punies. Alors, le député qui

---

[1] Voyez ci-après les chap. LXII et C.

croyait sortir par la grande porte, était, sur un geste du gouverneur, saisi par les sbires et mené dans la même cour, au guichet des prisons. Des ouvriers travaillant de ce côté, il y a quelques années, trouvèrent douze cadavres : les cachots de Gênes, moins célèbres, n'étaient pas moins affreux que les puits de sa rivale. Par une mesure qui honore notre civilisation, les cachots de Bastia sont comblés, et ceux de Venise, ainsi que plusieurs autres de ces temps d'oppression, tout-à-fait abandonnés.

L'ancien et beau palais des gouverneurs français est occupé par la sous-préfecture, la cour royale, la cour d'assises ; et le rez-de-chaussée sert de caserne aux voltigeurs corses.

CHAPITRE VI.

Cour Royale. — M. le comte Colonna d'Istria. — Séance de la cour d'assises. — Mot du frère Albertini. — Proportion des délits en Corse. — Lettre inédite de Viterbi.

La cour royale de Bastia est une des trois cours du royaume qui ont fourni le moins de pourvois, et elle a même obtenu les éloges d'un célèbre et malin orateur [1].

Le président de la cour royale, M. le comte Alexandre Colonna d'Istria, appartenant à l'une des premières et des plus historiques familles de la Corse, allie à la dignité du magistrat français un atticisme de manières et de langage qu'il doit à son éducation toscane. Lorsqu'en 1814, le commandant français eut admis les troupes hanovriennes dans la citadelle d'Ajaccio, et dans les forts de Bonifacio et de Calvi, et que le général anglais somma la cour d'appel de juger au nom du roi Georges III, le comte Colonna, alors procureur-général, et son digne président et compa-

---

[1] Voyez le discours de M. Dupin, à la séance solennelle pour la rentrée de la cour de Cassation, 1834.

triote Castelli ¹, déclarèrent que la Corse était Française, et qu'ils ne rendraient la justice qu'au nom du Roi. Le courage civil montra cette fois plus de résolution que le courage militaire.

Pendant mon premier séjour à Bastia, j'assistai à une séance de la cour d'assises, drame curieux et qui peignait à merveille l'esprit, le caractère et l'intelligence des habitans. On plaidait alors l'affaire des frères Albertini : l'aîné, quoique blessé par son ennemi, l'avait dompté, et le mordait à l'oreille ; puis, lui arrachant le fusil dont il avait reçu le premier coup, au lieu de lâcher le second, il appela les témoins et attendit les gendarmes. « Je sais bien, disait à l'audience cet Albertini, « s'adressant aux spectateurs, qu'il y en a ici qui me « blâmeront de ne point avoir tiré le second « coup », et il était comme embarrassé de sa belle action, qui n'en est pas moins un symptôme singulier de progrès chez les Corses.

Il n'y a point en Corse d'empoisonnement, de fabrication de fausse monnaie, de vols domestiques ou de grands chemins, point de parricides,

---

¹ La nomination de Castelli offre un nouveau trait du merveilleux discernement des hommes, première partie du génie de Napoléon. Castelli n'avait point été présenté par le ministre ; l'empereur, surpris, demanda s'il vivait encore, et écrivit son nom au lieu de celui du candidat que la faveur avait fait porter.

peu d'infanticides, presque point de procès d'adultère ou en séparation, point de faux en écriture, de banqueroutes simples ou frauduleuses, ni aucun de ces délits sociaux qui annoncent l'excès de la civilisation; mais les causes les plus fréquentes sont d'attentats et d'attaques contre les personnes. Le nombre de ces assassinats, d'après le compte de l'administration de la justice pour 1834, s'élevait à 87 sur 100 causes, tandis qu'il est descendu à 10 dans le département de la Seine. Chose singulière, la proportion du nombre des accusés sachant lire et écrire est plus du double qu'en France, elle est même plus que triple sur les accusés d'une éducation supérieure. Le crime est là moins grossier qu'ailleurs; il tient moins aux violens et subits emportemens du sang qu'aux passions de l'ame et à leurs opiniâtres et patientes combinaisons. Ici, c'est la classe éclairée qui se venge et qui tue. La proportion d'un accusé sur mille habitans est à peu près la même qu'à Paris, tandis qu'elle n'est guère que d'un sur quatre mille dans le reste de la France; rapprochement étrange! et qui doit donner lieu aux méditations les plus désespérantes, puisqu'il montre les deux extrémités de la civilisation arrivées au même point.

Un condamné distingué de Corse, Viterbi, qui, en attendant l'issue de son pourvoi en cassation, fut dix-huit jours sans manger, et rédigea le journal de ses sensations physiques et de son affaiblissement graduel pendant ces dix-huit jours, acquit une sorte de célébrité européenne par la publication, à Londres (1825), de ce journal, dans les *Sketches of Corsica* de M. Benson, bon observateur, mais qui n'a visité que la grande route d'Ajaccio à Bastia, et n'est resté que six semaines en Corse. On trouvera dans l'appendice le texte d'une lettre remarquable de Viterbi à sa femme, écrite la veille de sa mort, et qui n'a point été donnée dans les *Sketches* [1].

[1] Voyez le n.º 2.

CHAPITRE VII.

De la dénonciation. — Du jury en Corse. — Vif sentiment du juste et de l'injuste chez les Corses. — Anecdote.

La dénonciation à Rome était une vertu publique. La jeunesse politique l'embrassait pour faire son chemin, et Cicéron dénonçait Verrès; Caton, qui savait aussi prendre sa revanche, avait été accusé cinquante fois et jusqu'à l'âge de 80 ans. On pourrait croire qu'il en est à peu près de même en Corse, quand on y voit des hommes honorables et même des ecclésiastiques adresser aux magistrats leurs dénonciations signées, et y prendre sans rougir le titre de dénonciateurs (*dinunziatori*). Les ressentimens particuliers sont le secret de cette délation, et elle n'est au fond qu'une transformation civile, qu'une espèce de légalité de la *vendetta*.

Le jury a été jeté en Corse. Depuis son rétablissement en 1831, et malgré quelque perfectionnement dans la formation des listes des jurés, les assassinats sont plus nombreux. Une telle institution réclame une certaine éducation qui manque encore au pays. Le juré corse menacé, est ou trop indulgent ou trop sévère. Un bandit [1] distingué

---

[1]. Voyez ci-après, chap. xxx.

que j'ai rencontré aurait eu plus de confiance dans les lumières des magistrats que dans les préventions ou les passions des jurés. On n'a point oublié à Bastia le mot terrible du paysan Franchi, lors de l'acquittement du fils de Bonaldi, juge de paix, qui l'avait blessé d'un coup de pistolet : *Les jurés l'ont absous, moi je le condamne.* Le voyage et le séjour des jurés appelés des extrémités de l'île à Bastia, donnent lieu à des frais très-considérables. Le magistrat est, en outre, beaucoup moins exposé au ressentiment des parties dans sa ville, que le propriétaire juré, au milieu de ses champs ou de son village.

Le sentiment du juste et de l'injuste est singulièrement vif chez les Corses, ainsi que l'avait avancé déjà Diodore de Sicile, et que l'a depuis remarqué son dernier et intelligent traducteur, M. Miot, qui a visité et administré l'île [1]. L'autorité d'un historien grave, sceptique, tel que Diodore, favorable aux Corses, qu'il regarde comme les plus justes et les plus sages des barbares, paraît plus imposante que les mensonges de Strabon, ou les déclamations intéressées de Sénèque [2]. Les juges de paix que j'ai recherchés dans mes courses, comme les meilleurs témoins

---

[1] Voyez ci-après, chap. LII.
[2] Voyez ci-après, chap. XV.

de mœurs, m'ont répété que souvent ils avaient reçu d'hommes condamnés, l'aveu que la chose était bien jugée. Le trait suivant est encore plus caractéristique. M. Desclaux, président de chambre à Bastia, s'était égaré à la chasse, aux environs de cette ville; le jour était avancé et sombre, lorsqu'il fut rencontré par un homme armé jusqu'aux dents, à la barbe épaisse et au visage sinistre; il fallut bien toutefois qu'il lui demandât sa route. Cet homme parlait facilement le français, et mit beaucoup d'obligeance à bien conduire M. Desclaux. Arrivé à la vue de Bastia, « Voici votre « chemin, lui dit-il, mais permettez-moi de ne « point vous accompagner plus loin; peut-être « pourriez-vous ne pas user envers moi de la même « générosité que j'ai montrée envers vous; je suis « un tel, le bandit que vous avez fait condamner à « mort. » Comme M. Desclaux paraissait ému; « Je ne vous en veux point, répartit son guide, « vous avez fait votre devoir; mais ma vengeance « est pour les faux témoins, tels et tels, qui « m'ont fait condamner, » et montrant sa carabine, « Soyez sûr qu'ils me le paieront. » Et le bandit disparut dans un makis [1].

[1] On appelle ainsi les bois épais de buis, de myrthes, d'arbousiers, de lentisques, de laurier-thym, de bruyères de six à douze pieds de haut, qui couvrent, ainsi qu'on l'a calculé, les vingt et un vingt-septièmes de la Corse.

CHAPITRE VIII.

Bibliothèque. — M. Renucci. — M. Prela. — M. G.-C. Gregorj. — Sisco. — Nouvelles éditions des histoires de Filippini et de Petrus Cyrneus. — V. Giubega. — Le chanoine Straforelli. — M. Viale. — Poésie corse.

La bibliothèque, à l'ancienne et vaste maison des Jésuites, occupe un local convenable. Créée en quelque sorte par les soins de M. Renucci, son vénérable bibliothécaire, elle compte aujourd'hui six mille volumes, et doit acquérir une haute importance lorsqu'elle aura reçu les vingt-cinq mille volumes choisis, que lui a légués M. Prela, ancien médecin du pape Pie VII, né à Bastia, et les manuscrits recueillis par M. Charles Gregorj, d'une honorable famille de Bastia, littérateur judicieux et instruit, qui doivent lui servir à donner enfin une histoire à la Corse. La première collection, qui fera de là bibliothèque de Bastia une des plus riches de France, semble pouvoir influer un jour puissamment sur le progrès des lumières et de la civilisation de l'île.

Je remarquai quelques éditions de Bodoni, et les ouvrages laissés par Sisco, habile chirurgien, né aussi à Bastia, chirurgien en chef de l'hôpital de Saint-Jacques des Incurables à Rome, ancien chirurgien de Pie VI, auteur de dissertations estimées sur son art. Sisco a, de plus, généreusement légué une somme dont le revenu doit servir à l'entretien et à l'éducation médicale, à Rome, de trois jeunes gens de Bastia, qu'il a désignés la première fois, et qui doivent l'être à l'avenir par la ville.

Je revis avec plaisir, à la bibliothèque de Bastia, la nouvelle édition du vieux et national historien de la Corse, Filippini, que j'avais lue attentivement avant mon départ. L'étude de Filippini est une bonne préparation au voyage de Corse; la description physique de l'île paraît encore aujourd'hui fort exacte, et l'on doit à M. Gregorj d'avoir rendu cette étude facile et agréable par son introduction, ses recherches et les lettres inédites de Sampiero, d'après les manuscrits de la bibliothèque royale. L'ouvrage était devenu assez rare, les Génois ayant autrefois racheté, pour les détruire, les exemplaires qu'on leur apportait; aussi doit-on regarder comme un acte de citoyen la réimpression de Filippini, due à la munificence de M. le comte Pozzo di Borgo. Cette édition de luxe, imprimée à Pise, en cinq volumes, a été gratuitement distribuée à tous les chefs-lieux de canton, aux tribunaux, aux colléges, aux conseils de département et d'arrondissement, aux autorités principales et aux diverses notabilités de l'île; déposée à la municipalité, elle est lue par les maires, les curés; et quelques exemplaires même ont obtenu du conseil municipal les honneurs de la reliure.

La même munificence patriotique a rendu accessible un autre historien de la Corse, Petrus Cyrneus (Pierre de Corse), enfoui dans les *Rerum italicarum scriptores* de Muratori, et publié à Paris, en 1834, sur le manuscrit original, par les soins de M. Gregorj, voué avec un zèle si actif aux illustrations des annales de son pays. Par un heureux effet du sort, ce manuscrit, qu'un officier français, frère d'armes de Sampiero, avait enlevé de Corse, se conservait à notre bibliothèque royale. Pierre de Corse, plus ancien de près d'un siècle que Filippini, paraît plus moderne, plus littéraire : écrivant à Venise, disciple du docte véronais Benoit Brugnolo, correcteur d'épreuves, depuis honoré du droit de cité, vivant au milieu de livres chéris [1], il composa son histoire

---

[1] *Libros plusquam saphyros et smaragdos, caros habebat.* Lib. IV. Le dernier séjour de Pierre de Corse, à Venise, ne fut pas

dans la belle latinité des savans de la renaissance ;
Filippini est resté chroniqueur [1].

toutefois sans tribulations. On l'y voit attaqué, le matin, lorsqu'il allait dire sa messe, par un misérable, nommé Ibrida, son ennemi; mais Pierre se tira d'affaire au moyen de son capuchon, dont il se fit un bouclier, et du stylet, qu'en vrai Corse; ce prêtre édifiant *(nisi quod honestum decorumque esset, aut admirabatur, aut optabat, aut repetebat)*, doux, *(laboris patiens; sitim, famem, pauperiem fortiter toleravit offensarum et inimicitiarum immemor)*, clément, *(inimicos esurientes cibavit, erga eos mansuetus et moderatus fuit.... insuper pro acceptis injuriis sœpe beneficia eis retulit)*, charitable, *(suis manibus et medelas, et cibos ægrotis afferebat)*, n'avait pas cessé de porter.

Ce IV.e livre de Pierre de Corse, dans lequel, après avoir achevé l'histoire de sa patrie, il croit devoir donner son portrait et l'histoire de sa vie, a l'intérêt, le pathétique des plus touchans mémoires, et presque du roman et de la nouvelle, par la multitude, la diversité des aventures, et surtout par la résignation religieuse de Pierre, qui, tantôt séparé de son compagnon d'infortune, voyageant presque nu, au cœur de l'hiver; tantôt consumé par la fièvre et chassé de Fossombrone, comme pestiféré, rend toujours grâces à Dieu *(ipse gratias agens Deo)*. Pierre ne fut point ingrat envers l'hospitalité littéraire qu'il avait trouvée à Venise, et il la reconnait dans ce passage plein de sentiment : *Originem Venetorum et sancti Marci translationem ideo commemorare libuit, quod et Venetiis hos scripsi libros, et quicquid in me est, eis post Deum imputo; quibus meritis quantum Veneto nomini debeam, nec litteris explicari, nec ulla oratione exprimi potest. Quod enim civis sum, quod litterulas didici, omnia Venetis accepta sunt referenda, ac eorum memoria cum grata recordatione perpetuo celebranda, ut hominibus tam præclare de me meritis si non parem beneficiis, eorum saltem aliquam pro viribus meis gratiam referam.*

---

[1] Voyez ci-après, chap. XCVIII.

Ce n'est pas sans intérêt que je profitai de l'occasion de ma visite à la bibliothèque de Bastia, pour faire connaissance avec quelques-uns des poëtes et des écrivains italiens de la Corse. Les gracieuses poésies de Vincent Giubega de Calvi, poëte distingué par le naturel et le goût, l'Anacréon, le Parny de la Corse, surprennent chez un tel peuple. Giubega mourut en 1800, âgé de 39 ans, juge au tribunal d'appel d'Ajaccio. Il ne reste qu'un assez petit nombre de ses poésies, Giubega en ayant détruit la plus grande partie par scrupule religieux; mais le voluptueux sonnet, *O letticciuol beato, che pur'anco*, et quelques autres pièces, justifieront nos éloges [1].

Je parcourus quelques uns des chants populaires du bon chanoine Straforelli, vieillard plus qu'octogénaire, que je connus depuis, et qui voulut bien me lire son bouffon testament et plusieurs de ses agréables pièces [2].

La *Dionomachia*, qui, avec moins d'imagination, rappelle pour l'élégance et la pureté la *Secchia rapita* de Tassoni, est de M. Viale de Bastia, excellent littérateur, critique ingénieux, traducteur d'Anacréon, imitateur de Byron, homme plein de naïveté, de modestie et de candeur.

[1] Voyez l'appendice n.º 3.
[2] Voyez l'appendice n.º 4.

Biadelli, autre poëte gracieux de Bastia [1], après avoir fait son droit à Rome, entra au service en 1790; il était chef de bataillon d'état-major quand il se retira dans sa ville natale en 1809; il s'adonna alors complètement aux lettres, que la guerre ne l'avait pas empêché de cultiver, et mourut en 1822, à l'âge de 52 ans. Ses productions, comme celles de Giubega, empreintes de l'éducation et de la vie italienne et française, appartiennent trop à la littérature imitée.

Il est assez singulier de voir la poésie contemporaine corse, anacréontique et burlesque, tandis que l'île était en proie aux révolutions, et que plusieurs de ses hommes de guerre, de ses politiques, et son héros Napoléon, agitaient si tragiquement le monde : la littérature ne paraît pas non plus avoir été là, l'expression de la société.

[1] Voyez l'appendice n.º 5.

CAP-CORSE.

CHAPITRE IX.

Vues. — Habitans. — Vins. — Soie.

La partie septentrionale de l'île, désignée sous le nom de Cap-Corse, mérite d'être visitée. Cette grande et rude expédition de montagnes présente de magnifiques aspects de mer, des rivages riches de vignes, d'oliviers, de figuiers, de palmiers, et surmontés de pics hérisés, éclatans. Plusieurs fois, en parcourant cette côte, je remarquai sur la mer resplendissante et unie de longues traces de barques qui ressemblent à des rivières serpentant au milieu d'une plaine d'azur, traces qui se conservent assez long-temps et jusqu'à ce que la mer redevienne agitée.

Les habitans du Cap-Corse, paisibles, honnêtes, laborieux, semblent véritablement les vertueux Troglodytes de la Corse. Cette intéressante population ignore les *vendette*, et pendant les six années de 1825 à 1830, elle n'a été l'objet d'aucune accusation de meurtres, d'assassinats, ou de tentatives de ces crimes.

La culture sociale de la vigne, qui annonce la sécurité, l'aisance et le progrès de la civilisation, n'est pas moins bien entendue au Cap-Corse que sur le continent. L'exportation annuelle des vins s'élève de trois à quatre cent mille francs; ces vins, chauds, légers, généreux, qui se conservent, sont pris et vendus pour des vins d'Espagne.

C'est au Cap-Corse seulement qu'on a tenté, et avec succès, la production de la soie, si facile, si naturelle sous ce climat où il ne pleut ni ne tonne au temps du travail des vers. Cette soie, reconnue supérieure à celle même du Piémont, est une des nombreuses sources de richesse et de prospérité négligées dans l'île.

L'exemple des habitans du Cap-Corse prouve que les Corses aussi peuvent très bien devenir industrieux et bons cultivateurs.

CHAPITRE X.

Cardo. — Eau. — Noyers.

A une demi-lieue de Bastia est le petit village de Cardo, où se trouve une des meilleures eaux des eaux si exquises de la Corse. Telle est la fraîcheur, la légèreté de ces eaux qu'il semble que l'on boive de l'air. L'eau même de Rome est inférieure à celles-là. Il y a une vraie sensualité à s'en désaltérer, et le palais finit par devenir un juge difficile et gourmet d'eau.

Les habitans de Cardo trafiquent l'été de leur eau qu'ils vendent à Bastia, deux sous la grosse bouteille (*fiasco*); et cette unique branche de commerce rapporte jusqu'à 600 francs par an à quelques unes des pauvres familles de ce village.

La source pittoresque de Cardo sort de rochers entremêlés d'oliviers, de noyers, de châtaigniers : trop fraîche en été, tempérée en hiver, elle est abondante et ne tarit jamais. L'ancienne fontaine pratiquée par M. de Marbeuf, est aujourd'hui à-peu-près abandonnée ; l'eau se prend plus haut, parce qu'un de ces vastes noyers de Corse, dont l'industrie pourrait tirer tant de parti [1], embarrasse de ses racines le canal souterrain.

On m'a raconté à Bastia que l'eau de Cardo n'avait point été oubliée d'un illustre soldat français, compatriote de Henri IV, monté et même resté sur un trône; il avait servi en Corse, et il avouait que le plus beau jour de sa vie était celui où, simple soldat, et obligé de travailler à la route de Saint-Florent, il fut nommé caporal à Ponte d'Ucciani et chargé seulement de surveiller ses anciens camarades; aveu qui renferme prodigieusement d'orgueil ou de modestie.

Il existe en Corse, outre la route de Saint-Florent, un autre monument plus singulier du séjour et des travaux de Bernadotte. Pendant les loisirs que lui laissait son nouveau et fortuné grade, au régiment de royal-marine, il était employé par le greffier de l'ancien conseil supérieur, Imbrico, à copier des rôles; les archives de ce conseil possédaient de volumineuses liasses de la grosse expédiée de la main royale et guerrière du futur successeur des Vasa, et qui depuis sont passées aux archives de la préfecture, à Ajaccio.

---

[1] L'écorce de ces noyers est d'une blancheur et d'une finesse extrêmes; quelques-uns donnent jusqu'à 120 boisseaux de noix; les plus remarquables sont au village d'Asco, arrondissement de Corte.

CHAPITRE XI.

Erbalunga. — Marins. — *Brando.* — Cascade. — *Madone de la Vasina.* — Mauresque. — *Sainte Catherine de Sisco.* — Les plus anciennes reliques. — *Canari.* — Église.

Je ne puis oublier un déjeûner très-agréable fait à Erbalunga, village maritime, dans une de ces familles de marins du Cap-Corse, si intéressantes par leurs mœurs laborieuses et leur aisance bien acquise. Cette activité n'est malheureusement point générale en Corse : M. de Beaumont rapporte qu'à Algayola, sur le bord de la mer, dans son ancienne sous-préfecture de Calvi, d'où cet observateur spirituel n'est guère sorti, il n'y a pas un seul pêcheur, et que les habitans attendent les bras croisés, qu'une gondole napolitaine arrive pour exploiter ces parages et leur vendre leur poisson. La mer qui environne l'île a cependant été regardée comme la plus poissonneuse de la Méditerrannée.

Les marins d'Erbalunga étaient en course : nous fûmes reçus très-cordialement par la mère, vieille corse, animée, expressive, pittoresque, et ses deux filles d'une éducation distinguée, l'une jeune femme, charmante, nouvellement mariée, l'autre sur le point de l'être, et de la physionomie la plus fine, la plus jolie, relevée par un élégant foulard de Livourne. Les appartemens, propres, brillans, bien exposés, étaient peints à l'italienne, et la mandoline, instrument populaire en Corse, posée sur un canapé, faisait remonter aux traditions sarrasines.

La jolie cascade de Brando, tombant d'une trentaine de pieds, et à une demi-lieue d'Erbalunga, mérite que l'on se détourne pour observer ses agréables effets. C'est de Brando que vient, ainsi que nous l'avons indiqué, cette belle pierre, espèce de marbre qui pave si noblement Bastia [1].

La Madone de la Vasina, célèbre pèlerinage, la Notre-Dame de Lorette de Corse, est visitée au mois de septembre par les marins et les paysans, qui s'y rendent de loin, à travers d'affreux chemins et pieds nus. La dévotion à la Vierge est très-populaire parmi les Corses ; de nombreux ex-voto de naufragés et d'autres malheureux secourus, sont suspendus aux murs de l'église. Un de ces ex-voto rappelle l'accident arrivé à une représentation de la mauresque, ancienne danse guerrière et nationale, qui remonte au IX.ᵉ siècle.

---

[1] Voyez ci-dessus, chap. II.

Cette espèce de pyrrhique corse, inventée pour s'animer contre les Sarrasins, se composait de cent soixante acteurs partagés en deux bandes figurant les deux armées; elle ne se danse plus depuis cinquante ans. Lors de l'accident peint dans le tableau, le plafond de la salle de bal s'écroula sous les pas trop menaçans des danseurs, et ceux qui échappèrent à la chûte, en se suspendant aux poutres, ont consacré cet ex-voto à la madone.

Le mausolée en marbre blanc de l'évêque d'Aléria, Saluzzo, génois, mort en 1744, est du mauvais goût de cette époque.

L'église Sainte-Catherine de Sisco, sur le bord de la mer, prétend posséder parmi ses nombreuses reliques, déposées dans la chapelle souterraine dite *Tombolo*, deux des plus anciennes que l'imagination du catholicisme espagnol ou italien ait certes enfantées; ce sont des amandes du paradis terrestre et un peu de la terre qui servit à former notre premier père Adam. Les autres principales reliques sont la verge avec laquelle Moïse divisa les eaux de la mer rouge, celle d'Aaron qui fleurit dans le tabernacle, et un morceau de la manne du désert. Ces merveilleuses reliques furent apportées, dit-on, vers 1355, par un vaisseau espagnol que la tempête obligea, par trois fois, de relâcher sur ce point, et de croire ainsi que la volonté du ciel était qu'elles y restassent. Elles ne sont exposées qu'à certains jours ; il me fut impossible de les vérifier, la clé ne sortant point des mains de messieurs les marguilliers.

On annonçait en 1834 la découverte d'un tombeau de Sarrasin à Sisco.

Le bourg de Canari, de mille habitans, a une église curieuse par d'antiques pierres sépulcrales, et qui paraît occuper l'emplacement d'un ancien temple.

CHAPITRE XII.

Tomino. — Vue. — Premières traces du christianisme en Corse. — Église. — Tabernacle. — *Macinajo*. — Débarquement de Paoli.

Le village de *Tomino* de sept cents habitans, offre d'un côté, une vue riante de montagnes et de vallées bien cultivées, et de l'autre, l'admirable vue de la mer, des îles de la Pianosa, de Montecristo, d'Elbe, de Capraïa, de la Gorgone et des côtes de Gênes et de la Toscane. A ce dernier aspect, on pourrait croire poétiquement avec Pierre de Corse, que c'est pour le plaisir de ses compatriotes que la nature a déployé sous leurs yeux, une si magnifique décoration [1].

Tomino fut le berceau du christianisme en Corse, vers l'année 580, ce qui a valu au Cap-Corse son ancien et beau surnom de Cap-Sacré (*sacrum promontorium*). De petites grottes dans les bois, au lieu dit le *Forcone* et *Cala*, et que les gens du

---

[1] *Nec omittendum, quod insulæ adjacentes, quamvis sparsæ recessibus amœnissimis, atque promontoria Liguriæ Etruriæque, quodam naturæ quasi spectaculo expositæ, delectationi sint Corsis.* Lib. 1.

pays croient avoir servi d'asyle contre les Sarrasins, furent les obscures catacombes des premiers fidèles de l'île. Ces hommes, long-temps restés barbares, avaient avec confiance accepté le christianisme, et ils repoussèrent la civilisation.

L'expédition hardie, partie du Macinajo [1], et par laquelle Paoli enleva l'île de Capraïa aux Génois en 1767, était principalement composée de Tominais dont il appréciait fort la bravoure. Le dernier soldat de cet illustre chef, mort en 1826, à l'âge de 92 ans, géant criblé de blessures, était de Tomino; et tous ses contemporains du même village n'avaient pas été moins noblement mutilés.

L'église bien située et attenante à une ancienne et petite chartreuse, conserve dans une niche du portail une bombe génoise lancée lors du siége soutenu en 1760, contre cinq mille Génois et qui dura cinq ans. Un beau tabernacle d'argent, exécuté à Lima et donné par un habitant de Tomino qui avait fait fortune au Pérou, fut offert par la commune à Paoli, pour le convertir en monnaie afin de combattre les Génois. L'ostensoir, pesant vingt-cinq livres, a été envoyé comme chose sacrée à Rome qui paie annuellement à la paroisse de Tomino une rente de quatre écus romains. Le tabernacle fut remplacé par une copie en bois main-

---

[1] Voyez ci-après.

tenant à la sacristie. Tous ces brillans tabernacles d'Italie, chefs-d'œuvre de l'art et de l'orfèvrerie florentine et resplendissans de pierre dure, me semblaient moins respectables que cette copie qui rappelle un noble don fait à la patrie.

Le Macinajo, mouillage petit, insuffisant au commerce du Cap-Corse, mais sûr, et voisin de Tomino, après avoir été le point de départ de l'exploit de Capraïa, fut le théâtre de l'enthousiasme du peuple à la vue de Paoli exilé depuis vingt ans, rentré à la voix de Mirabeau, rallié à la France qu'il croyait appelée à la liberté, et débarquant sur cette côte le 14 juillet 1790, anniversaire de la prise de la Bastille : la ville d'Ajaccio avait voté une adresse au sauveur de la patrie; et le rédacteur était Napoléon Bonaparte.

CHAPITRE XIII.

Capraïa. — Bourg. — *Esenoppido.* — *Stagnone.* — Vin. — Miel. — Moines.

La petite île de Capraïa qui avait presque toujours été comme une dépendance de la Corse, appartient aujourd'hui à la Sardaigne : les Génois se l'étaient réservée par le traité de 1768 qui cédait la Corse à la France. La circonférence est de dix-sept milles, la population de mille habitans et la garnison de soixante-dix hommes.

Le bourg porte aussi le nom de Capraïa ; un fort élevé sur un rocher défend le port. Quelques belles et grandes maisons furent bâties, il y a une trentaine d'années, par des marins qui, ayant fait fortune, voulurent résider dans leur île; mais leurs espèces de palais ne convenaient point à un tel séjour et ils sont devenus inhabitables.

L'aride Esenoppido, sur une terre rougeâtre et ferrugineuse, parait le cratère d'un volcan éteint.

Le petit lac appelé *lo Stagnone*, sur la crête d'une des montagnes qui ceignent l'île, intarissable quoique formé par la pluie, donne de fort bonnes anguilles. Le sol stérile qui pullule de lapins, ne produit qu'un peu de vin, mais excellent, et le miel très-blanc y est exquis.

Il existe à Capraïa une église et un couvent de franciscains mineurs, construits en 1558 ; ces *frati* rappellent assez par la malpropreté, les moines sauvages du v.ᵉ siècle, rencontrés aux mêmes lieux par le gaulois Rutilius, et peints énergiquement dans son brillant et poétique *Itinéraire*, rapproché spirituellement par M. Villemain du Childe Harold de Byron :

Squalet lucifugis insula plena viris,
Ipsi se monachos graio cognomine dicunt,
Quod soli nullo vivere teste volunt.
Munera fortunæ metuant, dum damna verentur [1].

---

[1] L'île est remplie et souillée d'hommes qui fuient la lumière, ils s'appellent moines, d'un mot grec, parce qu'ils veulent vivre seuls et sans témoins ; ils craignent les dons de la fortune et vénèrent ses coups.

CHAPITRE XIV.

Luri. — Vallée. — Église. — *Meria*. — Réputation de ses habitans.

La Suisse n'a point pour la vue de plus belle vallée que celle de Luri, et celle-ci de plus a là mer. Cultivée avec intelligence, rafraîchie par un torrent, elle est partagée par une large et solide avenue d'une lieue, qui va jusqu'au rivage. Ce chemin est affermi contre le torrent par un mur, véritable ouvrage cyclopéen fait de la main des habitans, sans la savante et coûteuse intervention des Ponts et Chaussées. Le conducteur des travaux était tout simplement le juge de paix, M. Estella, propriétaire, un de ces Corses capables et aventureux, qui a pendant plus de vingt-ans habité le Pérou, parcouru l'Amérique du sud, visité l'Angleterre et dirigé le brillant café des mille colonnes à Paris, où trônait une belle limonadière corse, déesse déchue et depuis obscurément reléguée à l'Ile-Rousse.

L'église est jolie ; cinq autels et le maître-autel sont en marbre blanc. A ce dernier, on remarque une bonne copie par Conca, d'une des plus admirables têtes de *père éternel* de Raphaël, copie donnée par le chirurgien Franceschi de Luri, mort célèbre à Rome, il y a environ dix années. Ce ne fut pas sans une sorte de ravissement, qu'au fond de cette vallée corse, je retrouvai l'impression du génie fécond, varié de Raphaël qui a su donner un caractère différent à ses quatre sublimes têtes représentant le père éternel.

Au milieu de cette population vive, intelligente, du Cap-Corse, le village de Meria est cité, peut-être à tort, pour la balourdise de ses cinq cent quarante âmes.

CHAPITRE XV.

Couvent de *Saint-Nicolas*. — Tour de Sénèque. — *Ortica di Seneca*.

Avant d'arriver à la tour de Sénèque, on monte à l'ancien couvent de Saint-Nicolas, autrefois occupé par des capucins, et comme tous leurs couvens supérieurement situé, avec des pins à parasol, plantés par ces moines, qui manquent au paysage : le vieux mendiant dit ermite qui les a remplacés, est infiniment moins pittoresque.

La tour de Sénèque, le point le plus élevé du Cap-Corse, est flanquée à sa base de chênes verts : deux de ces arbres s'élevaient autrefois avec majesté dans l'intérieur, et ils furent stupidement brûlés par les autorités pour servir au feu de joie d'une Saint-Charles. Un torrent gronde au pied de la tour parmi les précipices. Je ne pus jouir de l'admirable vue qui embrasse les deux mers, car nous étions enveloppés de brouillards et par-delà les nuages.

Ce point de l'île est rempli de vagues et bizarres traditions sur Sénèque, exilé là sept années pour ses rapports trop intimes avec Julie, fille de Germanicus, et d'où il ne sortit, rappelé par Agrippine, que pour élever Néron.

L'ermite de Saint-Nicolas et les enfans qui nous conduisaient ne manquèrent pas de nous indiquer l'escalier, le four, et même la chapelle de Sénèque. Au village de Mercurio, l'ortie appelée *ortica di Seneca*, tire son nom de la mésaventure galante qu'éprouva l'amant de Julie, auprès d'une jeune corse moins facile : peu faite aux mœurs de la cour de Messaline, elle alla tout conter à ses parens, sauvages montagnards qui n'avaient point lu les beaux traités sur la *colère* et sur la *clémence*, et qui avec cette ortie, fustigèrent impitoyablement le philosophe. Il n'avait point toutefois la triste figure qu'on lui a long-temps donnée, d'après le célèbre bronze apocryphe du musée de Naples, et c'est une des découvertes les plus heureuses de l'archéologie de nos jours, d'avoir délivré Sénèque de sa mauvaise mine : on conçoit maintenant comment à son retour, il put plaire à Agrippine quoi qu'il ne fut pas loin de la cinquantaine.

Sénèque écrivit en Corse son éloquente *Consolation* à Helvie, sa mère, et peut-être l'autre *Consolation* incomplète et assez médiocre, au vil affranchi de Claude, Polybe, dont il espérait son rappel. Il y calomnia la Corse et les habitans, afin d'intéresser en sa faveur et de rentrer en grâce. Le seul trait juste de ses nombreuses accusations, est le *prima est ulcisci lex* [1], de son fameux distique, encore aujourd'hui trop exact. Il faut que Sénèque ne soit guère sorti de sa tour, puisqu'il a été jusqu'à mal parler des eaux exquises de la Corse [2].

La célèbre diatribe poétique attribuée à Sénèque :

Corsica phoceo tellus habitata colono,

a été très-bien et élégamment réfutée par un autre exilé de Rome, déporté à Bastia sous Napoléon, M. Charles Felici, chanoine de Frascati [3] : le chrétien a été moins implacable et plus juste envers la Corse que le philosophe [4].

La solidité de la construction de la tour de Sénèque, exposée depuis des siècles aux tempêtes, doit être extrême ; elle était sous le nom de la tour *dei Moti*, un des forts des seigneurs *da Mare*, fameux dans les guerres civiles du xve siècle, originaires et alliés de Gênes ; mais sa qualification philosophique, plus populaire, a prévalu.

---

[1] Se venger est la première loi.

[2] Voyez ci-dessus, chap. x.

[3] Plusieurs prélats furent alors, en 1813, enfermés dans la citadelle de Calvi, et pendant plusieurs mois, mis au pain et à l'eau, pour refus de serment.

[4] Voyez l'appendice n.º 6.

NEBBIO.

CHAPITRE XVI.

Olmeta. — M. H. Sébastiani. — Cirni. — Église *Saint-Michel.* — Granit bleu. — De la prétendue domination sarrasine. — Vue.

De retour à Bastia, je repris mon voyage de Corse, d'après un excellent itinéraire, délibéré entre les hommes les plus instruits de la société, dont je n'oublierai jamais le zèle affectueux et l'encouragement; ils ne me dissimulèrent point que je devais m'attendre à quelque fatigue, mais ils ajoutaient, que l'île n'aurait été jamais vue si bien.

A Olmeta, j'eus l'honneur d'être reçu chez M. le général Horace Sébastiani, par un de ses amis, M. Casale, président de chambre à Bastia, corse éclairé, plein de cœur, né poëte, et auteur trop modeste de divers sonnets et canzoni, restés manuscrits, qui révèlent une vraie inspiration. Cette petite maison au sein de la montagne, retrace avec simplicité le goût et les nobles habitudes du maître. Un quinconce d'ormes a été planté par lui auprès de la maison. Ces arbres rappelleront un jour à la Corse, la fortune et la gloire d'un de ses fils, et les plus grands souvenirs de notre histoire contemporaine : l'intrépide résolution du général sur les rives du Bosphore, ses exploits dans les champs de Grenade, et sa constance aux côtés de Napoléon, dans le désastre de Moscou.

Le petit village d'Olmeta, de cinq cents habitans, n'est indigne ni d'un tel hôte, ni de tels souvenirs : sa forte position l'a rendu célèbre dans les guerres de Corse, et il est la patrie d'Antoine François Cirni, historien, chevalier, qui après s'être bravement battu contre les Turcs, au siège de Malte, en écrivit la relation d'une manière vive, nette et précise. Cirni avait plus de conscience que notre élégant abbé de Vertot, si peu soucieux de se rectifier quand *son siège était fait*, car il voulut examiner, reconnaître de nouveau, les lieux et les héroïques remparts qu'il avait défendus, afin qu'il ne manquât rien à la vérité de son récit, imprimé à Rome, seulement deux années après l'évènement. L'ouvrage de Cirni, qui porte le titre de *Commentaires*, traite encore dans sa première partie de l'histoire déplorable de nos guerres de religion, au temps de Charles IX, et de la tenue du concile de Trente. Comme les illustres lettrés du xvi.ᵉ siècle, Cirni parvint aux charges publiques et aux honneurs de sa patrie, et il fut en 1583, orateur au conseil des douze nobles, au collége de Gênes.

L'Eglise Saint-Michel, un mille avant d'arriver à Murato, est une fort curieuse construction de pierres blanches et bleues; la pierre bleue, espèce de granit, lisse, polie, et dont la carrière existe encore dans le Nebbio, au camp dit de Saint-Nicolas, est travaillée en tasses, animaux, et autres jolis objets. La façade se compose d'un portique de deux colonnes, avec de grossières figures d'animaux; deux étroites fenêtres latérales sont décorées en dessous d'ornemens en losange. Cette église très-ancienne, a toutefois été donnée à tort pour une mosquée; car si les Sarrasins ont fait de fréquentes descentes et occupé plusieurs points sur la côte, leur domination en Corse semble très-contestable. Le titre de Sarrasins, trop prodigué, n'est d'ailleurs que le nom poétique accordé, pendant la seconde moitié de l'histoire moderne, aux barbaresques et à toutes les espèces de corsaires. L'église Saint-Michel, qui rappelle la construction en pierres blanches et noires des dômes de Pise et de Sienne, semble pouvoir être attribuée raisonnablement à la domination pisane.

De cette église, on jouit d'une admirable vue de la vallée de Nebbio, de la mer et d'un triple rang de montagnes légères, azurées.

CHAPITRE XVII.

Murato. — Tableau du Titien. — Fieschi. — Tour de Campocasso. — Caporaux.

Murato, village au milieu des bois et avec de fraîches eaux, compte sept cents habitans.

La paroisse de Murato offre une espèce de phénomène en Corse : c'est un tableau remarquable, attribué au Titien; il représente Madelaine pénitente, près de sa grotte, et en bas, le patron de la chapelle, Romano Marati, Condottiere, né à Murato, au service de la république de Venise, gouverneur de la forteresse de Peschiera, en 1555. Ce tableau assez dégradé, mais qui du moins a échappé dans sa montagne aux restaurateurs, doit être de l'école du Titien, et il l'a peut-être retouché.

Murato a l'honneur de figurer parmi les neuf cantons de la Corse, dont les habitans, pendant les six années de 1825 à 1830, n'avaient été atteints d'aucune accusation. Ce paisible canton a produit Fieschi, assassin dont le nom vivra par l'énormité, la singularité du forfait, et par l'orgueil fanfaron, bavard, théâtral, qu'il déploya devant les Pairs de France, trop faciles, trop courtois peut-être envers la vanité de ce criminel. Si au milieu des meurtriers politiques contemporains, Fieschi a paru très au-dessus des autres, s'il a obtenu une sorte d'éclat ou plutôt de reflet, c'est qu'au sein même de sa dégradation, ce montagnard corse, né sous un beau soleil, s'était senti une ame, c'est qu'il en avait reconnu l'immortalité, au lieu d'être éteint par l'athéisme grossier de l'atelier ou de la tabagie.

A un demi-mille de Murato, on voit encore la tour d'Achille Campocasso, un de ces célèbres Caporaux, adversaires des barons, véritables tribuns corses du moyen âge, depuis vils oppresseurs héréditaires, avides de pouvoir et d'argent, poussant à la révolte et aux révolutions, afin d'acquérir de l'importance. Campocasso échappa à cette décadence des caporaux, il souleva et protégea le peuple contre les taxes illégales de Gênes. Cet Hampden corse ne pouvant être saisi, le commissaire génois s'empara par trahison de trente de ses proches, et menaça de les faire tous périr, s'ils ne le livraient ; « Vous pouvez commander les « apprêts de notre supplice, » répartit noblement un des montagnards. Touché de la situation de ses généreux amis, Campocasso toujours si indifférent à son propre danger, consentit à s'exiler pour sauver leur vie. Il revint bientôt avec la petite troupe qui suivait la fortune de Sampiero, dont il fut un des plus intrépides lieutenans pendant sa dernière campagne. La tendresse filiale de Campocasso l'induisit à une faiblesse qui ternit sa gloire : afin de délivrer sa mère, arrêtée par le gouverneur de Bastia, il passa au service de Gênes, et abandonna la cause de son vieux compagnon de guerre et de proscription.

CHAPITRE XVIII.

Saint-Florent. — Golfe. — Cailloux. — Étang. — Citadelle. — *Sainte-Marie de l'Assomption.* — Évêques du Nebbio. — Antiquités. — M. Piazza.

Le golfe de Saint-Florent, le plus sûr de la Corse, rappelle presque l'éclat et la beauté de la Spezia. Comme celle-ci, il avait fixé l'attention de Napoléon, qui avait le projet de déclarer Saint-Florent, place forte, d'y tenir continuellement des vaisseaux en station, et allait jusqu'à vouloir en faire la capitale de l'île.

Le Nebbio, dont Saint-Florent était le chef-lieu, fut toujours depuis les Romains battus par les Corses au col de Tenda, le principal théâtre des faits militaires de l'île, et l'occupation de l'un a constamment décidé de la conquête de l'autre.

Le rivage du golfe de Saint-Florent est comme émaillé de milliers de jolis cailloux roulés, et les vagues qui viennent les baigner lentement en font merveilleusement ressortir les brillantes couleurs.

Saint-Florent, bien situé, à l'entrée d'une fertile vallée, ne compte pas quatre cents habitans; il doit cet abandon aux fièvres putrides et malignes produites par l'étang. Le desséchement ne coûterait, m'a-t-on dit, que 50,000 francs, et l'on dépense chaque année 12,000 francs pour le renouvellement de la petite garnison que l'on ne peut y laisser plus de quinze ou vingt jours pendant l'été, et que l'on paie sur le pied de guerre. Il serait difficile au gouvernement de mieux placer son argent : les terres seraient excellentes, et l'on a essayé près de-là, avec succès, jusqu'à la culture du coton et de la canne à sucre.

La citadelle, faible du côté de la terre, n'avait qu'un détachement de vingt-cinq hommes, lorsque je la visitai. Le fort Gentili tire son nom du brave général corse qui l'a construit, qui le défendit si intrépidement en 1794, et ne céda qu'après que le général Dundas fut parvenu à établir miraculeusement son artillerie jusque sur la crête et à travers les roches de la montagne Stolli. La France perdit alors momentanément la Corse ; l'Angleterre l'a perdue pour toujours, mais elle possède la cendre de ses deux plus grands hommes : Paoli repose à Westminster, et les os de Napoléon restent captifs à Sainte-Hélène.

A un demi-mille de Saint-Florent, on aperçoit la gothique cathédrale de Sainte-Marie de l'Assomption, de médiocre grandeur, et bâtie d'une espèce de travertin corse, dont la carrière existe encore. Des croix à jour, percées dans la pierre même des murs, réfutent la prétendue construction sarrasine. Filippini rapporte, qu'il avait été trouvé dans l'antique Campanile, une cloche portant la date de 700, époque de la domination Lombarde; mais l'inscription pourrait se rattacher à un édifice plus ancien que l'édifice actuel. Cette église, ainsi que les ruines y attenant, du vieux palais épiscopal, ressemblent de loin à une véritable forteresse. De telles ruines sont tout-à-fait en harmonie avec la qualité et les prérogatives de ces évêques du Nebbio, qui prenaient le titre de comtes, portaient l'épée dans les assemblées d'Etat, et avaient deux pistolets sur l'autel, quand ils disaient la messe. L'église paraît occuper l'emplacement de la ville antique Cersunum, dont il n'y a plus de traces. Des fouilles exécutées près de-là ont fourni un grand nombre de monumens funéraires romains, qui remontent peut-être à la défaite du consul Papirius, par les Corses, au col de Tenda. Je possède plusieurs médailles romaines, trouvées à Saint-Florent, et d'une époque plus récente, mais dont l'interprétation précise n'est pas très-sûre; elles me furent données par M. Noël Piazza, vieillard aimable, instruit, souffrant, neveu du célèbre docteur, Noël Salicetti d'Oletta, professeur d'anatomie à la Sapience, et mort en 1789, premier médecin (*archiatro*) du pape Pie VI. M. Piazza, qui a résidé dix-sept ans à Rome, et dont toute la vie fut uniquement consacrée à l'étude des arts et de l'antiquité, m'a rappelé ces hommes de mérite isolés, que l'on trouve en Italie jusque dans les plus petites villes.

Saint-Florent m'a laissé de chers souvenirs, par l'accueil d'hommes excellens, de femmes gracieuses, distinguées, et de l'intéressant M. Piazza. J'avais été reçu dans la famille de M. Gentili, neveu du général, et allié par sa femme à Paoli. Je remarquai dans le salon un portrait contemporain de celui-ci, d'une bien plus noble expression que la grosse face lithographiée, beaucoup plus connue, et qui ne donne point l'idée de sa belle physionomie.

CHAPITRE XIX.

De l'hospitalité corse.

Je rattacherai naturellement à l'accueil que je reçus à Saint-Florent, et que j'ai retrouvé si fréquemment en Corse, quelques détails et quelques impressions sur l'hospitalité de ce pays.

Il serait difficile de rendre tout ce qu'il y a d'obligeant, de cordial et même quelquefois de magnifique dans cette hospitalité. Les personnes chez lesquelles on doit descendre, aiment assez à être averties d'avance; le maître de la maison vient alors à cheval, d'une lieue à votre rencontre, et semble flatté de la préférence, car il y a souvent entre plusieurs habitans, des prétentions à recevoir l'étranger. Vous trouvez un repas copieux : là sont le *broccio*, espèce de fromage de lait caillé d'une éclatante blancheur; les *ravioli*, gâteaux très-substantiels de *broccio* et d'herbes hachées; les *fiadoni*, gâteaux délicats de broccio; la *ricotta*, consommé de lait, en forme de gelée; et sur-tout d'excellens merles engraissés, parfumés de lentisque et de myrte, et presque aussi gros que des poulets [1]. A la manière anglaise et suisse, quelques-unes des pâtisseries mêlées de laitage, sont préparées par la maîtresse ou la fille de la maison. Plusieurs personnes de l'endroit ont été invitées ; c'est le plus souvent le juge de paix, le maire et le curé, ou quelque autre ecclésiastique, prêtre bonhomme, instruit quelquefois, tolérant ; qui, les jours maigres, dînera d'un anchoix et ne sera nullement choqué de l'abondance des viandes et du gibier placés sur la table. Après le dîner, la demoiselle de la maison chantera par courtoisie des paroles et de la musique françaises en s'accompagnant de la mandoline. La plus belle chambre et le meilleur lit vous ont été réservés ; l'hôte vous y accompagne pour voir s'il ne manque rien, et se croit obligé de se confondre en excuses de ne pouvoir mieux faire. Le lendemain matin, autre repas avant le départ ; on vous remet des lettres pour des amis qui vous procureront d'aussi bons gîtes ; le maître de la maison, le fils ou le gendre vous escorte à cheval, et vous sert de guide dans

---

[1] Ces merles ont obtenu l'honneur de figurer sur une table jadis célèbre, celle de M. Cambacérès, et d'y mériter les suffrages imposans du grave amphytrion, et même de son ami M. D'Aigrefeuille, l'Apicius français. (*Voyez Mémoires de M.me la duchesse d'Abrantès, tome IV,* 174.) Il était aussi expédié des merles d'Ajaccio, les plus renommés, pour la table de M. Pozzo di Borgo, lorsqu'il était ambassadeur à Paris.

les mauvais chemins, jusqu'à votre prochaine destination; tout le monde, maître, domestiques, muletiers, partent joyeux et repus; votre cheval et vos mulets sont même quelquefois difficiles à contenir, tant leur ration d'orge et de châtaignes (on ne connaît point l'avoine en Corse), a été prodiguée.

Si votre voyage de la journée doit se faire par mer, la barque sera garnie d'un matelas, de couvertures, de coussins, d'oreillers, et sur-tout des inévitables *proviste* (provisions), dont vous avez entendu toute la maison s'occuper de grand matin.

Il est assurément des gîtes moins splendides, mais qui ne laissent pas d'offrir quelque intérêt. Là, vous rencontrez un cousin, un parent, un voisin, que l'hôte par bonne volonté a envoyé avertir. Cet homme qui souvent a servi, parle bien, est intelligent, a des idées, et vous procure une fort amusante soirée, malgré le vent, la fumée et toutes les incommodités de la rustique demeure.

Dans les petits villages, un détail me paraît faire honneur au caractère des servantes du pays; elles seraient humiliées de recevoir de l'argent, et elles préfèrent de beaucoup le présent d'un fichu. J'en ai distribué près de trois douzaines, dont j'avais fait emplette à Marseille, d'après l'avis qui m'avait été donné, et j'ai su que les mouchoirs *del parigino* (du parisien), avaient très-bien pris et m'avaient valu quelque souvenir.

L'hôte qui vous a logé, se charge aussi en quelque sorte de votre sûreté sur la route, et si vous aviez le malheur de succomber dans quelque attaque, il vous répond du plaisir d'être vengé.

Nous sommes bonnes gens à Paris, mais il me semble que nos invitations de dîners, de bals ou de soirées, sont bien loin de cette active et chaude hospitalité.

CHAPITRE XX.

Barque de la douane. — Pêche du corail. — Contrebande en Corse.

La difficulté des chemins me força d'aller par mer de Saint-Florent à l'Île-Rousse. Le canot de la douane, longue et belle barque verte à huit rames, bien construite, avait obligeamment été mise à ma disposition. Le patron, très-brave homme, ancien douanier, asthmatique, exténué, était contraint de rester à la mer, si contraire à sa santé, par la dureté des réglemens de l'administration financière, qui l'auraient privé d'une retraite suffisante pour vivre.

Nous rencontrâmes une légère gondole génoise faisant la pêche du corail, que la négligence corse ou le manque de moyens laisse exploiter aux étrangers. La peine que les armateurs ont à retenir à bord le marin corse près de sa patrie, contribue encore à cet abandon. Le corail des côtes de l'île, moins abondant, plus difficile à extraire, passe toutefois pour être supérieur à celui des côtes d'Afrique.

Le service des douaniers, en Corse, comme celui de la gendarmerie, est un état de guerre et les années devraient y compter double [1]. Nulle part la contrebande n'est aussi hardie, téméraire, et deux douaniers ont été tués à leur poste en 1835, dans le port même d'Ajaccio. Le nombre des douaniers, qui ne s'élève qu'à deux cent soixante-six, est d'ailleurs très-insuffisant, puisqu'il ne donne pas même un homme par lieue, tandis qu'il y en a quatre sur le continent, bien moins difficile à garder.

La contrebande qui arrête toute tentative d'industrie en Corse, y est générale, populaire et presque convenue. Je me souviens qu'à mon retour de Sardaigne, croyant tout bonnement pouvoir passer de Longo-Sardo à Bonifacio, qui n'en est séparé que de trois lieues et qui semble y toucher, on m'objecta que les réglemens le défendaient et qu'il fallait faire le tour par l'île de la Madelaine. J'étais entré par là en Sardaigne et me trouvais fort contrarié de reprendre la même route, lorsqu'on vint me proposer comme chose facile et commune, de me jeter sur la côte à une

---

[1] Trente et un gendarmes ont été tués et vingt et un blessés, du 21 décembre 1820, au 1.er novembre 1823, en combattant les contumaces ou prévenus qui n'ont eu que quinze hommes tués et sept blessés.

faible distance de Bonifacio avec mes bagages, et je fus moi-même introduit par contrebande. Aussi les rigueurs de la douane de Toulon, lorsqu'on arrive de Corse, sont-elles extrêmes ; au milieu de mes longues courses, je n'en ai jamais éprouvé de semblables : de jolies coupes d'albâtre de Volterra ont été brisées par cette douane impitoyable, et il n'est pas jusqu'à mon petit nécessaire de toilette dont je portais la clé, qui ne fût ridiculement fouillé. Etait-ce une expiation de ma contrebande personnelle de Bonifacio ?

BALAGNE.

CHAPITRE XXI.

Ile-Rousse. — Sa fondation. — Lapins. — Commerce.

Les côteaux verdoyans de l'Ile-Rousse, vus de la mer, semblent agréables et gais. Cette apparition de la Balagne avec sa végétation d'oliviers, d'orangers, de grenadiers, alors qu'on vient de quitter les âpres montagnes du Nebbio, est d'un charmant effet; je me trouvais en quelques heures arrivé dans le printemps. Mais cette riante contrée de la Balagne, la plus civilisée, la plus riche de l'île, est devenue l'antre de la chicane, tant les habitans, petits propriétaires, y sont querelleurs et processifs. Ceux-ci savent fort bien cultiver leurs champs et ils n'appellent point, comme le reste de leurs compatriotes, ces sobres et laborieux Lucquois qui emportent l'argent de la Corse [1].

---

[1] Voyez ci-après, chapitre LXXXVI.

L'Ile-Rousse, comptoir de marchands et bureau de douaniers, fut commencée en 1758 par Paoli, malgré les attaques par terre et par mer des Génois, pour empêcher les travaux. Cette jolie petite ville, bâtie au bruit du canon, reçut le nom ridiculement traduit de l'îlot de roc rougeâtre (*Isola rossa*), situé vis-à-vis [1]. Paoli voulait attirer sur le bord de la mer la population des montagnes, afin de se venger d'Algayola, dévouée aux Génois, et détruire aussi l'influence de Calvi, qui tenait à la même cause. On raconte qu'en voyant s'élever les premières maisons, Paoli dit à deux personnes importantes du pays, qui l'accompagnaient : « *Ho piantato le forche per impiccar Calvi* [2]. » Les premiers et courageux habitans appartenaient aux familles Arena, Blasini et Savelli. Un magistrat de ce dernier nom historique, ancien militaire, homme éclairé et estimé, est encore aujourd'hui juge de paix du canton.

L'Ile-Rousse, qui compte près de douze cents âmes, est en effet aujourd'hui le débouché des

---

[1] Volney a bizarrement prétendu que les lapins ne multipliaient en Corse que sur ce seul point ; ils étaient très-nombreux sur la côte d'Aleria et dans beaucoup de villages, où leurs dégâts en amenèrent la destruction. Il n'y a plus aujourd'hui de lapins à l'îlot de l'Ile-Rousse ; ils ont été tués à diverses reprises, depuis la Révolution, par les soldats du fort.

[2] J'ai planté les fourches pour pendre Calvi.

productions de la Balagne; et l'exportation des huiles pour la France, monte annuellement à environ un million de francs [1], la moitié des exportations de toute la Corse, qui achète pour quatre millions de marchandises en France.

[1] Elle s'est élevée, pour 1835, à un million six cent mille francs, les deux tiers de la récolte qui avait été de soixante mille charges, au prix de quatre-vingts francs la charge.

CHAPITRE XXII.

Corbara. — Daniele. — Génie médical des Corses. — *Bareale*. — Granit, dit d'Algayola. — *Algayola*. — Tableau du Guerchin.

Corbara, un des plus jolis villages de la Balagne, s'honore d'être la patrie du médecin Daniele, auteur du *Promptuarium Medico Chimicum*, long-temps célèbre à Gênes, et appelé en France par Louis XIII, qui le nomma son médecin. La fortune médicale de Daniele, rapprochée de celle des illustres docteurs contemporains, Salicetti, Sisco, Franceschi et Préla, déjà cités, du savant Jean de Vico, premier médecin de Jules II, et du docteur Antomarchi, semble annoncer que l'art de guérir est dans le génie des Corses. Quelques uns des hommes les plus célèbres de l'île, avaient pratiqué la médecine, tels que deux de ses premiers libérateurs, Giafferi et Hyacinthe Paoli, ainsi que l'érudit historien Limperani, d'Orezza, et le savant franciscain Bernardin Cristini, auquel ses talens et ses ouvrages valurent le droit de citoyen de Gênes et de Venise : ses *Arcana* publiés dans cette dernière ville en 1676, furent réimprimés à Lyon, à Londres et à Leipsick. De nos jours, M. Campana, d'Orezza, très-habile chirurgien, établi à Venise comme Cristini, y soutient l'honneur du nom corse.

Sur le territoire de Corbara, au point appelé Bareale, la côte est parsemée de blocs d'un superbe granit, dit fort improprement d'Algayola, dont je vis commencer l'exploitation pour le soubassement de la colonne de la place Vendôme [1]. Ce granit battu des flots, couché dans le sable sur un rivage désert, était destiné à décorer notre plus glorieux monument, avec lequel sa teinte bronzée se marie si bien, et à briller sur la plus belle de nos places. Ainsi la Corse a produit à la fois, le granit qui soutient le bronze de la colonne, et le génie non moins ferme, non moins impérissable qui plane au sommet.

L'exploitation de ce granit si beau, si solide, si monumental, sur le bord de la mer qui semble inviter à l'enlever, serait susceptible des plus grands développemens; elle pourrait donner lieu à la formation d'une colonie d'ouvriers comme à Carrare, et créer pour la Corse une industrie utile, lucrative et permanente; car ces nobles minéraux

---

[1] Le Bareale a donné aussi les beaux fragmens de jaspe que l'on admire avec le vert de Corse, à la chapelle des Médicis de Florence.

se travaillent bien mieux près de la carrière, et ils y sont à la fois moins durs et moins cassants. Ce granit fournirait jusqu'à des monolithes de soixante pieds. Certes, si l'on eut employé à une telle exploitation les 900,000 francs et même les 14,000 francs de présens diplomatiques prodigués pour le transport de l'obélisque égyptien, avec ses hiéroglyphes inintelligibles ou effrontés, on eut obtenu de plus grandioses colonnes ou quelque édifice de bien meilleur goût. La chambre des Communes moins engouée, plus prudente que l'administration française, n'a pas cru devoir encore accepter le grand obélisque d'Alexandrie, la célèbre aiguille de Cléopâtre, haute de soixante-trois pieds, offerte magnifiquement à la nation anglaise.

Des ouvriers italiens, sous la direction de M. Henraux, neveu, jeune homme très-intelligent, étaient occupés à la taille du granit d'Algayola. Un d'eux, vieillard de soixante-quinze ans, de Baveno, près le lac Majeur, et depuis plus de cinquante ans livré à ce genre de travail, semblait presque devenu lui-même de granit, tant il était endurci à la fatigue.

Algayola est à peu près abandonné depuis la fondation de l'Ile-Rousse. L'aspect inspire une singulière tristesse ; on croit entrer dans une ville prise d'assaut et dont les habitans ont disparu. Au milieu de ces ruines, on montre au maître-autel de l'église de Saint-Georges, une *Descente de croix* attribuée au Guerchin, le meilleur tableau, dit-on, de la Corse, tableau de maître, mais dégradé, et dont il fut autrefois refusé 30,000 francs, malgré l'engagement de le remplacer par une bonne copie.

CHAPITRE XXIII.

Monticello. — Couvent manqué. — Sceau de Paoli. — *Occiglioni*. — Giudice della Rocca. — *Belgodere*. — Dynasties d'oliviers. — Frère Bonfiglio. — Correspondance de Paoli.

Monticello, compte près de huit cents habitans. Un vaste bâtiment en très-belle vue, avec église, fut construit dans le dernier siècle par un prêtre du village, qui voulait y réunir des religieux; mais le temps des fondations monastiques était déjà passé, et le projet échoua.

Je retrouvai chez M. Pietri, dont la femme est petite-fille de Clément Paoli, un nouveau portrait de Pascal Paoli, encore différent de sa disgracieuse lithographie [1]. M. Pietri possède aussi le sceau de cet homme illustre, assez semblable au poids d'une livre, fait en Corse et du fer du pays; il représente une tête de Maure, armes de la Corse, souvenir incertain de la prétendue souveraineté sarrasine, et il a pour légende, *Pasq. de Paoli Gen. del reg. di Corsica;* sceau grossier, mais national.

Près de Monticello, le hameau d'Occiglioni est

---

[1] Voyez ci-dessus, chap. XVIII.

donné pour l'emplacement de la cité phénicienne d'Agilla, la plus ancienne dont il soit parlé dans l'histoire de l'île, et dont Hérodote cite les jeux magnifiques célébrés en l'honneur d'Apollon. Occiglioni est prodigieusement déchu de sa fabuleuse splendeur, car il ne figure dans la statistique du département que pour cinquante-cinq habitans.

Au-dessus de Monticello, à l'endroit du Capo Spinello, sont les faibles restes de la forteresse construite par Giudice, de la noble famille corse de Cinarca, élevé en Italie, nommé par les Pisans gouverneur de l'île en 1280, homme d'un grand caractère, juste, intègre, infatigable. Un trait rustique contribua, dans son temps, à répandre la réputation d'équité de Giudice : traversant un champ de la Balagne, et frappé des beuglemens plaintifs d'un troupeau de veaux, il interrogea le berger, et ayant découvert que son avidité privait les veaux de leur lait, il lui ordonna de les laisser traire les premiers ; aussi dit-on bientôt dans toute l'île, que non-seulement il rendait la justice aux hommes, mais encore aux bêtes.

Après avoir tenu tête pendant cinquante ans aux Génois, vieux, aveugle, il leur fut livré dans une embûche nocturne dressée par son batard Salnése. L'auguste vieillard jeté chargé de chaînes dans une barque, se mit à genoux, et maudit l'indigne fils ainsi que sa race ; il mourut à quatre-vingt-onze ans, vulgairement enfermé à la prison de la *Malapaga, la Sainte-Pélagie* de Gênes.

L'histoire de la Corse devient intéressante à partir de Giudice ; il n'avait eu qu'un fils tué par ses batards qui s'emparèrent de tous ses domaines dits alors *terra degli Bastardi*, et qui sous les noms de Rocca, d'Istria, d'Attalla, jouèrent les premiers rôles dans les annales de l'île.

Les imperceptibles débris du fort de Giudice attestent les ravages des Génois qui ont détruit la plupart des châteaux de la Corse, comme pour effacer ses souvenirs et sa nationalité. On comprend la haine qu'une telle domination a dû exciter, et comment après plus de soixante ans, le nom de Génois est encore parmi le peuple une injure.

Entre Palasca et Belgodere, des mâsures au lieu dit les *spelonche*, passent pour les restes de maisons dont les habitans, afin d'échapper aux fréquens pillages des barbaresques, s'en allèrent s'établir à Speloncato.

Belgodere, ancien village, de huit cents habitans, fut fondé par un de ces marquis de Malaspina, appelés d'Italie par les Corses, pour les gouverner vers le xi.ᵉ siècle. La vue de la mer et de la riante vallée de Fiumeregino si féconde en oliviers, justifie le choix du site. Ces beaux oliviers de la Balagne, portent les noms de sabins (*sabinacci*), sarrasins (*saraceni*), et génois (*genovesi*), dynasties d'arbres qui remontent aux premiers temps de l'histoire du pays. Les deux premières espèces sont devenues rares, la dernière, malgré son odieux surnom, est la meilleure et la plus convenable au climat; elle fut introduite sous l'administration du commissaire général Augustin Doria, qui, dit-on, à force de menaces et même de châtimens, contraignit les Corses à la greffer. L'olivier corse, selon l'illustre Humboldt, résiste plus qu'aucun autre à l'intempérie des saisons; ainsi qu'on en put juger à la suite du terrible et mémorable hiver de 1709 qui avait détruit presque tous les oliviers du midi de la France [1]. Le souvenir de l'abondante récolte qui suivit cette année, n'est point encore perdu en Corse, et montre l'avantage que l'île pourrait tirer d'une telle culture.

Belgodere est la patrie du moine Bonfiglio Quelfurci, académicien de la Crusca, secrétaire actif, infatigable du général Paoli, dont la correspondance est énorme, puisqu'il avait pour règle de répondre dans les vingt-quatre heures à toute espèce de lettres, afin de ménager l'amour-propre irritable de ses compatriotes, et les attacher davantage à sa cause.

[1] *Essai sur la nouvelle Espagne*, tom. III, 151.

CHAPITRE XXIV.

Speloncato. — J.-M. Arrighi. — Zèle moral d'un curé. — Plaine de *Campiolo*. — Assemblée nationale corse. — Aventure.

Speloncato, village escarpé, a l'une des bonnes eaux de la Corse, et depuis long-temps célèbre. Reçu dans l'honorable famille de M. Arrighi, j'y rencontrai son frère, Joseph-Marie Arrighi, écrivain laborieux, auteur du *Voyage de Lycomède en Corse*, et d'un *Essai historique* estimé sur les révolutions politiques et civiles du royaume de Naples, et alors vieillard accablé d'infirmités, auxquelles il devait bientôt succomber.

Le trait suivant, arrivé aux environs de Speloncato, peint assez bien la forme étrange que prenait le zèle pieux des anciens curés corses, pour le maintien des mœurs. Le curé remarquant les soins qu'un jeune homme rendait à une paysane, lui offrit son entremise pour obtenir sa main; mais, s'apercevant du peu de dispositions du jeune homme à épouser, il tira de sa poche son pistolet, et lui déclara qu'il lui brûlerait la cervelle s'il le voyait encore auprès de la jeune fille.

Je traversai la plaine de Campiolo, dite de la Veduta, nom donné en Corse aux plaines où les chefs de l'indépendance convoquaient la nation. Cette plaine, environnée de hautes montagnes, avec un fond de mer, magnifique forum de la nature, était un lieu digne de telles assemblées. La Veduta de la Balagne rappelle une action de courage et de patriotisme unique dans les fastes de la parole. Au moment où se réunissait cette Veduta, convoquée par Rinuccio della Rocca, le dernier des grands et puissans seigneurs feudataires de l'île, adversaire intrépide des gouverneurs de la banque Saint-Georges de Gênes, tué en 1511 dans une embuscade, son fils âgé de quatorze ans, emporté par le cheval qu'il montait, s'enferra dans la pique de son écuyer qui marchait devant lui. Malgré cet affreux augure Rinuccio fit continuer l'assemblée, la maintint calme, la harangua pour l'exciter à la guerre, et il n'avait ni changé de visage, ni paru un instant ébranlé à la vue du cadavre de son fils, placé au milieu de la Veduta. Depuis, Sampiero, presque septuagénaire, souleva dans cette même plaine, ses compatriotes contre le joug génois, et les fit s'allier à la France. Certes le voyageur porté à admirer les actions grandes et généreuses, doit éprouver une joie sensible à fouler un sol aussi glorieux.

La plaine fertile de la Veduta fut le théâtre, il y a quelques années, d'une aventure qui contraste avec ces souvenirs héroïques. L'héritière d'un riche propriétaire de l'endroit, fiancée à un enfant de quinze ans, y fut enlevée par quatre hommes masqués, comme elle se rendait à la noce. Mais le rapt était intéressé, car la jeune fille avait peu d'attraits. Les ravisseurs, au lieu de se jeter dans une barque et de fuir à Gênes, allèrent s'établir à Saint-Florent, où la justice les atteignit ; ils s'échappèrent par la fenêtre, abandonnant leur vulgaire proie. Celle-ci fut ramenée à son époux imberbe, qui dans la bagarre de l'enlèvement, n'avait regretté et réclamé avec larmes, que son joli couteau.

CHAPITRE XXV.

Aregno. — Église de *la Trinité*. — Oranges. — *La Mascherata.* — *Lumio.* — Église. — *Saint-Pierre.* — Cactus. — Nouveau sucre indigène.

Je passai près de l'antique église de la Trinité d'Aregno, la plus ancienne peut-être de la Corse, du XIII.e siècle, décorée de bustes, de bas-reliefs, de peintures horriblement altérés, monument curieux, abandonné par les deux communes d'Aregno et de Saint-Antonino, et qui va bientôt disparaître.

Le territoire d'Aregno est planté de beaux et nombreux orangers : les oranges, les meilleures de la Balagne, m'ont paru pour la finesse et le goût, supérieures même à toutes celles que j'avais mangées en Italie.

Près du petit village de Catteri, l'église de la Mascherata rappelle celle de Saint-Michel, par le beau granit bleu et poli dont elle est construite [1]. Avant d'arriver à Lumio, j'aperçus à la *Costa di Bracaio*, les débris de la maison d'une ancienne famille, sur la pointe de deux rochers

---

[1] Voyez ci-dessus, chap. XVI.

escarpés : on ne conçoit point que des humains aient été se nicher si haut.

Lumio bien situé, produit un beau crystal de roche, des orangers en pleine terre, et des haies formidables de cactus. Ces plantes vigoureuses, communes en Balagne, qui croissent sans culture, jusque sur les rochers, peuvent encore être de quelque rapport, puisque leurs petites figues, manipulées par la chimie, deviennent d'excellent sucre. Les cactus de la Balagne ajouteront ainsi à notre énorme fabrication de sucre indigène, qui tôt ou tard doit affranchir la métropole du sucre un peu trop cher, des pays à colonies.

La paroisse neuve, blanchie, a bien moins d'intérêt que la vieille et petite église de Saint-Pierre, dans la campagne, qui remonte, dit-on, aux Sarrasins, et dans laquelle on va célébrer annuellement la fête du saint. Quelques érudits ont même prétendu qu'elle avait été un temple de Jupiter, opinion moins populaire que la fondation sarrasine, adoptée trop généralement en Corse, pour toutes les églises dont l'origine est ignorée.

CHAPITRE XXVI.

Calvi. — Golfe. — Giovanninello. — Inscription génoise. — Courage des femmes corses. — Mœurs.

Calvi, sur un rocher, quoique la capitale de la Balagne, est située dans sa partie la moins riante. Cette ville doit sa fondation au superbe et opulent seigneur du Nebbio, Giovanninello, dit Pietra All'arretta, allié de Gênes, adversaire du grand Giudice. Un accident comique avait allumé cette terrible haine : un soldat de Giovanninello se disputant avec un autre de Giudice, celui-ci prit une petite chienne qui se trouvait là, et voulut la lancer à la tête de son homme, mais elle atteignit légèrement, à la poitrine, le seigneur du Nebbio, qui eut la sottise de n'en point rire tout le premier, et de refuser les excuses de Giudice. La rivalité de ces deux chefs leur survécut ; pendant plus de deux siècles, l'île fut en proie aux guerres de leurs partisans, Guelfes et Gibelins corses, produits par l'affront de la petite chienne.

Calvi ne s'est point relevée du siège qu'elle a subi des Anglais, en 1794. Percée par le canon, écrasée par plus de quatre mille bombes, une partie de la haute ville n'offre encore aujourd'hui qu'un amas de décombres. J'occupais au milieu de ces masures, une mauvaise petite chambre, louée par l'aubergiste de Calvi, tenant table d'hôte, et logeant son monde en ville ; mon espèce de cellule donnant sur la mer, exposée à tous les vents, me faisait vivement regretter les bons gîtes que l'hospitalité corse m'avait constamment offerts sur ma route. Il faut que la Corse soit visitée par les Anglais, pour la réforme de ses détestables et rares auberges; et certes, ils auront beaucoup à faire ; comme en Italie où leurs efforts ont si bien réussi, ils devront crayonner force injures sur les murs des chambres, inscrire avec leurs noms, des anathèmes contre la *locanda*, jusque sur le registre de l'aubergiste, et devenir par leurs cris, leurs scènes et leur train, la terreur des *camerieri*.

Calvi est la place forte de l'île : son golfe très-sûr, est le point le plus rapproché de la France, et en huit heures on peut toucher à Antibes.

La caserne est l'ancien palais des gouverneurs génois. Sur la citadelle, on lit encore l'inscription *civitas Calvi semper fidelis*, souvenir génois qui indigne en Corse. Le brave général républicain Casabianca, depuis sénateur et pair, dont la défense de cette forteresse est le principal fait d'armes, eût aussi bien fait de n'en pas stipuler le maintien dans son honorable capitulation avec le général Stuart. L'opiniâtre fidélité de Calvi aux Génois, doit surprendre, lorsqu'on songe qu'ils n'avaient point, comme ils s'y étaient engagés, maintenu les statuts de la ville, qui, en 1278, s'était donnée à eux, et avait préféré ce joug nouveau à la domination civilisatrice des Pisans [1]. Cette fidélité mal entendue ne fut point toutefois sans quelques héroïques efforts, ainsi qu'on peut en juger par l'intrépidité des femmes de Calvi : au siège de 1553, elles aidèrent, à coups de pierres, à repousser les Turcs alliés aux Français, et plusieurs d'elles périrent sur la brèche.

Les anciennes femmes corses, si intrépides, étaient en même temps chastes, laborieuses, adroites : telles Pierre de Corse nous les montre, dames et villageoises, disputant de vertu, dormant peu, se passant de servante, et lorsqu'elles se rendent aux fontaines, la quenouille sur un bras, la bride du cheval qu'elles mènent boire passé à l'autre, toujours filant et portant légèrement leur cruche sur la tête [2]. Le livre de Pierre de Corse,

---

[1] Voyez ci-après, chap. c.

[2] *Ad fontes aquarum pergunt uxores filiæque : nulla enim ullis fere Corsis mancipia sunt. Corsæ feminæ, tum plebeiæ, tum nobiles, opera muliebria factitant, suntque laboriosæ, et de vir-*

si peu connu, pourrait par ses traits de mœurs et ses personnages, défrayer fort bien une histoire pittoresque ou une nouvelle-moyen-âge, sans beaucoup de peine pour l'arrangeur.

tute certant inter se. Videres eas, si ad aquas eunt, vas capite continentes, equum, si eum habent, e brachio trahentes, linumque nentes : ubi perveniunt ad aquam, jumento satisfaciunt, vas aqua implent; his actis, eadem via regrediuntur, aquam capite sustinentes, jumenta e brachio trahentes, ac fusum versantes; et pudicissimæ sunt, somnique breves eis sunt.

CHAPITRE XXVII.

Église. — Mausolée *Libertat*. — *Saint-Antoine*. — Crucifix. — Guidi *della gran memoria*. — Agnese. — Colomb de Calvi. — Tour de *Caldano*.

L'ÉGLISE dont la coupole a reçu plusieurs bombes en 1794, n'a de remarquable que le tombeau de l'ancienne famille Baglioni, qui dut son beau surnom de Libertat, à l'acte courageux d'un Baglioni. Deux habitans de Calvi, après avoir long-temps opprimé la ville, menaçaient, en 1400, de la livrer aux Espagnols, lorsque Baglioni immola les ignobles tyrans, au cri de *liberta, liberta*, et affranchit sa patrie.

Depuis, un de ses descendans, Pierre Libertat, secondé de ses deux frères, Antoine et Barthélemy, fixés à Marseille, y rétablit l'autorité de Henri IV : Antoine avait tué, d'un coup de pique à la gorge, Caseaux, l'un des deux gouverneurs pour la ligue; l'autre prit la fuite; l'armée et la flotte espagnoles furent dispersées. Henri IV écrivit du camp de Rosny, le 6 mars 1596, à Pierre Libertat, pour le remercier de son intrépide action, et il avait dit en l'apprenant, en même temps que la prise de Lyon, par un autre illustre corse, le premier maréchal d'Ornano, « C'est maintenant « que je suis roi. »

J'aurais aimé à retrouver à l'église de Calvi, un de ces cénotaphes avec buste comme en Italie, consacré au gracieux poète, V. Giubega, de Calvi, bien digne d'un tel honneur.

L'oratoire Saint-Antoine, offre un de ces crucifix miraculeux et secourables, mêlés à l'histoire de la bonne ou de la mauvaise fortune des peuples, c'est celui qui fut exposé sur les remparts, la nuit qui précéda la levée du siège de 1553, et lorsque la place était à l'extrémité. Sienne conserve religieusement, dans une des chapelles de sa magnifique cathédrale, le grand et noir crucifix de bois, vainqueur des Florentins, à la sanglante journée de Monteaperto : le crucifix du petit oratoire de Calvi, est encore plus glorieux, puisqu'il combattit contre des infidèles et des étrangers, les Turcs alliés aux Français.

Calvi est la patrie du jeune Jules Guidi, qui fit à l'université de Padoue, en 1581, l'admiration de Muret, par les merveilleux effets de sa mémoire. Le docte Français lui dicta, en présence de plusieurs spectateurs, une longue série de mots grecs, latins, italiens, et quelques autres sans aucune signification, et le jeune Corse les répéta dans le même ordre ; puis du dernier mot au premier, ensuite par le centième, le millième, et continua ainsi au gré de ses interrogateurs stupéfaits. On raconte que Guidi avait récité de la même manière, jusqu'à trente-six mille noms, qu'il n'avait entendus qu'une seule fois. De pareils traits valurent à Guidi, le surnom *della gran memoria*, sous lequel il est encore désigné chaque année dans l'office de la confrérie des morts. Guidi, héros de classe avorté, n'a rien produit : la mémoire avait envahi toutes les autres parties de son esprit, et en avait comprimé l'exercice : il se ressouvint toujours et ne pensa jamais.

Les tours de force et les effets de la mémoire semblent particuliers aux savans de Calvi : Jean-Baptiste Agnese, né en 1611, frappé de cécité lorsqu'il était à Rome, attaché au cardinal Jules Rospigliosi, n'en continua pas moins de se livrer à ses travaux, et de composer ses pieux et nombreux anagrammes latins, en l'honneur de la Vierge, publiés dans la capitale du monde chrétien et jusqu'à Vienne.

Si la question de la naissance de Colomb ne paraissait aujourd'hui tranchée par le passage du sublime et touchant testament de ce grand homme, dans lequel il se dit né à Gênes (*en Genova*), les prétentions de Calvi seraient assez spécieuses : elle était colonie génoise, une famille y porte encore le nom Colombo, les papiers relatifs à cette famille furent soustraits, dit-on, par les commissaires génois, qui changèrent aussi le nom d'une rue appelée Colombo, en celui *del filo*, et les habitans de Calvi sont les premiers Corses qui s'embarquèrent pour le nouveau monde. Le moine franciscain *Santo Pietro*, qui habita l'Amérique méridionale, et y composa en Espagnol, un traité *sur la contrition*, réimprimé plusieurs fois à Lima dans le XVII.e siècle, était de Calvi.

La tour de Caldano, sur le bord de la mer, de l'autre côté du golfe, est une ruine âpre, triste, pittoresque.

Je ne puis oublier l'accueil que me firent à Calvi, deux hommes distingués, appartenant à d'anciennes familles du parti populaire corse; l'un, M. Pompéi, sous-préfet, jeune homme plein d'âme, de cœur et de zèle pour le bien; l'autre, M. Giubega, vieillard aimable, éclairé, modéré, et dont les entretiens sur la Corse m'ont instruit et vivement intéressé.

CHAPITRE XXVIII.

Étang de Calvi. — Tradition. — *Calenzana.* — Église.
—Cimetière des Allemands. — L'Immaculée Conception souveraine de Corse. — Miel amer. — *Carbonari* et *Fiscoloni.* — *Santa Restituta.* — *Saint-Pierre.*

L'ÉTANG voisin de Calvi, qu'il serait si important de dessécher, s'appelle *Vigna del vescovo*. Des restes de pressoir trouvés à l'entour et jusque dans l'étang, annoncent qu'en effet il y eut là une vigne. Une chronique populaire raconte qu'au milieu des plaisirs de la vendange, l'évêque de Sagone, fixé à Calvi, séduit par les agaceries d'une jeune fille, celle-ci eut la fantaisie d'exiger qu'il lui donnât et lui mit au doigt son anneau épiscopal, mais qu'au moment où le faible prélat succombait, l'anneau roula à terre et ne put être retrouvé. Le lendemain, lorsque l'évêque revint pour rechercher son anneau, il trouva l'étang à la place de sa vigne. Il est au moins vrai qu'un évêque de Sagone, dont le siège avait été tranféré à Calvi, obtint ce terrain sous la condition de ne point réclamer la dîme des habitans, ni des étrangers qui viendraient s'établir à Calvi.

Calenzana, un des bourgs les plus peuplés de la

Corse, qui compte près de deux mille habitans, mérite que l'on s'y rende de Calvi. Au lieu d'être jeté sur d'inaccessibles hauteurs comme la plupart des villages de l'île, Calenzana est dans un joli et frais vallon, avec un aperçu de mer.

A l'église, une des plus grandes de l'île, riche de marbres, et d'une assez noble architecture, je remarquai le tombeau d'un pieux missionnaire corse, don Luigi, mort en 1782, comparé dans l'épitaphe à Démosthènes, et selon quelques uns de ses contemporains, homme vraiment étonnant pour l'effet de sa parole populaire. Cette inscription est due à M. J.-M. Buonaccorsi, d'une famille distinguée de Calenzana, vieillard respectable dont je me rappelle avec plaisir l'abondante et cordiale hospitalité.

J'ai visité à Calenzana le cimetière des Allemands, *camposanto de 'Tedeschi*, où les Corses défirent les troupes allemandes auxiliaires des Génois, commandées par le général autrichien Wactendock, prédécesseur du prince Louis de Wurtemberg. La campagne des Allemands commencée le 10 août 1731, dura environ dix-huit mois et ils y perdirent plus de trois mille hommes. Les habitans de Calenzana qui n'avaient qu'une cinquantaine de fusils, afin de lutter contre la tactique allemande, jetèrent leurs ruches à la tête des assaillans : cette charge des abeilles mit la confusion dans l'armée ennemie et contribua à la victoire des Corses. Le théâtre de cet affreux carnage est aujourd'hui un champ verdoyant et fertile. Chaque année, le samedi saint, après la bénédiction de l'eau, le clergé s'y rend et jette de l'eau bénite sur la terre où gissent les ossemens étrangers. Chacun de ces cadavres revint cher à Gênes, puisque l'empereur Charles VI avait stipulé qu'elle lui paierait cent florins (trois cents francs), par soldat perdu. Le chétif et vexatoire impôt d'un demi-baïoque avait allumé cette guerre qui coûta aux durs oppresseurs de l'île, tant de milliers d'écus.

Après le départ du prince de Wurtemberg, les Corses s'insurgèrent de nouveau ; ils offrirent la souveraineté au roi d'Espagne qui refusa, et comme les Athéniens qui avaient déclaré Jupiter seul roi de leur ville, et les Florentins qui élurent le Christ *gonfalonier*, les Corses se soumirent à *l'Immaculée Conception*, et se constituèrent en république.

L'exploit des abeilles de Calenzana me donnera l'occasion de défendre le miel de Corse, contre trois grands poëtes de l'antiquité, Virgile, Horace et Ovide, qui ont cru lui faire tort en lui reprochant son amertume [1]. Cette amertume qui pro-

---
[1] Eclog. vιιι. Art. poét. 375. Amor lib. 1. Eleg. xιι.

vient des fleurs de myrte, de buis, de lentisque, d'arbousier et de laurier-thym que paissent les abeilles pendant l'automne, car le miel fait au printems se trouve très-doux, est au contraire fort agréable et surtout très-salubre. Mêlé à l'eau, ce miel calomnié en si beaux vers, donne comme celui de Sardaigne, le plus délicieux des hydromels.

Les anciens estimaient la cire de Corse ; deux faits rapportés par Tite Live, prouvent l'antique activité de ses abeilles : un premier tribut de cent mille livres de cire fut payé aux Romains pour acheter la paix, et un second, sept ans plus tard, monta à deux cent mille livres.

D'énormes blocs de porphyre d'une qualité supérieure se voient près de Calenzana, et le torrent roule de beaux fragmens de ce porphyre ainsi que de granit rouge, gris, vert, tant la Corse est inépuisable de richesses minéralogiques.

Les habitans de Calenzana, au lieu de jouir en paix des agrémens de leur vallon, ont la folie de se quereller pour des opinions politiques, et le bourg est ridiculement divisé en *Carbonari* et en obscurs *Fiscoloni*.

Près Calenzana, au milieu des champs, l'oratoire de Santa Restituta, cité par Filippini, est un des plus anciens et des plus vénérés sanctuaires de la Corse; il doit remonter aux Pisans, mais il a été malheureusement modernisé.

Dans un bois d'oliviers voisins, une construction souterraine formant six angles, dont la destination est incertaine, pourrait avoir été des bains antiques.

La petite église de Saint-Pierre, qui sert le jour de la fête du saint, est ornée à l'entrée d'énormes têtes de lions en pierre, mutilées lors de l'éboulement de la façade, et derrière et sur les côtés, de signes astronomiques qu'un curé trop scrupuleux a fait en partie gratter comme païens. Ce monument singulier, quoique modernisé, construit d'un granit qui ne se trouve plus que loin de là, parait du temps des Pisans.

VICO.

CHAPITRE XXIX.

Côte de *Galeria*. — Porphyres globuleux. — Lenteurs administratives. — Golfe de *Girolata*. — Prise de Dragut.

Je repris la mer à Calvi pour me rendre à la tour de la Girolata et à la Piana où mes mulets, qui avaient eu bien de la peine à se tirer des rochers de la côte, m'attendaient.

La côte de Galeria, maintenant inculte et qui n'a de réputation comme celle de la Girolata, que pour ses beaux porphyres globuleux, pourrait devenir très-prospère. Le petit port est assez bon. La côte de Galeria fut en 1785, concédée à une compagnie qui déjà y avait élevé d'utiles constructions, telles qu'un aqueduc, un hôpital, une caserne, dont les restes divers se voient encore. Cette colonie florissante fut détruite en 1792 par les habitans du Niolo, qui prétendirent avoir des droits sur les terrains. Une commission nommée en 1808, mit trois années à examiner les droits respectifs : le travail adressé au ministère des finances, y languit deux années, d'où il fut renvoyé au conseil de préfecture qui le garda à son tour jusqu'en 1827. Un projet de transaction fut alors élaboré, mais eut encore besoin de quelques années pour devenir loi : les communes conservent les terrains qu'elles ont envahis, et le littoral reste au domaine.

La côte de Galeria est un de ces points assez nombreux en Corse, qui devraient appeler l'attention du gouvernement et attirer les capitaux. Il y a de l'eau, du bois, pour des usines et des scieries, et Napoléon, à ce que j'ai su d'un ancien préfet de la Corse, avait le projet d'y envoyer le minérai de l'île d'Elbe, et d'y fabriquer les outils et les instrumens de la marine. La première mesure à prendre afin d'exciter en Corse l'esprit d'entreprise, serait de supprimer entièrement l'inique tarif de la douane qui assimile aux produits étrangers, les produits manufacturés dans l'île, et y détruit ainsi, par avance, le germe de toute industrie.

C'est dans le Golfe de Girolata que Jean Doria, par un exploit digne de son oncle le grand Doria dont il commandait les galères, battit et prit le terrible corsaire Dragut, qui faisait de fréquentes et désastreuses descentes en Corse. Dragut absorbé par le partage de son butin avait été surpris;

et Doria le cerna dans ce golfe et lui enleva neuf vaisseaux. Comme il était enchaîné avec tout son équipage, Lavalette, depuis grand maître de Malte, lui dit : « *Senor Dragut, usenza di guerra.* » Et « *y mudenza de fortuna,* » répartit le fataliste musulman qui avait vu autrefois Lavalette esclave des siens. La captivité de Dragut en effet ne dura guère ; Doria faible contre l'or, le relâcha pour trois mille écus, et le farouche ennemi du nom chrétien, malgré quelques belles paroles données en s'échappant, ne tarda point à reprendre ses ravages.

CHAPITRE XXX.

Tour de la *Girolata*. — Bandit.

Il est certains gîtes qui m'ont fait éprouver de rudes mécomptes dans mes courses de Corse et de Sardaigne; ce sont les tours au bord de la mer. Ces tours figurent honorablement sur la carte; elles s'aperçoivent de loin et ont une assez belle apparence; les amis vous les indiquent tout en ne vous dissimulant pas que vous n'y aurez point toutes vos aises; mais vous trouvez quelque chose de poétique à vous y arrêter, espérant bien y rencontrer quelque commandant, des soldats ou au moins des douaniers. Cependant il n'y a personne; le long escalier extérieur, assez pareil à l'escalier d'un moulin à vent, est à demi-pourri; vous arrivez, non sans péril, à une espèce de vaste grenier au premier, au fond duquel est un grabat qui, depuis plus d'une année, n'a point été occupé par M. le brigadier; il n'y a ni carreaux ni volets aux fentes qui tiennent lieu de fenêtres; le parquet est un terrain mou et humide; enfin il n'y a pas moyen de rester là, et vous en êtes pour votre escalade.

La tour de la Girolata possédant tous les agrémens que je viens de décrire, je m'arrangeai pour passer la nuit dans une cabane de berger. Comme je me promenais le soir sur cette plage aride, qu'animait seulement l'incendie lointain de quelques makis, je fus accosté par un homme encore jeune, d'une tournure dégagée, parlant bien, et qui me conta son histoire. Il m'avoua qu'il était bandit, ce qui ne veut pas du tout dire brigand, mais contumace, prévenu, poursuivi par la justice. Cette expression italienne *bandito* (banni, proscrit), a conservé son sens politique, et n'a rien d'infamant. B........ était accusé d'avoir tué d'un coup de fusil, un homme qui, dans une rixe, avait blessé son jeune frère. Ainsi que la plupart des bandits de cette sorte, B........ était presque retourné à la vie sauvage, et il préférait cette vie errante et armée, au milieu des rochers et des makis de la côte, à l'asile plus sûr et plus commode qu'il aurait pu trouver, caché dans une chambre de ville. La vie de bandit est au fond des mœurs corses, et il y a de l'étoffe pour elle depuis les classes les plus élevées jusqu'aux dernières. B........ quoique carbonaro et napoléoniste (inconséquence d'opinion qui n'est pas rare en Italie), ne manquait point d'impartialité dans ses jugemens; il avait cela de commun avec ses autres compatriotes. Notre entretien étant tombé sur Napoléon, je m'étonnais du peu d'améliorations qu'il avait opérées en Corse; de la suppression du département du Golo et des deux arrondissemens de Vico et de Cervione, du despotisme de Morand, de la suspension du jury, de ce que dans le testament de Napoléon, où se trouvent tant de dispositions diverses et quelques unes si futiles, il n'y avait ni un souvenir, ni une obole pour son indigente patrie ; B........ me dit ce mot que je trouve très-beau : « Bonaparte ne nous a fait que du mal, mais il nous a fait honneur. » B........ me donna des détails sur les mœurs des montagnards corses ; il me chanta quelques airs champêtres, le commencement du livre d'Herminie, *Infanto Erminia infra l'ombrose piante*, quelques pièces de Fulvio Testi, chants populaires des bergers ; enfin je dus dans ce désert, à côté d'un feu de makis, autour duquel se jouaient quelques enfans à demi-nus, et ensuite dans mon horrible chambre enfumée, une fort agréable soirée à l'excellente conversation de ce bandit. Il me quitta pour aller coucher au milieu des makis, craignant que la maison ne fût cernée par les gendarmes ou les voltigeurs corses; il comptait se présenter de lui-même à la cour d'assises de Bastia, prétendant qu'il n'y avait contre lui que la déposition du mort, et qu'il pourrait établir l'alibi. J'ai depuis appris, à mon grand regret, qu'il n'avait pu y parvenir, et qu'il avait été condamné.

CHAPITRE XXXI.

La Piana. — Scène d'élection. — Château de *Giunepro*. — Fort de *Foce d'Orto*.

Je débarquai sur les rochers, au point dit Fiscaiola. La montée pour arriver à la Piana est horriblement escarpée.

La Piana, joli village de sept cents habitans, bien situé, moderne, tant la peur des barbaresques a long-temps laissé cette côte déserte, pourrait devenir commerçant avec un chemin jusqu'à Fiscaiola, chemin auquel la négligence corse a dédaigné de contribuer, malgré quelques avances faites par l'administration.

L'élection d'un membre du conseil général du département, qui eut lieu à la Piana, les 9 et 10 décembre 1833, pourra faire juger de l'état et des mœurs politiques du pays. Les électeurs étaient fouillés par les gendarmes à la porte de l'église paroissiale, lieu de l'élection. Bientôt plus de deux-cents hommes armés en faveur des deux candidats qui se partageaient les suffrages, environnèrent l'église; l'élection ne put y avoir lieu, à cause des menaces de ces cliens trop dévoués, et l'on fut obligé de se réunir la nuit dans une maison particulière, élection illicite qui a été ou qui a dû être annulée.

Les environs de la Piana offrent deux ruines ou plutôt deux souvenirs, qui se rattachent aux anciens temps de l'histoire de l'île. Le château de Giunepro, voisin de la tour de Porto, aurait été bâti par Rollandino, neveu de l'incertain et romanesque Hugues Colonna, romain, peut-être nommé par Charlemagne seigneur feudataire d'une partie de la Corse. Une trace plus glorieuse et moins incertaine, est celle de Jean Paul de Leca, le premier et l'un des plus infatigables chefs de cette insurrection perpétuelle de la Corse contre les Génois, qui dura plus de quatre siècles et ne finit qu'à Paoli. Leca vieux, mais toujours ardent, s'était rendu à Rome, auprès de Léon X, dont il espérait des secours, et mourut loin de son pays, comme son dernier successeur. A Foce d'Orto, sont quelques restes du fort, où Leca et ses généreux complices enfermèrent leurs femmes et leurs richesses, afin d'être tout entiers à leur patrie. Le serment nocturne des trois libérateurs de la Suisse, dans la plaine solitaire de Rutli, a été peint et chanté par les premiers maîtres de l'art; on ignore la scène du fort d'Orto, et elle ne dut être ni moins grande ni moins touchante. Le fort après une héroïque défense, fut pris : de ses trente-huit défenseurs, deux seuls échappèrent à la mort, les captives respectées furent rendues à leurs familles.

CHAPITRE XXXII.

Cargèse. — Colonie grecque. — Archimandrite. — Pétition.

CARGÈSE, élevé régulièrement en amphithéâtre au-dessus de la mer, planté de beaux mûriers, est un agréable village. Il a été bâti par M. de Marbeuf [1], pour lequel il fut même érigé en marquisat, et peuplé par la colonie grecque réfugiée en Corse vers 1676. Dans ce village de six cents âmes, on parle à la fois très-bien grec, italien et français. Le chef de la colonie s'appelait Constantin Stéphanopoulos : quelques-uns de ses descendans habitent encore Cargèse et Ajaccio, et sont considérés comme des premières familles du pays. Une branche de cette famille s'est établie en France, et sur la demande de Démétrius Comnène, a été reconnue par Chérin, en 1782, descendante de

---

[1] L'assemblée constituante qui annula toutes les concessions faites en Corse, excepta celle de M. de Marbeuf, puisqu'elle était le prix de sa bonne administration : le majorat que Napoléon institua en faveur du jeune Marbeuf (voyez ci-dessus, chap. III), peu de jours après la bataille de Wagram, fut aussi considéré comme une indemnité du marquisat de Cargèse.

David Comnène, dernier empereur de Trébisonde, tué par ordre de Mahomet II. Madame la duchesse d'Abrantès, nièce de Démétrius, et peintre plus ingénieux et plus fidèle que généalogiste, a même fort hasardeusement rattaché la famille Bonaparte au grec Calomeros, fils de Constantin Stéphanopoulos, établi en Toscane, et dont le nom qui signifie belle ou bonne part, aurait été italianisé [1]. Les fugitifs grecs ont retrouvé sur la terre étrangère et de la part de leurs jaloux voisins, les montagnards du Niolo et les laboureurs de Vico, une partie des violentes avanies et des spoliations qu'ils auraient subies dans leur patrie. Par deux fois, ils furent contraints d'abandonner Cargèse, de chercher un asile à Ajaccio, et en 1814 ils perdirent de nouveau une partie de leurs biens que l'autorité chancelante de l'empire ne sut point protéger. A chaque remûment politique, ils sont menacés des mêmes périls; aussi Cargèse est-il un des lieux de la terre qui s'arrange le mieux du temps présent et qui est le plus ennemi des révolutions.

Ces grecs, indépendamment de leur langue, ont gardé leurs rits, leurs habitudes; mais le costume national qu'ils avaient autrefois conservé a disparu, et les yeux et les physionomies ont seuls

[1] (*Mém. Chap.* III).

retenu quelque trace grecque. Le contraste de la civilisation grecque, madrée, ingénieuse, active, à côté de la rudesse et de la nonchalance corse, est singulièrement frappant à Cargèse environné des villages les plus barbares de l'île. Cependant, depuis quelques années, ces réfugiés forment des alliances avec les familles indigènes, et même le sang corse commence à dominer.

L'archimandrite, curé grec, vieillard de soixante-dix ans, assez grimacier, assez théâtral, me dit avoir échappé au massacre de Chios, et avoir été blessé dans sa fuite. Il m'avait invité à assister à l'office du soir (c'était le dimanche des Rameaux, 1834), et plusieurs fois il envoya dans la maison où je dînais des messagers me rappeler ma promesse. A peine étais-je arrivé, que je remarquai qu'il faisait allumer les cierges des divers autels, et quoique j'aie assez oublié mon peu de grec, certains βασιλευς m'avertirent qu'il se passait quelque chose de solennel. Le malencontreux Archimandrite avait en effet entonné *le Te Deum* grec pour mon heureuse arrivée, qu'il fit suivre de la prière pour le Roi et de l'exposition du Saint-Sacrement. Accablé de tant d'honneurs, je me préparais à faire une prudente retraite, lorsque je vis mon Archimandrite qui s'agitait, et qui d'un air auguste, s'avança vers moi et me remit de l'autel même, une pétition, la seule peut-être qui jamais soit partie directement de là. Cette pétition en français, réclame un secours de mille francs pour les réparations de l'église et de son *magasin*, secours qui pourrait être accordé avec autant de justice à l'église latine inachevée, exposée à la pluie et non moins délabrée que l'église grecque.

Si le train ordinaire des choses de ce monde vous rend assez indifférent de n'y rien pouvoir, il est quelques circonstances où cette inutilité vous pèse et vous afflige, et j'ai vivement regretté de n'avoir point été à même de réclamer la réparation des deux pauvres églises de Cargèse. Mais il est dans nos mœurs politiques actuelles une formalité sans laquelle vous n'obtiendrez rien; c'est comme on dit *la députation :* vous découvrez à l'écart quelque homme honoré, indépendant, qu'une légère faveur attirerait, elle ne sera point accordée sans la députation, autorité certes animée de l'amour du pays, mais pleine de vanité, vraiment française, qui tient à faire annoncer dans la gazette l'argent que sur sa proposition il a été alloué à telle commune ou à tel individu; sans la députation, vous n'arracherez de l'Etat, malgré les plus justes droits, ni une obole, ni le moyen de sécher une larme : le département n'est qu'une espèce de fief de la députation. Qu'il me soit permis toutefois d'ajouter que si la politique croit devoir exiger un rang, un titre, que si le privilège de la pétition n'appartient qu'aux députés et à certains, la bienfaisance royale admet l'égalité de la prière, et que chaque jour elle secourt l'infortune, quelle que soit l'obscurité de la voix qui l'implore.

CHAPITRE XXXIII.

Sagone. — Golfe. — Réponse d'un évêque à saint Grégoire. — Eaux thermales de *Mosi.*

Le golfe de Sagone est magnifique. Le fort, très-dégradé, conserve encore quelques batteries, mais les canons sont retournés. La ville fut autrefois splendide ; il y a quelques restes de palais et de l'ancienne cathédrale dont la sacristie existe encore et sert de retraite et d'abri aux paysans. Les ruines de cette cathédrale peu vaste, me rappelaient la bizarre réponse de l'évêque de Sagone, Natalis, à saint Grégoire, qui lui avait écrit pour lui reprocher de trop aimer la table, de ne pas étudier l'Écriture, et de prêcher sans avoir médité. Le joyeux prélat s'excuse par l'exemple d'Abraham qui donnait à dîner et n'en était pas moins saint ; et l'exemple des apôtres qui ne pensaient point à ce qu'ils allaient dire, lui paraît un motif suffisant de prêcher sans préparation. L'existence opulente, relâchée, épicurienne de Natalis, montre que le christianisme devait jouir à cette époque, en Corse, d'une sorte de prospérité, malgré les exactions auxquelles le pays était livré par les traitans bizantins. Alors les évêques étaient élus par le peuple et le clergé, et il paraît que les prêtres pouvaient s'y marier, d'après l'invitation que leur adresse saint Grégoire, peintre fidèle des mœurs et des malheurs de l'île, d'éviter l'entretien des femmes, à moins qu'elles ne soient leur mère, leur sœur ou leur épouse.

A demi-chemin de Sagone à Vico, est la source des eaux thermales de Mosi, source peu abondante, de même nature et encore meilleure que les eaux plus célèbres et mieux logées de Guagno.

CHAPITRE XXXIV.

Vico. — *La Sposata.* — Couvent de Saint-François. — Eaux de *Balogna.* — Château *de la Zurlina.* — Trahison de Filippino da Fiesco. — *Guagno.* — Bains. — Martyre patriotique d'un curé. — Bon italien et bon français de Corse. — *Arbori.* — Château.

Vico, petite ville ancienne, industrieuse, qui compte près de quatorze cents habitans, est une des deux sous-préfectures supprimées sous l'Empire, et qui pourraient être rétablies. De hautes montagnes l'environnent : une d'elles porte le nom gracieux de la *sposata*, parce que l'imagination italienne trouve qu'elle représente la tête d'une jeune mariée.

Le couvent ruiné de Saint-François, agréablement situé, fut le lieu des premières et élémentaires études de M. Pozzo di Borgo, études commencées sous un pauvre moine, et devenues ensuite, à Ajaccio, sous la direction de l'érudit professeur corse Cuneo, si classiques, si littéraires.

A une demi-lieue de Vico, les eaux de Balogna sont estimées pour les maladies cutanées, et même pour les longues, tristes et mystérieuses maladies des yeux, si voisines des peines de l'ame.

Sur la route de Vico à Guagno, entre Musso et Boccasorro, on aperçoit les ruines du château de la Zurlina, qu'occupait en 1488, Rinuccio de Leca, parent et confédéré de l'illustre Jean-Paul [1], lorsqu'il fut attiré à Vico, sur la fallacieuse parole de Filippino da Fiesco qui promettait de lui rendre son fils, arrêté à Gênes, à la nouvelle de l'insurrection de son père. Fiesco avait été gentilhomme du duc de Milan, Sforze, en même temps que Leca, et s'était rendu seul et sans armes à la Zurlina, afin de lui témoigner de la confiance et de l'inviter à descendre ; mais, à peine à Vico, il le saisit, le garrotte de ses propres mains, et l'envoie à Gênes, où peu de jours après, Leca expire au fond d'un cachot. La manière dont Filippini raconte et juge cette action, peut atténuer le reproche qui lui a été fait de sa complaisance envers la domination génoise, puisqu'il traite de *goffissima* (très-bête), la résolution naturelle et généreuse de Leca, de suivre un capitaine génois, afin d'embrasser et de délivrer son fils. Les ruines de la Zurlina s'élèvent pittoresquement sur un mamelon de rochers, et de leur sein s'élancent de grands arbres qui les couronnent majestueusement. Guagno,

---

[1] Voyez ci-dessus, chap. xxxi.

village dans un fond de montagnes, sans beautés naturelles, compte six cents habitans.

Les eaux sulfureuses, efficaces contre les rhumatismes et les maladies cutanées, sont les moins mal tenues et les plus fréquentées de la Corse. Il y a jusqu'à une auberge et une chapelle, et le nombre des baigneurs monte annuellement de six à huit cents.

Ce petit village de Guagno rappelle le stoïque et rare courage d'un de ses curés : cerné dans un profond ravin par des soldats génois qui ne lui permettaient de sortir qu'à la condition de prêter serment aux oppresseurs de son pays, il préféra se laisser mourir de faim au milieu des rochers, martyre plus patriotique que chrétien, mais qui montre une force d'ame comparable à celles des plus grandes et des plus célèbres victimes de l'histoire.

On cite Guagno pour la pureté de son italien ; Vico a le même mérite. Le français de Corse n'est nullement corrompu, et ne ressemble point au barbare patois de la plupart de nos provinces. Chose singulière, ces insulaires et ces montagnards corses parlent à la fois l'italien et le français de Rome et de Paris. Le dialecte corse est le moins corrompu des dialectes italiens, et infiniment plus intelligible que le jargon de Naples, de Gênes, de

Bologne, de Milan, et que le gracieux vénitien. Au milieu des révolutions et des systèmes linguistiques actuels, une haute fortune attend peut-être ce dialecte, puisque le célèbre auteur de la *Storia degli antichi popoli italiani*, a cru y reconnaître la racine des anciennes langues italiques [1].

A une lieue et demie de Vico, entre Arbori, village de quatre cents habitants, et la rivière du Liamone, était le château de l'illustre Jean-Paul de Leca. Ce château historique, sur un rocher, conserve encore la citerne et le pont-levis.

[1] *E sempre,* dit M. Micali, *che si potesse avere buona cognizione del dialetto proprio dei montanari corsi, non sarebbe impossibile ritrovarvi addentro talune radici affini alle antiche lingue italiche. Nel dialetto corso, uno dei meno alterati, s'adopera comunemente l'U per O : proprietà dei primi linguaggi italici : quindi dicono i nativi* DUVE, TRUVATU, BIANCU, SPECCHIU, etc. Cap. xx. Une remarque de M. Viale, à la suite de plusieurs *canzoni contadinesche in dialetto corso* (Bastia 1835), peut servir d'exemple et fournir un nouveau rapprochement entre le latin primitif et le dialecte corse : NO, *e più comunemente* NU *e* INDU *è forse un'antichissima preposizione latina invece d'in, che si riscontra sovente nei frammenti di Ennio e di Lucilio, in cui si legge per esempio* INDU FORO, *invece di* IN FORO, INDUPERATOR *invece d'*IMPERATOR.

CHAPITRE XXXV.

Liamone. — Château de Cinarca. — Égalité corse.

On traverse à gué le Liamone, fleuve torrent que l'on ne remarquerait point ailleurs, et qui passe pour la seconde rivière de la Corse, si riche d'excellentes eaux et qui n'a point de véritables rivières.

Près de là, sur une éminence à l'embouchure de la Liscia, sont les faibles ruines du château des puissans comtes de Cinarca, noble famille illustrée par le brave et infortuné Giudice [1]. Mais les anciens seigneurs de la Corse étaient bien loin de posséder l'autorité oppressive des superbes barons de la féodalité ; c'étaient des chefs de clans qui commandaient à leurs égaux et non à des serfs. Aussi la Corse est-elle véritablement la terre de l'égalité. Cette vieille égalité qui n'est point le résultat de théories, mais le fruit des mœurs, y transpire ; on la voit, on la sent, on la touche ; il peut exister des haines, de l'éloignement entre les individus, mais il n'y a point de distance. Lorsqu'après

---

[1] Voyez ci-dessus, chap. xxiii.

la campagne de 1740, le marquis de Maillebois composa le régiment royal-corse, il éprouva quelque embarras : il n'y avait pas de paysan qui n'aspirât et ne se crut propre à être officier. J'ai fréquemment parcouru le pays avec des hommes riches, considérables; l'aisance, la familiarité sans indiscrétion des paysans qui nous abordaient me frappèrent; quoiqu'ils nous donnassent de *la vostra signoria,* leur politesse n'avait rien de bas; leur conversation était gaie, sensée, point commune, même assez interrogative et curieuse ; ils nous engagaient à entrer manger du *broccio ;* l'invitation était acceptée sans façon, car l'importance là eut été fort ridicule. Il y avait loin de la tournure mâle, dégagée de ces paysans à l'allure gauche de nos villageois, ou à l'air apprêté d'un bourgeois. Une autre circonstance a dû détruire en Corse le sentiment de l'inégalité des conditions : grâce au génie aventureux de la nation, il n'est presque personne qui ne puisse se flatter d'avoir compté quelque parent dans les classes distinguées de la société. Je remarquai souvent dans les plus simples demeures, des portraits de magistrats, d'évêques, de colonels, d'officiers décorés : c'est notre grand oncle, notre cousin, notre parent, me répondait-on. Celui-là avait couru le monde, ses frères étaient restés à cultiver le champ paternel.

Les bords de cette côte qui mène à Ajaccio sont arides ; les physionomies dures, sauvages ; l'accent est âpre, le regard altier : on sent là comme une sorte de reflet africain, bien différent de la culture morale et physique de la côte qui regarde l'Italie [1].

[1] Il avait été commis à Ajaccio, ou sur son territoire, quatre meurtres et vingt assassinats, en 1832, et pas un seul à Bastia pendant cette même année. Le nombre des meurtres était à Ajaccio de deux, et de vingt-six assassinats pour 1833 et les six premiers mois de 1834 ; à Bastia, d'un meurtre et de trois assassinats. A Ajaccio, le nombre des crimes s'est élevé, pendant les douze années de 1822 à 1833, pour dix mille habitans, à quatre-vingts ; à Sartène, sur le littoral d'Ajaccio, à quatre-vingt-treize ; il n'a été à Bastia, que de cinquante-neuf.

CHAPITRE XXXVI.

Evisa. — Montagnes. — Chapelle *Saint-Cyprien.*

Evisa, village de mille habitans, offre un charmant horizon de montagnes et de forêts. Ces montagnes légères, séparées, distinctes, rappellent presque les montagnes bondissantes de l'Écriture.

Cette vue a été bien mieux rendue que je ne saurais le faire par le dessin gracieux, et la vive couleur d'une habile artiste française, dame aimable de la société de Paris, femme de M. Empis, également distingué comme administrateur et comme auteur dramatique. Ce ne fut pas sans la plus agréable, et je l'avoue, sans la plus grande surprise, que je rencontrai madame Empis à l'entrée de la forêt d'Aytone et ensuite à Evisa où elle était arrivée de la Piana, depuis quelques jours par les bois et à travers d'épouvantables rochers. Les Corses eux-mêmes admiraient le courage et les travaux de la *parigina* qu'ils ne comprenaient pas trop ; et jamais certes conscience de paysagiste n'a été portée à ce degré d'héroïsme.

Près d'Evisa, sur la route d'Otta, est la chapelle

Saint-Cyprien qui m'avait été trop vantée; elle n'est qu'une espèce de longue chaumière, construite de morceaux de granit brut entassés les uns sur les autres, avec un toit de tuiles. L'autel est détruit, et la chapelle sert maintenant de cimetière aux habitans d'Évisa.

CHAPITRE XXXVII.

Forêt d'*Aytone*. — Son exploitation. — Route. — Pins laricio. — Forêt de *Valdoniello*. — Des forêts de la Corse.

La forêt d'Aytone, une des deux seules forêts exploitées de la Corse, passe pour la plus belle, pour la plus vaste de l'île. L'exploitation se fait chèrement par Sagone ; la route, un des rares travaux exécutés en Corse sous l'Empire, a coûté plus de 700,000 francs. De l'avis d'administrateurs du pays, éclairés et fort compétens, elle s'exécuterait avec infiniment plus d'économie par le golfe de Porto, moitié moins éloigné.

J'admirai dans la forêt ses gigantesques pins laricio sveltes, minces, lisses, élancés, exhalant un fort parfum de résine, dégarnis de branches jusqu'à la hauteur de cent pieds, et couronnés par un magnifique bouquet de feuillage, flottant, sonore, agité.

Au sommet de la vallée du Golo, la forêt de Valdoniello, en friche, est peut-être supérieure à celle d'Aytone par le site, l'étendue, la variété des espèces, et la riche végétation. Il suffirait pour parvenir à son exploitation, de pousser la route de deux lieues. Cette sauvage forêt ne se vante point comme nos forêts cultivées et parées, de ces arbres décorés majestueusement des noms du Roi et de la Reine, mais elle possède une forte aristocratie de hêtres, d'ifs, d'aulnes, de trembles, de bouleaux et surtout de pins : plusieurs de ceux-ci de trente mètres de hauteur et de huit de circonférence, seraient souverains ailleurs.

Les superbes pins laricio de Corse n'ont point, après plus de deux mille ans, dégénéré de leurs ancêtres loués par Théophraste qui pourrait observer encore que les pins du Latium ne leur sont même point comparables. Telle est la vigueur de ce puissant laricio qu'il perce, qu'il déchire les plus durs rochers ou les plus solides constructions de l'homme, et les couvre de son ombrage. Il existe, et je me suis empressé d'aller visiter deux laricio distingués par la science, l'un au milieu de l'Ecole de botanique du jardin des plantes, l'autre au Petit-Montreuil de Versailles, à l'ancienne maison de M. Leroy, l'auteur de plusieurs articles de l'encyclopédie, des lettres sur les animaux, et ami d'Helvétius et de Buffon. Mais ces arbres isolés, chargés de branches dès leur tronc, sont bien loin de donner une idée de la beauté native du laricio des forêts de la Corse, terminé en éventail.

D'énormes hêtres de la forêt de Valdoniello sont abandonnés et tombent de vétusté comme dans les autres forêts de l'île : l'indolente fierté corse dédaigne d'en faire des sabots qui sans doute ne vaudraient rien parmi les pierres et les sentiers de la montagne, mais qui seraient fort utiles au logis.

Les forêts de la Corse, au nombre de quarante à cinquante, et dont deux seulement sont exploitées, fourniraient au-delà des besoins de notre marine. Les Génois mieux avisés en tiraient tous leurs bois de construction, et cela explique à quel point ils tenaient à la possession de l'île. D'après un des plus récens relevés de l'administration, la quantité d'arbres exploitables s'éléverait à deux millions [1]. Ces forêts, les premières de l'Europe, au lieu de s'étendre monotonement dans de longues plaines, plongent dans de profondes vallées, ou serpentent sur les flancs de hautes montagnes ; elles ne sont point enveloppées de sombres et lourds nuages comme les forêts du nord ; un soleil splendide les éclaire, et elles présentent d'immenses et magnifiques horizons.

[1] Voyez le discours du ministre du commerce et des travaux publics, à la chambre des députés, séance du 24 janvier 1837.

NIÒLO.

CHAPITRE XXXVIII.

Bergers. — Ravage du Niolo par les Génois. — *Calacuccia*. — Foire. — Costume des femmes. — M. Grimaldi. — Lacs *Creno et Ino*. — *Scala di santa Regina*.

Le Niolo, grande et populeuse vallée, est par son site et ses bergers une des parties les plus curieuses, les plus intéressantes de l'île. La vallée régulière, sorte d'arène close par des montagnes, est d'un aspect extraordinaire. Ses quatre issues, dont deux à chaque extrémité, pourraient être défendues par quelques hommes contre des forces nombreuses. De petits champs séparés par des murs peu élevés de pierres entassées les unes au-dessus des autres, servent de pâturages.

La beauté, la stature, la vigueur des hommes, presque tous bergers, sont remarquables ; leur intelligence est extrême ; sans culture, ils sont développés dès leur première jeunesse. Quoique couchant sur la dure et à la belle étoile, enveloppés de leur épais *pelone* [1], ils parviennent sans décrépitude malgré cette âpre vie, à une vieillesse avancée. Il est difficile de donner une idée de la facilité, de la netteté avec laquelle ils s'expriment sur leurs affaires et leurs chétifs intérêts. Cette population nomade s'élève à environ trois mille trois cents habitans, sur lesquels il n'y a pas trente artisans ou marchands; le chant et la poésie sont familiers à ces rudes arcadiens de la Corse. L'hospitalité leur est sacrée : le berger qui vous donne le lait de ses brebis et la chair de son chevreau, serait offensé si vous lui offriez de l'argent, et mépriserait le berger qu'il verrait en recevoir. Chaque famille forme une espèce de petit état qui fabrique tout ce qui est à son usage : les femmes, industrieuses, tissent la toile et le drap pendant l'hiver, et c'est à ce rustique foyer que vivent et se sont réfugiées les mœurs et les vertus primitives de la Corse.

Le ravage de la vallée du Niolo par les Génois, en 1503, est un des plus horribles attentats de leur domination. Les habitans furent chassés, les maisons rasées, les arbres arrachés. La trahison avait été jointe à la barbarie, puisque Nicolas Doria, sous prétexte de faire la paix, avait obtenu soixante de ces innocens otages.

[1] Manteau à capuchon, fait de poil de chèvre.

Calacuccia, chef-lieu du canton, a plus de six-cents habitans. L'époque de la foire, belle foire de bestiaux, le huit septembre, est le bon moment pour visiter le Niolo, et jouir de l'aspect pittoresque de la population. Les femmes sont les seules de l'île qui aient conservé leur ancien costume, vêtement assez coûteux mais éternel, qui leur revient jusqu'à 130 francs. Une toque de velours noir, bordée par les cheveux en deux tresses, fait la coiffure ; la chemise boutonnée jusqu'au menton tient lieu de fichu ; la robe de drap bleu, chamarrée de velours, ouverte à la gorge, forme une espèce d'amazone. Ce costume qu'une femme de Calacuccia voulut bien revêtir en ma présence, parait toutefois abandonné des jeunes filles qui ont le mauvais goût de s'habiller *à la mode du département*.

Le Niolo, cette vallée de pâtres, possède un homme éclairé, M. le docteur Grimaldi, appartenant à une honorable et ancienne famille du pays, qui serait un digne habitant de quelque ville savante et universitaire. M. Grimaldi, membre du conseil-général, ancien inspecteur des eaux de Piétrapola, maintenant de celles d'Orezza, exerce gratuitement ces dernières fonctions si secourables aux malheureux, et qui mériteraient bien d'être rétribuées. Les devoirs désintéressés de M. Grimaldi l'arrachent seuls à sa vallée où l'on peut juger de son action bienfaisante et civilisatrice.

Les montagnes neigeuses du Niolo sont dans la belle saison verdoyantes et fleuries. La montagne de Campotile, offre deux lacs diversement curieux, et qui ne sont pas trop inaccessibles : le *Creno*, grave, profond, mugissant, mystérieux, chanté dans les légendes; l'Ino, jeté sur des rochers, en belle vue, peuplé de truites, avec de brillantes cascatelles. Le Liamone et le Tavignano sortent du Creno; le Golo s'échappe de l'Ino.

La scala di santa Regina, menant à Corte, n'a plus toutes les horreurs qui lui ont valu le redoutable nom d'échelle ; c'est une longue et pierreuse descente dont il est facile de se tirer avec quelque attention, et pourvu qu'on ne se laisse pas trop distraire par la contemplation des grandes scènes de la nature qui sont sous vos yeux.

CORTE.

CHAPITRE XXXIX.

Aspect. — Pacification. — Porcs.

Je ne sais si l'aspect de Corte ressemble exactement à celui de Lacédémone, ainsi que le trouvaient les deux doctes anglais cités par Boswel, mais l'entrée par une avenue de châtaigners aboutissant à une grande place, est assez imposante.

Le calme de Corte me frappa à mon arrivée; c'était un dimanche. L'avenue était remplie de paisibles promeneurs, et sans l'âpre horizon de montagnes, on aurait pu se croire au cours de quelque petite ville de France. J'avais beaucoup entendu parler de la roideur et de l'indépendance du peuple de Corte, de ses violentes *vendette*, de ses irrévérences envers l'autorité, de ses hommes et même de ses enfans de parti [1]. Je sus bientôt

[1] Le 21 avril 1833, les enfans du sous-préfet, du maire et du juge de paix, qu'une femme menait à la promenade, furent assaillis à coups de pierres, par les enfans du parti opposant : un enfant et

que la tranquillité actuelle était due au nouveau sous-préfet, M. Giubega fils, ancien lycéen de Paris, resté littéraire, qui comme son vénérable père, s'était concilié l'estime de ses administrés des diverses opinions, et qui mériterait le beau, le rare surnom de conciliateur.

L'intérieur de Corte ne répond point, il est vrai, à la majesté de son entrée ; il semble envahi par les porcs ; leurs troupes noires errant parmi la ville, rappellent le *It nigrum campis agmen*, et leurs grognemens sont comme les cris des rues. La langue salée de ces porcs de montagnes, est regardée en Corse, comme un mets très-fin.

la femme furent blessés. Le nombre d'assassinats, de meurtres et de tentatives de ces crimes, pendant les douze années de 1822 à 1833, avait surpassé à Corte, celui de toute l'île ; il s'était élevé par dix mille individus, à quatre-vingt-quatorze, tandis qu'il n'avait été, dans les arrondissemens de Bastia et de Calvi, que de cinquante-neuf et de soixante-quinze.

CHAPITRE XL.

Palais de Corte. — Appartement de Paoli. — Son gouvernement. — Son université de Corte.

Corte qui compte aujourd'hui trois mille trois cents habitans, était la ville de prédilection de Paoli et la capitale de son état naissant. Elle pourrait en effet par sa position centrale devenir la véritable place de guerre de l'île, intercepter toutes les communications, et permettre de jeter en quarante-huit heures des forces sur les divers points.

J'ai visité au palais de Corte, dans le lieu où le tribunal tient ses séances, l'appartement de Paoli. Une des chambres devenue le greffe, est encore garnie d'épais volets, doublés de liége, qu'il y avait fait mettre afin d'échapper aux coups de fusil d'un de ses adversaires, logé vis-à-vis de lui. On me fit remarquer dans une petite pièce, les tringles destinées à soutenir le dais placé au-dessus du fauteuil élevé sur lequel étaient brodées en or les armes de Corse, avec une couronne qui seule dépassait et surmontait la tête du général, prétendu trône, que Paoli fit retirer après la leçon qu'il reçut du silence des Corses, lorsqu'il essaya de s'y placer. Cette pièce était la salle du conseil, composé de neuf membres qui partageaient avec le général le pouvoir exécutif. Le gouvernement provisoire de Paoli, national, était absolu, violent, arbitraire. Sa garde, imposée par la sollicitude de la consulte générale, était de quatre-vingts hommes, mais il préférait et trouvait moins importuns les six gros chiens corses couchant dans sa chambre et son antichambre, ses véritables gardes-du-corps. L'armée, c'était la nation : tous étaient soldats de dix-huit à soixante ans, y compris les ecclésiastiques, à l'exception des curés; et un tiers de cette milice devait être, pendant huit jours et alternativement, toujours prête à entrer en campagne. La guerre que Paoli soutint douze années, fut à la fois étrangère et civile, car il n'avait pas moins à redouter ses rivaux que l'ennemi. Telle était la confiance qu'il avait inspirée à ses compatriotes, que malgré de si puissans obstacles, et même le manque d'argent, il devint réformateur et législateur, et fonda le premier en Corse et à Corte, une imprimerie, un journal et une université.

Cette université, créée en 1764, et détruite par l'invasion française, forma des hommes distingués dans les sciences, le droit et les lettres, tels que les Laurent Giubega, les Castelli, les Cataneo, les Arena, les Pompei, les Pietri, les Boerio et le père de Napoléon, Charles Bonaparte. D'après un legs de Paoli tardivement exécuté et accru des fonds votés annuellement par le conseil-général du département, une semi-université a été établie à Corte en 1836. Quelques esprits sages et qui connaissent le pays, contestent l'utilité d'une telle fondation qui, avec la confiance corse, doit peupler le pays de beaucoup trop de docteurs et augmenter le nombre déjà trop considérable des solliciteurs de places [1]. Il est une école que je préfèrerais en Corse à toutes les universités du monde ; ce serait, je l'avoue tout bonnement, une grande école d'arts et métiers ; elle seule peut y faire naître l'industrie et l'amour du travail, sans lesquels la Corse sera toujours languissante. L'argent du legs de Paoli eût peut-être été mieux employé en bourses dans les colléges du continent ; on aurait ainsi ramené dans leur patrie des jeunes gens mieux instruits, plus for-

---

[1] « Nulle part, dit M. Robiquet, les emplois ne sont plus recherchés qu'en Corse. Il n'y a peut-être pas non plus de pays où le nombre des employés soit plus grand, relativement à la population, et où la somme absorbée par les appointemens de ces employés soit plus considérable, relativement au produit des contributions. » *Recherches historiques sur la Corse*, p. 406, 407.

més, que s'ils n'avaient jamais quitté leur île. J'en ai rencontré un certain nombre d'un rare mérite, ayant étudié dans les universités de France ou d'Italie, maintenant rentrés en Corse, jouissant d'une existence indépendante, aisée, dont il serait facile de tirer parti et d'obtenir de bons mémoires sur les diverses améliorations locales. Les vingt bourses dans les colléges de France, votées en 1820, ont été une des faveurs de l'État les mieux entendues, les plus justes envers la Corse, et dont l'extension aurait d'excellens résultats. Un homme d'esprit en faisant remarquer la finesse et la ruse naturelles aux Corses, proposait plaisamment d'y fonder une école de diplomatie.

CHAPITRE XLI.

Maison de Gaffori. — Son patriotisme. — Intrépidité de sa femme. — Séjour de madame Letizia.

Après le palais de Paoli, je recherchai la maison de Gaffori. Elle est criblée des balles des espingoles tirées de la citadelle par les Génois qu'assiégeait Gaffori. Son enfant, livré par la nourrice, avait été exposé sur la brèche, afin d'arrêter le feu ; mais Gaffori, sans être ébranlé, le fit continuer, et dit qu'il était citoyen avant d'être père, action supérieure à celle de Brutus, qui ne condamnait que des fils coupables. L'héroïsme de Gaffori obtint sa récompense : la citadelle fut prise, et l'enfant n'avait point été atteint. Gaffori moins célèbre que Paoli, parce que les écrivains du temps ne s'en occupèrent point, paraît un digne précurseur du grand patriote de la Corse. Brave, éloquent, il n'eut de tache que l'avarice, défaut qui, avec l'or génois, fut cause de son assassinat, le 3 octobre 1753, par son infâme frère Antoine-François, surnommé le Caïn de la Corse.

La famille de Gaffori, originaire de Corte, qui possède encore cette maison, conserve religieusement les traces des boulets génois, nobles cicatrices attestant le patriotisme de son ancêtre.

Cette maison avait été illustrée par une autre grande action de la digne femme du général. On ne sait en vérité si aucune autre histoire présente un couple plus intrépide. Mme Gaffori, menacée d'être enlevée par les Génois, en l'absence de son mari, se barricada chez elle, y tint pendant plusieurs jours, et comme quelques-uns des Corses qu'elle avait appelés à son aide, parlaient de se rendre, elle mit un baril de poudre dans une salle basse, et la mèche allumée, menaça de se faire sauter si le feu discontinuait. Les hommes qui connaissaient son caractère résolu, prolongèrent la défense et donnèrent à Gaffori le temps d'arriver. Après le meurtre de son époux, au lieu de s'abandonner à une impuissante douleur, cette femme étonnante se tourna vers son fils, l'exposé du rempart, âgé de douze ans, lui fit prendre la chemise ensanglantée, et lui dit : « Jure de ne « jamais pardonner aux Génois, jure-le par la « tête de ton père et la douleur de ta mère « veuve. » Le vœu fut exaucé, et les assassins punis. On rapporte même que ce fut en présence et par l'ordre de madame Gaffori, que son indigne beau-frère périt, roué à coups de barre de fer dans sa prison.

La maison de Gaffori fut habitée en 1768 par madame Letizia et son mari, Charles Bonaparte, qui s'était rendu auprès de Paoli, et c'est dans ces murs glorieux que Napoléon fut conçu : les stigmates de la guerre, dont la façade est empreinte et comme ravagée, vont bien au premier berceau de l'homme élevé et tombé par la guerre.

CHAPITRE XLII.

Église. — Caserne. — Citadelle. — Embrâsure où fut attaché l'enfant de Gaffori. — Abîme. — Évasions. — Cachots de Paoli. — Couvent de Saint-François. — Assemblée du 27 mai 1793.

L'ÉGLISE rustique de Corte, est tout-à-fait indigne de cette imposante sous-préfecture. Elle offre toutefois un autel et deux tabernacles en bois, fort bien travaillés par un frère du couvent de Saint-François.

La caserne bâtie sous Louis XV, en pierres de taille, est une des belles de France. Faite pour douze cents hommes, elle n'en contient plus que la moitié, depuis l'amélioration du sort du soldat, et le lit séparé accordé à chacun.

La citadelle, ancien château élevé au commencement du xv.ᵉ siècle par le brillant et infortuné vice-roi de la Corse, Vincentello d'Istria [1], touche à la caserne. Depuis les progrès de l'artillerie, cette citadelle alors imprenable, ne tiendrait pas contre quelques pièces placées sur les hauteurs qui la dominent. Ces mêmes hauteurs cou-

[1] Voyez ci-après, chap. LXII, et c.

ronnées de forts feraient de Corte, une vraie et très-redoutable place de guerre. J'ai vu l'embrâsure, au nord, où fut attaché l'enfant de Gaffori, tradition authentique, monument du patriotisme corse, respecté au milieu des travaux successifs de la citadelle, qui certifie le fait contesté, sans de bonnes raisons, par le romanesque Germanès. A l'occident, est un abîme à pic au fond duquel gronde le Tavignano roche moins illustre, mais bien autrement escarpée que la roche Tarpéienne. C'est par cet effroyable abîme que se sont quelquefois sauvés des Corses détenus à la citadelle. Ils s'accrochaient d'abord à un rocher un peu au-dessous du parapet et glissaient ensuite audacieusement jusqu'en bas. La famille Gaffori et ses adhérens au nombre de dix-sept, détenus au commencement de la Révolution, s'échappèrent de ce côté la nuit au moyen de cordes. Une pareille évasion est assurément une des plus hardies dans l'histoire des prisonniers, et elle témoigne merveilleusement de l'intrépidité et de l'agilité corses. Ce point élevé a vu le suicide de plus d'un militaire, et quand je le visitai, un jeune sergent, de désespoir d'un passe-droit, s'y était précipité, il y avait peu de jours. On remarque à la citadelle, avec une douloureuse surprise, les prisons d'état où Paoli enfermait les chefs corses

ses adversaires : le père du général républicain, Abatucci tué au pont d'Huningue, général lui-même, lettré et appartenant à une famille distinguée, y languit comme otage plusieurs années. Ces rigoureux cachots sont indignes des idées libérales de Paoli, et de la civilisation de l'époque.

Le couvent de Saint-François, voisin de Corte, maintenant en ruines, était magnifique. Paoli y avait un grand logement. Pendant la guerre de l'indépendance, l'église servait de lieu d'assemblée aux états, et la chaire était la tribune. La place de ce couvent devint plus tard, comme le forum corse; c'est-là que l'ardent Carlo Andrea (prénoms sous lequel M. Pozzo di Borgo était célèbre, et qu'il signait) grimpé sur un arbre, défendait Paoli, presque octogénaire, contre les calomnies démagogiques des clubs de Marseille et de Toulon qui accusaient ses sentimens français et républicains. Alors eut lieu le 27 mai 1793, l'assemblée nationale qui, malgré le débarquement à Bastia, des commissaires de la convention chargés d'emmener Paoli, lui confirma son titre de général, et à M. Pozzo, celui de procureur-syndic, et dans un langage guère moins cynique que celui des clubs, déclara infâmes, Arena et les frères Bonaparte, leurs accusateurs.

CHAPITRE XLIII.

Monterotondo. — *La Restonica.* — Errèur sur les qualités minérales de ses eaux. — Porphyre. — Vue. — Guides.

Le Monterotondo est assurément une des premières vues de l'Europe. Plus élevé que l'Apennin, il a de plus que le Mont-Blanc, la mer et le soleil d'Italie. Cette vue domine toute la Corse, à l'exception de la charmante Balagne que voile le mont Cinto, et l'œil découvre les côtes de France et d'Italie, depuis Nice jusqu'à Civita-Vecchia, les Alpes, les Apennins, ainsi que la Sardaigne, les îles de Capraïa, d'Elbe et de Montecristo. L'expédition demande deux jours; il faut aller coucher dans une bergerie de la montagne où restent les mulets, et le lendemain, à la pointe du jour, se hisser à pied au sommet afin d'y arriver avant que les vapeurs du matin n'obscurcissent l'horizon.

On longe les bords de la Restonica qui roule à travers les rochers et forme en quelques endroits de véritables cataractes. Les eaux de cette rivière sont brillantes, fraîches, savoureuses, mais c'est à tort qu'on leur attribue des qualités minérales attendu l'éclat et le poli des cercles de fer des seaux dans lesquels on la puise ; ce poli vient tout simplement du sable très-fin qui les récure. Sur la rive gauche de la Restonica, près de fours à chaux, on remarque un beau porphyre gris-verdâtre à reflet améthyste.

Le lac qui porte le nom de la montagne, est une de ses curiosités ; creux, limpide, traversé par le Vecchio, il est pendant huit mois de l'année enfoui sous la neige.

Mon guide au Monterotondo était un vieux berger armé de son fusil, portant sa pitance dans un sac de peau de muflon et suivi de deux chiens. Un de ses frères avait été général au service du royaume d'Italie ; il aurait probablement fait le même chemin que le général, s'il se fut comme lui engagé dans le Royal-corse, afin de soulager son père d'un de ses huit enfans, tant ce montagnard possédait de hardiesse, de sang-froid et même d'agilité pour ses soixante-quatre ans. Sous ce dernier point, les bergers corses sont fort supérieurs aux bergers des Alpes et aux guides patentés de Chamouny [1]. Dans le repas que je fis

---

[1] « On ne se fait pas une idée », a dit M. Gueymard, ingénieur en chef des mines, auteur d'un savant mémoire sur la Corse qu'il a

avec mon guide et mon petit cortège au milieu du lit pierreux de la Restonica, le berger but son grand verre de vin avec une sorte de solennité, *alla salute di tutti*, et cette libation, dans laquelle on aurait pu comprendre les bêtes, était assez de circonstance parmi les rochers, les abîmes et les sentiers étroits et croulans que nous avions à parcourir.

Le Mont-Blanc, le Saint-Bernard, le Saint-Gothard, le Splungen, sont devenus agréables à voir : le Monterotondo est horriblement pénible, périlleux à visiter. Si jamais le Monterotondo est adjugé à des préposés portant médaille, il sera sans doute mieux entretenu et moins fatigant à gravir. Aujourd'hui, séjour des bergers pendant les trois mois de l'été, et refuge de bandits, il est un de ces lieux que l'on peut être fier d'avoir parcourus, mais où certes on ne retourne point.

Le Monterotondo, ainsi que les autres montagnes de la Corse et de la Sardaigne, ne produit aucun animal féroce, ni ours, ni loups, mais seulement de vigoureux renards à la dent aiguë et un peu plus destructeurs que les nôtres.

Au moment où la Corse vaincue à Pontenuovo,

explorée en 1820, « de l'agilité de ces montagnards ; si ceux des
« Alpes avaient la même légèreté et le même courage, le Mont-Blanc
« serait connu depuis des siècles. »

allait être soumise, le Monterotondo devint l'asile de femmes, de vieillards, d'enfans, débris des familles patriotes de l'île [1]; parmi cette troupe fugitive, en proie à tant de souffrances, se trouvait la mère de Napoléon qui le portait dans ses flancs et était presque à terme. Cette superbe montagne est comme la première patrie de Napoléon, et elle semble digne d'avoir enfanté un tel colosse de gloire.

[1] Le mot *patriote* n'eut point une création de la langue révolutionnaire comme on pourrait le croire ; il remonte au siècle de Louis XIV, et il est employé par Saint-Simon qui dit de Vauban : « patriote comme il l'était, il avait été toute sa vie touché de la misère du peuple. » *Mém.* t. v, 284.

CHAPITRE XLIV.

Soveria. — Cervoni. — *Tralonca*. — *Alando*. — Ruines du château de Sambucuccio. — Générosité de T. Cervoni. — Mort de Matrà. — Cornets corses.

Soveria, village de trois cents habitans, conserve la maison où naquit le général Cervoni, fils d'un homme illustré par une action qui sera bientôt rapportée. Cervoni est un de ces caractères à la fois héroïques et spirituels tels que la Corse en produit. Ami des lettres, il était doué du talent des vers, et avait étudié les grands maîtres italiens. Après s'être distingué, ainsi que les autres Corses du parti français, au siège de Toulon, et avoir brillé à Lodi, il devint en 1799 commandant de Rome où son nom était redoutable. Ce général qui avait signifié à Pie VI l'abolition de son gouvernement, fut chargé d'aller à la tête des généraux, haranguer en italien, aux Tuileries, le pape Pie VII auquel, dit-on, il ressemblait assez par sa pâleur. Son bel organe et sa bonne prononciation avaient frappé le pape qui lui en fit compliment : « *Santo padre sono quasi italiano*, » avait réparti Cervoni, — Oh! — « *Sono corso* » — oh! oh! — « *Sono Cervoni* » — oh! oh! oh!... et à ce nom de terrible mémoire, le pape avait reculé et presque bondi jusqu'à la cheminée.

Cervoni qui devait être fait maréchal à la fin de la campagne de 1809, eut la tête emportée d'un boulet de canon, lorsqu'il examinait la carte du terrain avec Montebello, jaloux de l'honneur d'une telle mort à laquelle il était aussi prédestiné.

Après avoir traversé Tralonca, village de trois cents habitans, on arrive à celui d'Alando qui n'en compte guère au-delà d'une centaine. Mais ce village a donné son nom à deux des grands hommes de la Corse, le célèbre Sambucuccio [1], plébéien, chef intrépide de l'insurrection contre les seigneurs en 1007, organisateur des communes, sorte de héros administrateur; et à son illustre descendant proclamé en 1466 vicaire (représentant) du peuple, qui réunit une consulte générale afin d'élire quatre députés chargés de se rendre auprès de Galéas-Marie Sforze, duc de Milan, momentanément souverain de Gênes, et de lui proposer un code ou statut qui devait de-

---

[1] Par une sorte de richesse du dialecte corse, la terminaison des noms indique la taille de ceux qui les portent : Sambucuccio est ainsi appelé parce qu'il était petit; s'il eût été grand, il se serait nommé Sambucone.

venir le droit public de l'île, curieux monument de la législation du xv.ᶜ siècle, admirable par la libéralité de ses vues et de ses garanties.

Les ruines du château des Sambucuccio d'Alando, sur un rocher escarpé, sont à-peu-près imperceptibles, les maisons des paysans les recouvrant en partie.

La terre de Corse rappelle à chaque pas de nobles et courageuses actions; elle n'a jamais eu qu'assez peu d'habitans, et elle compte prodigieusement d'hommes et même de femmes. Le petit village d'Alando, déjà illustré par les deux Sambucuccio, fut le théâtre du beau trait de Thomas Cervoni, le père du général. Menacé de la malédiction de sa mère, ardente patriote qui lui commande de sacrifier à la liberté naissante son ressentiment contre Paoli, il vole le secourir à la tête de ses amis et de ses parens. Paoli renfermé dans l'église du couvent de Bozio près d'Alando, avec une cinquantaine d'hommes seulement, et réfugié derrière l'autel, allait périr; déjà le furieux Marius Matra, rebelle bien digne de son prénom romain, ébranlait et incendiait la porte, lorsque le bruit des cornets de la troupe de Cervoni, ranima le courage du nouveau défenseur de l'indépendance corse [1]. Matra blessé au genou recula; son armée

---

[1] Ces cornets, espèces de conques marines, sont une grosse coquille

croyant qu'il fuyait, se dispersa, et l'on montre encore, près d'un châtaigner, au-delà du couvent, la place où, renversé par la balle de Cervoni, il fut tué et mutilé avec tant de cynisme et de barbarie. Paoli plaignit la fin de son rival, et l'on compara ses regrets, aux larmes suspectes de César, à la vue de la tête de Pompée. Mais lorsqu'il voulut embrasser son libérateur, il ne le trouva plus ; Cervoni, avec sa haine, était déjà reparti pour Soveria.

percée par les deux bouts et dans laquelle on souffle : le son est monotone et s'entend de fort loin ; les chévriers corses les emploient pour s'appeler dans les montagnes. Ces cornets ont souvent aussi donné le signal de l'insurrection et ils servaient dans les marches militaires. *Il Colombo*, cornet ainsi appelé à cause de sa blancheur, était sous Paoli, singulièrement vénéré des montagnards, et regardé comme le palladium de leur liberté.

CHAPITRE XLV.

Fontaine *Ottovo*. — *Poggio de Venaco*. — Bel Messer. — Fromages. — Lac *delle sette Scudelle*. — Pont *del Vecchio*. — *Vivario*. — Inscription. — Pont. — *Perello*. — Trois souverains et une impératrice nés en Corse. — Pommes architectoniques.

L'abondante fontaine Ottovo qui tombe sur la route, est une création secourable d'une dame corse qui mérite la gratitude du voyageur.

On arrive à travers des bois de châtaigniers, des champs bien cultivés et arrosés par de frais ruisseaux au pittoresque village de Poggio de Venaco, d'environ quatre cents habitans. Du haut de cette colline, l'horizon embrasse un amphithéâtre de montagnes verdoyantes et d'agréables vallées où roulent de jolies cascades. Venaco jadis illustre par le séjour du Bel Messer, est aujourd'hui réputé pour ses fromages, les plus excellens de l'île.

Le Bel Messer seigneur du xe siècle, dut le surnom sous lequel il est resté célèbre aux grâces de sa personne; juste, bon, accessible, il fut aimé du peuple comme Henri IV, et comme lui mourut assassiné. Mais sa veuve héroïque ne ressemblait point à la faible et artificieuse Marie de Médicis. A la tête des Corses, elle assiégea et incendia le château de Tralavedo, repaire des meurtriers qui tous périrent. Telle fut la douleur de la Corse, à la nouvelle de la perte du Bel Messer que le bruit se répandit et devint tradition, qu'une voix s'était fait entendre dans les airs, criant : « Bel Messer est « mort : malheureuse Corse, n'espère plus aucun « bien ! » Malgré l'espèce de superstition du voyageur pour les traces des grands hommes malheureux, il me fut impossible de reconnaître les restes du château du Bel Messer dans la vieille maison corse, encore debout, où je fus conduit.

Au fond d'une gorge que traverse le Vecchio, près d'un pont ruiné dont il ne reste plus qu'une arche, on aperçoit le petit lac dit par les habitans *delle sette sudelle* (des sept écuelles), et qui selon Filippini fut d'abord plus pathétiquement appelé *de'sette polli* (des sept poulets), de la tradition qui rapporte que dans ce lac furent jetés, après avoir été massacrés, les sept jeunes enfans du Bel Messer, autre souvenir incertain de ses nobles infortunes.

Le pont del Vecchio d'une seule arche, terminé en 1827, est une construction solide, légère et hardie.

Vivario, pauvre, rustique, paisible, a huit cents habitans. Sur le seuil de l'église, une ancienne pierre funéraire avec un écusson, et point de nom, porte ces mots en gros caractères : *Maledictus qui percussit clàm proximum suum , et dicat omnis populus, amen.* (Numer. cap. 27.) Cette heureuse application des paroles de l'Écriture, cet anathème mystérieux de la *vendetta*, parti de la tombe, ont été entendus, et depuis plus d'un siècle et demi, on ne cite aucun meurtre dans le pays.

Un romantique paysage de noirs rochers et de hauts pins encadre le pont en bois sur un torrent ; le pilier du milieu, unique, est un gros rocher.

Perello, hameau voisin de Vivario, est la patrie de Formose, pape du ix.ᵉ siècle, pieux, indulgent, lettré, dont le cadavre eut à subir un injuste procès, mais sa mémoire fut depuis canoniquement réhabilitée. La Corse a produit trois souverains qui contrastent entr'eux d'une manière étrange : un pontife à Rome, un dey d'Alger, le rénégat Lazare au xvi.ᵉ siècle, et Napoléon ; sans compter cette belle Corse de la Balagne, qui prise par les Barbaresques, devint impératrice de Maroc au même temps où son glorieux compatriote était empereur des Français. Cette souveraine crut même devoir écrire à Napoléon en faveur d'un sien frère qui, malgré la double recommandation, ne put être employé : la rapidité d'une audience publique que sa vanité avait désirée, ayant suffi au ministre pour lui prouver que ce protégé n'était bon à rien.

Au milieu des ruines de la chapelle de Saint-Pierre, à Serragio, près de Vivario, est un pommier dont les fruits offrent les mêmes angles que l'église, pommes architectoniques que les enfans dérobent avant leur maturité, par dévotion, m'a-t-on dit, mais peut-être bien aussi par gourmandise.

CHAPITRE XLVI.

Forêt de *Vizzavona*. — Granit. — *Bocognano*. — Usage cordial. — Scrupule d'un voleur de grand chemin.— *Ucciani*. — Pont. — *Monte d'Oro.* — *Les Baraques*.

La route traverse l'antique forêt de Vizzavona, jetée sur la haute chaine de monts qui partage la Corse, plantée de hêtres et de majestueux pins laricio ; jadis rivale de la forêt d'Aytone, elle lui est maintenant inférieure depuis les coupes trop nombreuses qu'elle a subies.

Le torrent de la Cellula, entre la forêt de Vizzavona et Bocognano, roule un joli granit grenat qu'il serait très-facile d'exploiter.

A la sortie des gorges sauvages de Vizzavona, Bocognano a quelques fabriques du grossier drap corse, dit *Pelone*. L'aspect de ses rustiques maisons cause une sorte de satisfaction que n'inspireraient pas de plus majestueux édifices, quand on songe à un usage de ce bourg qui existe aussi dans quelques autres villages de l'île. Si un habitant bâtit une maison, les voisins, chaque dimanche, au sortir de la messe, s'empressent de lui apporter une charge de pierres, corvée volontaire et mutuelle qui montre l'obligeance naturelle du paysan corse lorsqu'il n'est point passionné par la *vendetta*.

Bocognano me rappela le trait caractéristique raconté dans les plats, mais véridiques mémoires de Jaussin, pharmacien en chef de l'armée du marquis de Maillebois, en 1739, et qui s'intitulait alors, APOTHICAIRE MAJOR. Il avait logé trois semaines chez un prétendu bourgeois, ayant de bonnes manières et une maison de fort belle apparence, chez lequel il laissa avec confiance sa cassette, contenant pour 4,000 livres d'argenterie, de bijoux et d'argent, qui à son retour, lui fut restituée intacte. Ce fidèle dépositaire n'était toutefois ainsi que ses deux frères, son oncle et un cousin, qu'un *ladro publico*. La bande assassina vers ce temps, plusieurs soldats, vivandiers et autres passans. Le chef arrêté et conduit à Ajaccio, fut interrogé devant l'apothicaire major qui s'étonnant de ce qu'il ne l'avait ni volé ni assassiné, au lieu des pauvres hères qu'il avait dépouillés, reçut pour réponse : « Je m'en serais bien gardé, monsieur, c'eût été « violer les droits de l'hospitalité. » Jaussin eut la faiblesse de solliciter sa grâce, à condition de servir dans le Royal-Corse d'où il déserta. Un an après Jaussin retrouva son protégé à Bocognano; cet homme s'empressa de nouveau de l'escorter une partie de la route, crainte d'accident : il était cependant revenu à son premier métier. Aujourd'hui cette sorte de voleurs n'existe plus en Corse, mais l'hospitalité n'y est pas moins sacrée.

A quelques lieues de Bocognano, est Ucciani village de mille habitans. Le pont élégant, hardi, d'une seule arche, passe sur un torrent qui roule du Monte d'Oro, et se perd dans le golfe d'Ajaccio. Le Monte d'Oro, la seconde montagne de la Corse, presque rival du Monterotondo auquel il n'est inférieur que de quelques mètres, s'étend majestueusement à l'horizon.

A demi-chemin d'Ajaccio, les quatre ou cinq cabarets dits les *Baraques*, buvette des travailleurs de la route ou station des soldats, forment un petit et grossier oasis au milieu du désert qui enveloppe le chef-lieu de la Corse.

AJACCIO.

CHAPITRE XLVII.

Ajaccio. — Golfe. — *Sanguinaires*. — Port. — Quai. — Môle. — Fontaine. — Statue de Napoléon.

Le golfe d'Ajaccio est un des plus magnifiques qui aient été créés par la nature. Afin de donner une idée de sa splendeur, il suffit de faire observer qu'il rappelle presque pour le ciel, la lumière et la forme, la baie de Naples : il a sa côte de Portici, moins les palais; les îles Sanguinaires, rapprochées de quelque peu, seraient Caprée; et la montagne de Pozzo di Borgo, une des plus hautes de la Corse, est son Vésuve.

Le port excellent, abrité, pourrait devenir un des premiers arsenaux de l'Europe.

Ajaccio, qui selon le vieil historien de la Corse, Jean della Grossa, tirerait son nom du vaillant Ajax, fut l'ancienne Urcinum, ainsi nommée des cruches (*urceus*), qu'elle fabriquait pour mettre le meilleur vin : quelques ruines se voient encore près de la rivière de Gravone. Ce chef-lieu de la Corse n'est aujourd'hui qu'un embryon de ville, jeté dans un désert, avec de nombreuses promenades récentes, de grands bâtimens administratifs languissamment continués et point de rues, une garnison, des employés, et peu d'habitans. Malgré un certain faste extérieur, Ajaccio fait pour contenir quarante mille âmes ne prend point : il a une salle de spectacle et pas un charron.

Le quai et son solide môle pavé de granit, sont les seuls ouvrages en Corse dignes de Napoléon qui a couvert de magnifiques et utiles travaux des pays enlevés à la France, et n'a presque rien fait pour son île natale qui doit à jamais rester française.

La fontaine en marbre de la grande place, terminée en 1827, malgré sa prétention à être un monument, parait d'un effet commun ; l'eau qui vient de cinq milles et qui aurait pu être excellente, est médiocre. On avait proposé de faire de cette fontaine le piédestal de la statue qui doit être érigée à Napoléon dans sa ville natale. Ce projet raisonnable faillit à recevoir une sorte d'exécution par une émeute bizarre, peu de temps avant mon premier voyage à Ajaccio. Une statue de Ganymède avait été donnée par la famille Bonaparte à M. Ramolino ; au moment où elle était embarquée pour

Bastia, le peuple s'attroupa et voulut la placer au-dessus de la fontaine : il avait pris l'aigle impur du Ganymède pour l'aigle glorieux de l'Empire.

D'après une détermination récente, la statue de Napoléon doit être élevée sur la place du Diamant; ce ne sera point la belle, la poétique statue de marbre en costume impérial qui languit à Florence dans l'atelier de Bartolini, mais une copie en bronze de la monstrueuse statue de la Colonne, hideux monument qui reviendra plus cher que le chef-d'œuvre de l'artiste toscan offert par lui à la ville d'Ajaccio pour soixante mille francs.

CHAPITRE XLVIII.

Cathédrale. — Baptistère. — Naissance de Napoléon. — Maître-autel. — Religion des Corses.

La cathédrale terminée vers 1585, en forme de croix grecque, avec une majestueuse coupole, rappelle la bonne architecture italienne de la même époque.

On y montre avec curiosité la cuve de marbre blanc de Luni, où Napoléon fut baptisé le 21 juillet 1771, presque deux ans après sa naissance, usage qui n'est pas rare en Corse. L'extrait de baptême fixe cette naissance au 15 août 1769; il constate ainsi sa qualité de Français, et réfute l'acte de la célébration de son mariage à Paris, dans lequel pour se donner peut-être plus de consistance, ou par galanterie pour madame Bonaparte son aînée, il s'est vieilli de plus d'une année [1].

Le riche maître-autel de marbre, présent de la princesse Elisa Bacciochi, provient d'une église de Lucques; mais on a regretté que le tableau

---

[1] Cet acte porte la date de la naissance de Napoléon au cinq février 1768.

qui le décorait et passait pour très-beau, ne l'ait point accompagné.

La prédication se fait en italien ; un prêtre venu de Toscane que j'ai entendu pendant le carême, était goûté pour la sagesse et la libéralité de son christianisme. Quoique depuis plus de quarante ans, la Corse soit privée de séminaires, et que la population ecclésiastique s'y soit trop long-temps recrutée, au hasard, de prêtres embarqués à Livourne et promus sous une fatale influence, cependant le bon sens du pays a échappé à la superstition, sans perdre la foi. La religion des Corses s'incorpore à leurs mœurs et à leurs usages. Je me rappelle que me trouvant à Ajaccio le samedi-saint, toute la ville retentit à midi de coups de fusils et de pistolets partant de chaque fenêtre, de chaque boutique, afin de célébrer avec plus d'éclat le *gloria* de la résurrection. Dans les meilleures maisons, les parens qui tenaient aux vieilles mœurs, n'avaient pas manqué non plus de faire tirer le coup de pistolet à leurs enfans. On aurait pu se croire à une ville prise d'assaut, ou à l'une des trois journées.

CHAPITRE XLIX.

Maison de Napoléon. — Saveria.

La maison où naquit Napoléon est pour l'imagination le premier monument d'Ajaccio. Au-devant, une petite place carrée plantée aux angles, de quatre acacias, dont un bizarrement recourbé, a reçu le nom de place *Letizia* et ne remonte guère qu'à une trentaine d'années. La maison seulement exhaussée d'un étage, mais peu changée à l'extérieur, indique la demeure d'une famille aisée.

Quoique l'origine toscane de la famille Bonaparte ait été assez généralement admise, et qu'on montre à Sarzane la maison qu'occupait au commencement du xvii.ᵉ siècle le Bonaparte qui vint s'établir à Ajaccio, l'origine corse des Bonaparte trop dédaignée, pourrait être aussi très-bien défendue et obtenir une antiquité encore plus reculée que celle qui lui a été attribuée par le jeune et infortuné neveu de Napoléon, Louis Bonaparte mort à Forli en 1831, lorsqu'il faisait remonter sa famille à Jean, illustre citoyen de Trévise, chargé en 1178 d'une importante mission politique près du gouvernement de Padoue. Un acte de l'année 947 par lequel les seigneurs Othon Dominique et Guidon del Corto donnent à Silverius abbé de Montecristo leur propriété de Venaco en Corse, acte cité par l'historien Limperani, indique parmi les témoins messer Bonaparte dont le nom même est déjà écrit à la française, ou plutôt à la corse (le dialecte du pays employant *on* pour *uon*); et Filippini, l'historien populaire de la Corse, parle d'un Gabriel Buonaparte, chanoine de Saint-Roch, lecteur théologique à Ajaccio vers la fin du XVIe siècle.

Cette maison de la famille Bonaparte fut pillée en 1793 par les paysans opposés à la République, soulevés par les anglais et accourus un dimanche à Ajaccio, après la fuite de madame Letizia et de ses enfans à sa campagne des Melelli, tandis que Napoléon était à Bastia. La maison de l'ennemi le plus acharné qu'ait eu l'Angleterre fut alors une caserne anglaise, et elle aurait même été brûlée sans la crainte d'exposer les maisons voisines dont les propriétaires étaient des gens bien pensant.

Un beau portrait de Napoléon en costume impérial, par Gérard, est au salon qui précède la chambre à coucher. C'est dans ce salon que Napoléon vint au monde. Madame Letizia, ainsi qu'elle l'a depuis raconté à Rome à un Américain,

M. Lee, auteur d'une bonne vie de Napoléon, était à l'église le jour de l'Assomption lorsqu'elle fut prise subitement des premières douleurs ; elle partit aussitôt ; un élégant d'Ajaccio qu'elle rencontra, crut devoir la complimenter galamment sur l'éclat extraordinaire de son teint et le feu de ses yeux ; elle n'eut que le temps de gagner sa maison et accoucha sur le canapé [1]. On eût dit qu'impatient de naître, l'enfant impétueux s'agitait, commandait, dès le ventre de sa mère. Quant à la prétendue tapisserie représentant les exploits des héros de l'Iliade, qui décorait le salon, elle n'a jamais existé, et ce conte si répété doit être abandonné aux faiseurs de merveilleux historique. La chambre à coucher, assez obscure, avec une seule fenêtre et dans laquelle on voit encore au plafond les traces de l'ancienne alcôve, a quelque chose de mystérieux.

L'appartement, lorsque je le visitai, était bouleversé ; on le nettoyait afin de recevoir le curé qui vient régulièrement à Pâques bénir la maison, usage italien pratiqué en Corse [2]. Ainsi, l'appartement, berceau de Napoléon, est bénit chaque

---

[1] *The life of the emperor Napoleon by. H. Lee*, Paris 1834. — vol. I. p. 6, et 300.

[2] Dans les villages, ce casuel du curé est d'un certain nombre d'œufs, selon l'aisance des paysans.

année, honneur pieux qui manque à sa tombe.

Le petit canon de bronze jouet de l'enfance de Napoléon, avec lequel il préludait soit à ses glorieux exploits d'artillerie à Toulon, à Austerlitz, à Wagram, soit aux funestes mais indispensables mitraillades de vendémiaire, a disparu depuis quelques années ; il fut, m'a-t-on dit, volé et je n'ai pu en retrouver trace.

La maison européenne de Napoléon a passé en des mains étrangères à sa race ; il n'y a aucun meuble du temps ; on ne lit à la porte aucune inscription, et l'on finira par ne plus distinguer cette maison des autres maisons de la ville.

La petite maison de la nourrice de Napoléon, Saveria, se montre à Ajaccio. Cette femme d'un marin corse, qui conserva jusque dans le palais de la mère de l'empereur, la passion de son île, son jargon italien et une très-injuste horreur des Français, existait encore à Rome il y a quelques années. Elle était d'une épouvantable laideur, mais elle avait toute sa tête, et ce monstre plus qu'octogénaire gouvernait la maison de madame Letizia.

CHAPITRE L.

Hôtel de ville. — Théâtre. — Bibliothèque. — Enfans trouvés. — Confrérie de Saint-Erasme. — Tableaux. — Maison de M. Pozzo di Borgo. — Maison du cardinal Fesch.

Le nouvel hôtel de ville commencé en 1827 et encore en construction, sera un bel édifice, mais il semble trop grand, trop fastueux pour une île aussi pauvre que la Corse. L'éclairage et les soirées de M. le préfet seront chères dans ce splendide palais et rendront un homme riche nécessaire, ou entraineront à une augmentation de traitement afin de soutenir une telle représentation. La dépense sera d'ailleurs utile à la ville; et cette vue, si elle a existé, pourrait seule faire excuser le conseil des bâtimens civils d'avoir approuvé un devis aussi coûteux.

Le théâtre, autre vaste construction de la même époque que l'hôtel de ville, est aussi hors de proportion avec les ressources et les besoins dramatiques du pays.

La bibliothèque compte 14,000 volumes. Elle fut commencée sous le ministère de M. Lucien Bonaparte, auteur d'une bizarre, d'une épouvantable épopée en douze chants sur la Corse, LA

Cirnéide, sa seconde épopée, dont l'orthographe était *Cyrnéide* [1]. M. Lucien Bonaparte s'est montré moins indifférent à sa patrie que Napoléon qui semblait avoir fait assez pour la Corse en prenant la peine d'y naître [2]. Cette bibliothèque est fort peu riche en ouvrages nationaux, qui cependant y seraient convenablement placés, et elle n'en possède même aucun sur Ajaccio.

Le bâtiment nouveau et bien entendu, destiné à devenir le dépôt des enfans trouvés et qui doit en recevoir jusqu'à cent cinquante, est un triste monument puisqu'il prouve que l'antique sévérité des mœurs corses, qui se soutient assez dans la classe aisée, s'altère chez le peuple. Le nombre des enfans naturels s'est élevé pour l'année 1834

---

[1] Voici le jugement qu'a porté de la Cirnéide au moment de sa publication, un critique ingénieux et instruit, M. Patin, professeur de poésie latine à la faculté des lettres de l'académie de Paris : « La conception et le dessein de ce poème me paraissent généralement d'un ordre assez commun et surtout d'un bien faible intérêt..... Les strophes employées dans la *Cyrnéide* ne sont pas moins étrangères au génie de la poésie italienne, dont elles semblent vouloir imiter les octaves, qu'au génie de la poésie française.... Les défauts du style de la *Cyrnéide* qui consistent généralement dans un singulier mélange de dureté, de prosaïsme, d'incorrection et de recherche, ne sont point assez compensés par le tour élégant et poétique de quelques strophes... »

[2] Voyez ci-dessus chap. xxx. Les faits rapportés dans ce chapitre réfutent suffisamment quelques phrases sentimentales sur la Corse mises dans la bouche de Napoléon par M. de Lascases. (T. 3, 405.)

à deux cent soixante-huit, moins du vingt-quatrième des naissances, tandis qu'à Paris, la proportion monte à plus du tiers.

La confrérie de Saint-Erasme est l'église des marins qui lui abandonnent religieusement une petite part de leur salaire. Les confrères portent un habit noir ou blanc; ils mettent le premier pour les œuvres de miséricorde telles que l'assistance et la sépulture des condamnés à mort; ils revêtent alternativement les deux habits, le jeudi saint, et vont en procession prier au tombeau des diverses églises. Les tableaux envoyés de Rome par M. le cardinal Fesch à cette confrérie ne m'ont point paru dignes d'une telle origine.

Une maison particulière qui peut rivaliser de magnificence avec les bâtimens administratifs d'Ajaccio, est celle qu'habite M. F. Pozzo di Borgo, neveu de l'ambassadeur, et payeur du département. Cette grande construction, ornement de la ville, décorée du plus élégant mobilier, atteste à la fois l'amour du célèbre diplomate pour sa patrie et son inépuisable générosité comme chef de famille.

La maison de M. le cardinal Fesch, qu'il avait sous la restauration destinée aux Jésuites, et depuis à de vieux prêtres, est une grande construction à-peu-près abandonnée.

CHAPITRE LI.

Du changement de noms de quelques rues d'Ajaccio. — Impôts. — Population.

La dénomination de quelques rues et de quelques places d'Ajaccio fut changée il y a quelques années par l'esprit de parti. Sans doute les noms de place Bonaparte, de cours Napoléon sont beaux, sont naturels à Ajaccio; ceux de place *Letizia*, de rue Fesch ne sont point sans convenance [1]; mais cette transformation ne s'est-elle pas étendue trop loin, quand elle a remplacé le nom glorieux et français de Bourbon, par le nom étranger du jeune homme mort à Vienne? Lorsqu'on se rappelle tout ce qui a été fait en Corse, sous Louis XV et Louis XVI, les États accordés à l'égal des anciennes provinces privilégiées de France, la modicité des impôts [2], la construction des routes, des

---

[1] M. le cardinal Fesch a établi et il entretient encore à Ajaccio l'école des frères des écoles chrétiennes, à la grande satisfaction du peuple et de tous les pères de famille. Trois sœurs de la Charité, dotées par lui, sont attachées à l'hospice.

[2] Selon M. de R., auteur des *Souvenirs d'un officier* (t. I., 107), et qui avait séjourné quatre années en Corse, les impôts n'étaient pour toute l'île que de 150,000 fr.; ils ont été portés à 400,000 par

ponts et des chemins, les plus beaux et les seuls à peu-près que l'île possède, quand de l'aveu de tous les Corses qui raisonnent, et ils sont très-nombreux, ces temps et quelques-unes des années de la Restauration sont les meilleurs de la Corse [1], cette suppression parait à la fois quelque chose d'inepte et d'ingrat. On peut ajouter que le nom de rue royale sacrifié aussi dans cette réaction, eût bien pu être épargné, puisqu'il s'accorde encore avec la forme actuelle de notre gouvernement constitutionnel. Certes les autorités d'Ajaccio

M. Limperani dans son discours à la chambre des Députés (séance du 25 novembre 1835), discours qui reconnaît d'ailleurs parfaitement les importantes améliorations et les travaux utiles entrepris par l'ancienne Monarchie en Corse, et convient de l'oubli dans lequel Napoléon l'a laissée. Les impôts s'élèvent aujourd'hui à 1,180,000 fr., mais la population qui n'était en 1769 que de 122,000 âmes, montait en 1831 à 195,407, et le recensement de 1836 vient de la reconnaître de 207,889.

[1] Voyez sur la sagesse du gouvernement royal avant la révolution, le discours de M. le général H. Sébastiani (séance du 1er juillet 1820), les *Détails historiques sur les monumens religieux de l'ancien département du Golo*, mémoire de M. Renucci, et le discours de M. Limperani, cité à la note précédente. Je ne craindrai point d'ajouter à ces suffrages l'autorité de Napoléon qui plus d'une fois entretenant aux Tuileries M.me de Marbeuf de l'administration de son mari, du calme que sa justice et sa vigilance avaient procuré à l'île et même de sa noble représentation, avouait que les gens qu'il y envoyait, étaient bien loin de tels résultats. Un système complet et progressif d'améliorations avait été conçu par M. le duc de Richelieu qui voulait de la Corse sa *Crimée française* : l'avènement du ministère de , fit avorter ces généreux desseins.

eussent été mieux inspirées si elles avaient pu contempler ce nouveau palais, ce musée de Versailles, vaste pœcile de la France, dans lequel avec une si noble, une si généreuse impartialité, une confiance si magnanime, ont été réunis par l'ordre et sous l'œil du prince, les souvenirs nationaux de tous les âges, redevenus vivans, animés ; comme pour témoigner hautement de cette vérité morale, que la reconnaissance et la justice sont les garans, les signes les plus certains de l'affermissement des empires [1].

---

[1] Le Roi répondait, le 1.er janvier 1837, aux cinq Académies de l'Institut de France : « J'avais souvent gémi dans le cours de ma vie, « que des vanités mesquines ou des craintes mal entendues, eussent « entrepris de rejeter dans l'oubli les glorieux souvenirs des règnes « antérieurs à celui du monarque régnant. Aussitôt que j'en ai eu le « pouvoir, je me suis empressé de mettre en évidence que j'étais animé « par d'autres sentimens, et que, loin de redouter la représentation « d'aucun souvenir français, mon cœur s'était toujours associé à « toutes les gloires de la France, et qu'il n'avait jamais connu la « triste crainte d'être éclipsé par aucune d'elles. »

CHAPITRE LII.

Citadelle. — Place Miot. — *Casone*. — *Carmine*. — Vue.

La citadelle jolie, régulière, fut élevée par le maréchal de Thermes, conquérant plus heureux qu'illustre, chevalier bien effacé par ses deux barbares lieutenans le montagnard corse Sampiero et le corsaire Dragut, amiral de Soliman alors allié de la France. L'inscription trouvée dans une ancienne maison voisine de la citadelle porte : *Henri II, par la grâce de Dieu roi de France et seigneur de l'île de Corse, l'an de grâce* 1554. L'importance de la position d'Ajaccio avait été déjà appréciée par les Français de cette époque. Certes, Louis XIV au lieu de bombarder Gênes et de mander orgueilleusement son doge à Versailles, eût mieux fait de lui prendre la Corse qui s'offrit alors à lui, et qu'il refusa.

La plantation d'arbres sur le bord de la mer, dite place Miot, doit son nom à cet ancien administrateur général de la Corse, juste, intègre, éclairé, maintenant vieillard érudit, aimable, dont le souvenir après bientôt quarante ans, est encore respecté dans l'île.

J'étais allé visiter le Casone, grand jardin couvert d'oliviers et de figuiers d'Inde et dont la grotte jouit de quelque célébrité. Cette grotte assez pittoresque, formée de gros rochers, en face de la mer, a été donnée pour le lieu des premières méditations de Napoléon enfant, et quelques voyageurs enthousiastes la visitent en cette qualité; je regrette de détruire leurs illusions, mais le Casone, ancienne villa des Jésuites, et devenu, à leur suppression, propriété de l'État, n'a été acquis par la famille Bonaparte que comme bien national.

De la jolie église *del Carmine*, dite des Grecs, on jouit d'une superbe vue du golfe, des îles Sanguinaires et des montagnes qui s'étendent jusqu'au cap di Muro. L'église est appelée des Grecs parce que près de là, il en fut enseveli un grand nombre servant dans une armée génoise défaite par les Corses. Elle fut fondée vers le commencement du dernier siècle par Paul Emile Pozzo di Borgo et l'on y voit, avec une inscription, les armes de cette ancienne famille, chantée déjà par le poëte corse du XV.e siècle, Biagino Leca, surnommé l'Alcyon, dans son espèce d'épopée héraldique,

D'Ornano Marte [1], et qui a reçu de nos jours, une illustration européenne par M. le comte Pozzo di Borgo.

> [1] *Mira i posteri lor tutti all'intorno*
> *Onorati, civil, saggi e preclari,*
> *Che han tanto il cor ciascun di virtù adorno,*
> *Che ne trionfan qui gli eterni cari,*
> *Perpetua dando a lor memoria il giorno,*
> *Come di tutti i scortesi ed avari,*
> *Sempre avversarj e principal nemici,*
> *Ed amanti fedeli ai loro amici.*

CHAPITRE LIII.

La Villetta. — Sorba. — Femmes de chambre politiques.

Sur la route de la pépinière à gauche, est le petit terrain dit la Villetta, planté uniquement d'orangers et de citronniers, autrefois possédé par la famille Sorba. Par un hasard étrange, un homme de cette famille était ambassadeur de la république de Gênes à Versailles lors de la réunion de l'île, traité inique, puisque Gênes n'avait plus le droit de vendre le peuple qui depuis trente ans avait conquis son indépendance, et qu'un Corse surtout n'aurait jamais dû signer. Pour prix de ces menées, le jardin de quelques perches de la Villetta fut pompeusement érigé en marquisat. Dès l'année précédente, Sorba avait intrigué afin de faire doubler le nombre des troupes auxiliaires envoyées pour accabler sa patrie : une partie de la cour était gagnée depuis le premier gentilhomme jusqu'à la femme de chambre de la duchesse de Grammont, mademoiselle Julie avec laquelle, comme on sait, le génie peu fier de M. de Voltaire n'avait point dédaigné de correspondre ¹. Mademoiselle Julie n'est point la seule femme de chambre du dernier siècle qui se soit mêlée des affaires de l'État. Je ne citerai point mademoiselle Delaunay, un des meilleurs écrivains de notre langue, car les femmes de chambre des princesses étaient une classe à part. La femme de chambre de madame de Pompadour, madame du Hausset a laissé de curieux mémoires sur sa maîtresse. Une femme de chambre de la marquise de Maurepas, madame Roussel, eut aussi sa cour et ses protégés : on disait alors que si le Roi était conduit par M. de Maurepas, ce ministre était mené par sa femme et celle-ci par madame Roussel.

¹ « Le marquis de Sorba, raconte Dumouriez dans ses piquans
« Mémoires (t. I, 52), avait promis à cette fameuse intrigante de
« lui changer cinq cent mille francs de billets *Nouette* ou du Canada,
« qui perdaient soixante-quinze pour cent, contre pareille somme
« en bons billets sur la banque de Saint-Georges. C'est ainsi que
« se faisaient alors les affaires de la France. »

CHAPITRE LIV.

Pépinière. — Jardin botanique. — Progrès de l'agriculture en Corse.

La pépinière et le jardin botanique occupent l'emplacement d'une ancienne propriété de la famille Bonaparte, qui portait le nom de Salines. Les magnolias, la canne à sucre même y viennent en pleine terre et paraissent bien s'y porter ; j'y ai vu sur un figuier d'Inde la cochenille du Mexique qui a été reconnue d'une qualité supérieure.

Près de là, le dessèchement d'un étang insalubre n'avait coûté qu'environ 17,000 francs ; on avait le projet d'y établir une ferme modèle, et le terrain pouvait donner les mêmes produits que la pépinière.

De pareils résultats prouvent ce que l'on doit attendre de nouvelles tentatives ; avec un vaste, libéral et constant système d'améliorations, la Corse deviendrait à la fois pour la France une superbe province et une riche colonie.

Malgré l'abandon du pouvoir, la négligence des habitants, le fléau des *vendette*, l'excessif morcellement de la propriété, le peu de valeur de certains produits, et l'insalubrité des marécages, l'agriculture n'a pas laissé de faire quelques progrès en Corse. Des défrichemens ont été entrepris, des irrigations pratiquées; des vergers et des jardins nouveaux, enclos de haies vives et quelquefois de murs; des ravins jadis encombrés de chardons et de ronces, couverts de citronniers abrités du vent et de la gelée ; enfin les terrains cultivés qui en 1791 n'occupaient que les trois dixièmes de la surface cultivable de l'île, en occupent aujourd'hui un dixième de plus.

CHAPITRE LV.

Les *Melelli*. — Lettre de Bonaparte au comte Buttafuoco. — Chêne.

Les Melelli, jardin d'oliviers sur une hauteur, ancien bien des Jésuites et propriété de la famille Bonaparte, était le lieu préféré de la jeunesse de Napoléon. Il y écrivit sa lettre au comte Mathieu Buttafuoco, député de la noblesse de Corse à l'assemblée nationale, qui avait refusé de se réunir au Tiers-État et s'opposait au grand et légitime mouvement de 1789. Cette lettre imprimée à Dôle, en 1790, et envoyée par Bonaparte au club d'Ajaccio, excita une vive irritation contre le malencontreux député; amplification éloquente, spirituelle, bizarre, injurieuse, emportée, cette lettre a déjà tous les caractères des harangues ou des interpellations du Consulat et de l'Empire.

D'après une tradition certaine, Bonaparte méditait souvent à l'ombre d'un antique chêne vert, planté près de la maison; il s'y livrait à ses rêves de vingt ans si pleins d'espoir, d'avenir et de confiance, mais qui ne durent jamais égaler la réalité de son histoire. Le chêne des Melelli est aujourd'hui le plus illustre des chênes historiques encore debout, puisque celui de Vincennes, tribunal de saint Louis, vaincu du temps a cessé de vivre.

Les Melelli furent visités pour la dernière fois par Bonaparte à son retour d'Égypte, dix ans après sa lettre populaire au comte Buttafuoco. Il passa une journée à la chasse avec ses officiers aux Melelli. Ce n'était plus alors l'idée démocratique qui le dominait, mais bien plutôt la pensée de l'ordre, de la subordination à rétablir en France, et il sentait que sa fortune l'y emportait.

CHAPITRE LVI.

Tour de *Capitello*. — Péril de Bonaparte.

La tour blanche de Capitello vis-à-vis d'Ajaccio, de l'autre côté du golfe, rappelle un des premiers et des plus graves périls de la vie de Napoléon, lors de l'expédition contre les paysans corses insurgés et soutenus des Anglais. Il s'était établi dans cette tour avec cinquante hommes et une pièce de canon, comptant bien de là attaquer la ville par terre tandis que la flotte la bombarderait. Mais les prudens représentans du peuple, effrayés des boulets rouges qui partaient de la place, avaient résolu la retraite : séparé des vaisseaux par une horrible tempête, Bonaparte tint trois jours à la tour de Capitello; il y vécut, dit-on, de la chair d'un cheval, harangua si énergiquement ces montagnards qu'il en gagna quelques uns, et ne revint à bord qu'après avoir tenté de faire sauter la tour, restée fendue et maintenant abandonnée.

CHAPITRE LVII.

Alata. — Esprit des habitans. — Cruel châtiment d'un père corse. — Maison de M. Pozzo di Borgo. — Ancien Pozzo. — Tours des Monticchi.

Alata village de quatre cents habitans, à quatre milles d'Ajaccio, sur le penchant d'une montagne d'où l'on découvre la plaine riante et fertile de Campo del Oro et l'admirable golfe qui borne l'horizon, est cité pour l'intelligence et l'élocution facile des paysans. Il est même assez d'usage, pour désigner dans le pays un beau parleur, de l'appeler *alatese*. Ces spirituels montagnards sont aussi de fort honnêtes gens, et depuis plus de soixante ans on n'a point vu de crime à Alata.

C'est d'Alata qu'était le terrible vieillard, meurtrier de son fils, dont l'action, malgré la force du sentiment de l'autorité paternelle chez les Corses, inspire à la fois l'horreur et la pitié. Ce fils, jeune berger, avait d'abord refusé avec fermeté d'indiquer l'asile d'un déserteur français; mais n'ayant pu se défendre d'émotion à la vue de cinq louis d'or, et pressé plus vivement, il montra de la main quelques rochers, retraite du soldat. Le père instruit de l'origine de l'or qui souillait sa cabane, fait aussitôt saisir et garrotter le faible jeune homme par ses propres parens. Il court à Ajaccio et implore avec instance, du commandant, la grâce du déserteur ; elle lui est refusée. « Eh bien, s'écrie-t-« il, vous allez apprendre comment se conduit un « Corse envers le fils qui a déshonoré sa famille, son « pays, et si nous souffrons des traîtres parmi nous. » Il retourne précipitamment chez lui, prend son fusil, et déliant son fils avec un affreux silence, il ordonne à sa famille de le suivre. Arrivé aux portes de la ville, il s'arrête vers l'endroit où le déserteur avait été découvert, fait mettre son fils à genoux, lui lâche son coup de fusil à la tête et, jetant les cinq louis sur le cadavre : « Tiens, dit-il, « garde le prix de ton crime. »

Le village d'Alata s'honore d'avoir vu naître le célèbre diplomate persécuté et persécuteur de Napoléon, dont l'inimitié corse remonte aux premiers temps de leur jeunesse. L'adversaire le plus ancien, le plus constant et comme le mauvais génie de Napoléon, est né à la porte de sa ville. Lorsque les princes de l'Europe arrivés sur le sol redoutable de la France, si nouveau pour leurs capitaines défaits pendant vingt années, tremblaient devant l'éperon fugitif de Napoléon, M. Pozzo di Borgo leur dit : Osez ! Eveillant, excitant sa vieille haine chez ces princes qui, lassés de la mauvaise fortune ou éblouis de la gloire de l'homme extraordinaire qu'ils avaient combattu, hésitaient, il les poussa sur Paris. C'était sous les murs de la capitale de la civilisation, des lettres et des arts, que cette *vendetta* devait s'accomplir.

La maison de la famille ancienne de M. Pozzo est solide, bien située ; on y montre la chambre où il est né, et qui n'a qu'une fenêtre. Combien la simplicité de cette maison corse me semblait contraster avec le palais des Champs-Élysées, orné des gracieuses, élégantes et nobles peintures d'un habile maître [1].

M. Pozzo qui, après quarante ans d'absence et la vie des cours et des cabinets, a gardé le type, l'allure, et surtout les entrailles corses, qui se passionne encore plus au souvenir des querelles intestines de son île qu'à la narration de tous ces grands faits européens auxquels il a été mêlé, cet homme d'une intelligence si forte, si vive, si pénétrante, est devenu pour Alata un autre providence. Le village a été embelli, l'église réparée, une route pratiquée ; par cinq fois, et la dernière en 1835, à la suite de mauvaises récoltes, il fut distribué

---

[1] Les *six amours*, et *Thétis apportant l'armure d'Achille*, par Gérard, appartenant à M. Pozzo di Borgo et alors placés à l'ambassade de Russie.

pour dix mille francs de blé aux familles les plus indigentes ; et chaque année, une jeune fille est dotée de mille écus, fondation qui doit devenir perpétuelle à la mort du donateur.

L'ancien Pozzo di Borgo sur la haute montagne voisine n'a guère qu'une trentaine de maisons en ruines, la vaste vue des deux mers et une des plus fraîches, des plus suaves eaux de la Corse que l'on débite même l'été, en *fiasco* à Ajaccio. Telle est la force, la frigidité de cette eau, qu'elle décompose en un quart d'heure le vin en bouteille que l'on plonge dans sa source.

Près de là, sont les restes des trois tours des Monticchi, nom que portait anciennement la famille Pozzo di Borgo, construction sarrasine qui leur a servi d'avant-poste et figure dans leurs armes.

CHAPITRE LVIII.

Tombeaux. — *Pergoliti.* — Eau de *Caldaniccia.* — *Campo del Oro.* —Héroïsme des vingt et un bergers.

Les hauteurs voisines d'Ajaccio sont couvertes de petites coupoles blanches qui se détachent et s'élèvent romantiquement au-dessus de la verdure des vignes. Ces coupoles qui ont quelque chose d'oriental et rappellent les cimetières musulmans, servent de tombeaux aux diverses familles et sont établies selon l'usage du pays, dans leurs propriétés, afin d'échapper au remûment administratif et au profane labourage de nos cimetières. L'éclat et la solidité de ces petites constructions destinées à des morts, contrastent tristement avec la noirceur des masures en terre qui recèlent les vivans.

Les guérites de feuillage dites *pergoliti*, formées de quatre jeunes pins, jetées sur de petits tertres au milieu des vignes, avec un premier étage et une toiture en claie, sont aussi d'un effet assez pittoresque. C'est là que se place le garde-champêtre appelé pompeusement *baroncelli* (petit baron), et que du rauque son de sa conque [1], ce triton perché et armé, avertit et contient les maraudeurs.

A deux milles d'Ajaccio, les eaux thermales de Caldaniccia, nouvellement découvertes, ne sont point indignes de la Corse [2], et méritent un établissement. Elles montent à 33 degrés, et tous les Ajacciens qui s'y rendent en foule depuis deux années, ont éprouvé leur efficacité contre les maladies cutanées, les ulcères et les rhumatismes naissans.

Le Campo del Oro, sur le bord de la mer, plaine peu étendue mais fertile, bien cultivée, coupée d'irrigations, engraissée par le limon qu'y laissent les inondations de la Gravone, a l'un de ces beaux noms prodigués par l'imagination populaire des Italiens.

Le Campo del Oro fut le théâtre de l'héroïque exploit raconté par Germanès et pourtant exact, de ces vingt et un bergers de Bastelica, descendus de leurs montagnes, qui repoussèrent les huit cents Grecs et Génois de la garnison d'Ajaccio : coupés ensuite par l'infanterie embarquée sur la petite rivière de *Campo del Oro*, et enve-

---

[1] Voyez ci-dessus, chap. XLIV.
[2] Voyez ci-dessus les chapitres XXXIII. et XXXIV, et ci-après, LXV, LXXXV et XC.

loppés dans le marais d'*il Ricanto*, ils y furent tous tués à l'exception d'un seul. C'était un jeune homme qui, étendu parmi ses compagnons et le visage souillé de leur sang, feignit d'être mort; mais découvert par les hussards génois qui décapitaient ces nobles vaincus, il fut condamné par le commissaire de Gênes, à périr, promené par les rues d'Ajaccio, chargé de six têtes des pâtres, ses parens, puis mis en quartiers et exposé sur les murailles.

CHAPITRE LIX.

Suarella. — Mort de Sampiero. — Cortège armé. — Fusillade.

Entre les jolis et pittoresques villages de Suarella et d'Eccica, une tradition certaine indique la place où périt Sampiero, le 17 Janvier 1567, assassiné par derrière à l'âge de soixante-dix ans et en face l'ennemi : le meurtrier était Vittolo, un de ses confidens, dont le nom est resté en Corse, une injure et synonyme de traître à la patrie. Cette guerre avait été la plus sanglante des innombrables et perpétuelles insurrections de la Corse contre les Génois. Le génie guerrier de Sampiero était alors à son apogée ; l'expérience et l'âge en avaient tempéré la fougue. Il périt à la tête de sa cavalerie, car il y en avait dans son armée, ce qui semble indiquer pour l'époque une organisation militaire assez avancée [1].

On arrive au lieu témoin de la catastrophe par

---

[1] La mort de Sampiero est le sujet d'une tragédie italienne vraiment historique, jouée avec succès en Toscane, et imprimée à Paris en 1832 ; l'auteur est M. G. C. Gregorj, non moins zélé pour sa patrie comme poëte que comme érudit.

un chemin sauvage le long d'un beau torrent, c'est une espèce de petit rond-point au milieu de makis. Près de là, sont les ruines mêlées de chênes verts et d'oliviers, du château *del Giglio* (du lys) où Sampiero avait passé la nuit et interrogé et fait tuer un paysan convaincu d'intelligence avec les Génois. Aucune pierre ou inscription n'indique ce lieu difficile à reconnaître et qui doit finir par être oublié. Cette négligence dont il y a de nombreux exemples, étonne avec l'esprit national des Corses. Le pays est couvert de pierres de granit, de porphyre; elles forment les murs de clôture de leurs champs; quelques unes pourraient bien être destinées à rappeler le souvenir de leurs héros.

Je fus conduit dans cette course par un jeune homme dont la famille était en *vendetta*; ses amis, ses paysans, à cheval, avec leurs fusils, nous accompagnaient. A la vue de cette caravane armée, on aurait pu se croire voyageant plutôt en Arabie que dans un département français. La Corse est en feu, et si je ne plaignais ses malheurs, je me féliciterais comme peintre, de la trouver aussi pittoresque [1]. Quelque temps auparavant, le propriétaire de la maison dans laquelle je devais loger à Dominicacce, se prome-

---

[1] Voyez ci-après les chap. LXII, LXIV et LXX.

nant devant sa porte avec M. B........, contrôleur des contributions, une balle destinée au premier, siffla près d'eux ; les partisans du propriétaire accourus aussitôt ripostèrent, la fusillade fut bientôt générale, et le pacifique contrôleur qui ne cessait de s'écrier qu'il s'appelait B........, qu'il était étranger à tout cela, n'eut que le temps de se sauver dans une maison neutre. Le soir, afin de vivre en paix et de paraître bien avec tout le monde, il alla coucher chez l'adversaire de l'homme qu'il avait visité le matin ; mais celui-ci retiré à Ajaccio n'osait point retourner chez lui.

Cette déplorable agitation ne doit point toutefois inquiéter le voyageur ; les chemins sont parfaitement sûrs, et je doute qu'en aucun pays du monde, l'étranger soit plus respecté.

CHAPITRE LX.

Bastelica. — *Dominicacce.* — Tour de Sampiero. — Naissance de Sampiero. — Beauté des montagnards. — Mariages. — Combats de femmes. — *Pozzi.*

Bastelica au pied du Monte d'Oro et au milieu des bois, et qui compte jusqu'à deux mille quatre cents habitans, passe pour le village le plus considérable de la Corse.

Dominicacce, hameau qui touche presque à Bastelica, est la patrie de Sampiero. A peu de distance, on montre sur un gros rocher dans un bois de grands chênes verts et de châtaigners, l'empreinte d'un pied qu'on dit être celui de Sampiero ; une autre marque voisine serait celle de son fusil, à la suite d'un saut que fit le plus brave des Corses pour ramener les siens au combat contre les Génois, tant l'imagination italienne se plait à animer les lieux par des souvenirs saints ou guerriers.

A Dominicacce est la maison dite la tour de Sampiero, avec la date de 1546, grosse maison de pierre, à murs épais, occupée en partie par de pauvres gens et le propriétaire. La seule recherche de cette maison est une cheminée, rareté en Corse pour le temps. Sur les murs extérieurs d'une petite maison voisine sont grossièrement sculptés une syrène et un griffon avec deux inscriptions inintelligibles. Cette maison passe pour l'écurie de Sampiero et doit se rattacher à quelque trait de sa vie. A la vue de ces grossiers édifices, j'inclinais à ne trouver dans Sampiero qu'un fils de berger et qu'un chévrier lui-même, opinion consacrée par la tradition du pays, qui relève la gloire du héros et qui fut admise par le sage de Thou, son contemporain. Il me semblait probable que la noble alliance de sa famille avec celle de sa femme Vannina d'Ornano, avait bien pu être forgée par son fils le maréchal, afin de devenir apte à recevoir l'ordre du Saint-Esprit, diplôme qu'il dut facilement obtenir en Corse avec la faveur dont il jouissait à la Cour de France.

Le sang de Sampiero paraît avoir continué à couler dans les veines des pâtres de ces montagnes, ainsi qu'on a pu le voir par l'exploit et la mort des vingt et un bergers du *Campo del Oro*[1]. J'eus occasion de voir et d'entretenir un certain nombre de ces paysans, l'hôte chez lequel je logeais, ayant coutume, lorsqu'il était à Dominicacce, de les réunir le soir dans une grande chambre où ils jouaient au loto. J'assistai à ce rustique *rout* et j'admirai les belles physionomies, la haute stature de ces mon-

[1] Voyez ci-dessus, chap. LVIII.

tagnards, cités avec raison comme des plus beaux de l'île, et dont les visages barbus avaient précédemment fourni quelques études à M. Pasqualini pour la partie de ses gravures historiques de la Corse représentant la vie de Sampiero.

Le pittoresque des mœurs va s'effaçant de jour en jour au sein même de la montagne. Parmi quelques bizarres usages du canton de Bastelica, cessés depuis une vingtaine d'années, il en était un qui contredisait cette remarque maligne de saint François de Sales, écho involontaire des satires anticonjugales de nos vieux fabliaux : *Le mariage est un certain ordre où il faut faire la profession devant le noviciat ; et s'il y avait un an de probation comme dans les cloîtres, il y aurait peu de profés.* Ici les mariages arrêtés au mois d'octobre ou pendant l'hiver, ne se célébraient qu'à la Notre-Dame d'août, et il n'y a point d'exemple qu'un seul de ces mariages ait été rompu. Le soir de la convention (*abbraccio*) les familles s'embrassaient, on tirait des coups de pistolet, on dansait sur la place publique et l'épousée commençait à vivre avec son époux. Aussi à la messe du mois d'août, la plupart de ces jeunes mariées étaient-elles grosses et quelques unes presque à terme. Les curés pendant long-temps n'avaient point osé attaquer ce concubinage rustique dans la crainte de l'inimitié des femmes unies de cette étrange manière.

Les femmes de ce canton paraissent en effet très-redoutables. Des rixes furieuses s'élevaient alors fréquemment entr'elles au sujet des nouvelles mariées que se disputaient les villages de l'épouse et du mari. On s'attaquait sur les ponts des petites rivières qui séparent ces villages, et les rustiques amazones s'arrachant, se déchirant, sortaient quelquefois presque nues de la bataille.

Aux Pozzi (*puits*), plaine au sommet de la montagne, sont les ruines d'une autre maison de Sampiero qu'il habitait l'été. Ces puits quelquefois profonds et au nombre de plus de cent, sont peuplés de truites exquises ; ils offrent des formes variées, bizarres ; plusieurs représentent des lettres de l'alphabet et leur ensemble est des plus pittoresques, des plus curieux.

CHAPITRE LXI.

Sainte-Marie d'Ornano. — Tour de Vannina. — Son innocence. — Château de Sampiero. — Sa manière d'entendre la messe. — *Urba Lacone.* — Vues.

Sainte-Marie d'Ornano est un petit village entouré de montagnes. J'y couchai dans la tour de Vannina, haute maison, la plus grande de Sainte-Marie, sorte de bastion. Le souvenir de cette femme infortunée, étranglée par son mari accouru de Constantinople à Aix en Provence à plus de soixante ans pour ce forfait, m'avait profondément attendri. Je ne sais si l'obligeant accueil que j'ai reçu dans cette maison qui appartient encore à un Ornano, m'a converti tout-à-fait à Vannina, mais j'avoue que malgré mon admiration pour Sampiero, j'ai trouvé vraisemblable l'opinion transmise dans la branche directe de Vannina. D'après cette tradition, la cruelle leçon donnée par Sampiero aux femmes qui se mêlent des affaires d'État, n'aurait point été méritée; la conduite de Vannina au lieu d'être une intrigue politique n'aurait été qu'une faiblesse d'épouse et de mère; elle espérait obtenir des Génois l'amnistie de son mari, et de l'emploi pour ses deux fils, et croyait que la lutte contre Gênes n'était plus possible. Quoique le sentiment de l'autorité conjugale fût alors et soit encore resté très-fort dans les mœurs corses, la mort de Vannina est la tache de la vie de Sampiero ; mais je ne sais si la Cour de France qui crut devoir le priver alors du commandement des troupes italiennes, agit avec discernement, car un tel homme ne pouvait être remplacé.

A peu de distance de Sainte-Marie d'Ornano, sont les ruines vénérées du château que Sampiero, retiré momentanément des affaires, et brouillé avec le général de l'armée de France Giordano degli Orsini, fit bâtir en 1554, après que sa maison eut été brûlée par les Génois. Bien qu'habité par des paysans, ce château formé de grosses pierres de granit, conserve encore son air de manoir, et l'on remarque les traces de l'ancien fossé et du pont-levis. La chapelle, aussi bâtie par Sampiero, est séparée du château par un champ, et Sampiero peu scrupuleux, entendait ou plutôt voyait la messe de sa fenêtre.

Une autre masure voisine est donnée, comme à Dominicacce, pour l'écurie de Sampiero.

A l'église de Sainte-Marie, j'ai vu les armes de Vannina et de Sampiero sur un bloc de marbre négligemment à terre ; il n'y a pas encore la fleur de lys qui ne lui fut accordée que plus tard ¹.

Urba Lacone, village sur la route, passe pour avoir été une ville du temps de Pline qui parle bien de trente-trois cités, mais n'en nomme aucune.

On s'arrête à l'aspect extraordinaire de la rivière de Taravo, roulant au milieu de rochers au fond d'une gorge dominée par plusieurs rangs de collines et de montagnes.

¹ Le chevalier de L'hermite Souliers, auteur du petit livre vide et déclamatoire, *les Corses français*, (Paris 1667), a toutefois prétendu et l'on a depuis répété qu'au siège de Perpignan, Sampiero en recevant après une action d'éclat, des mains du dauphin, sa chaîne d'or, avait été autorisé par celui-ci à porter la fleur de lys dans ses armes.

SARTÈNE.

CHAPITRE LXII.

Bicchisano. — *Sollacaro.* — Point de vue du *Tabbione.* — Château de Vincentello d'Istria. — Mousse. — Inscription. — Citerne. — Vue. — Savilia. — Tour. — Colonne en Corse. — Héroïsme patriotique d'une mère corse.

Bicchisano, bourg de huit cents habitans, offre de sa nouvelle chapelle et de sa promenade, une vue d'un riant caractère. Elle s'étend sur un vaste vallon cultivé, avec une échappée de mer et le golfe de Taravo. Sollacaro, village de six cents habitans, est distingué par sa vue et la multitude, la variété de ses souvenirs historiques.

Du point de rocher dit *il Tabbione*, on jouit de l'une des plus admirables vues de la Corse : à droite, des montagnes couvertes de neige ; en face, une haute chaîne de montagnes comme alignées, à gauche, la mer dentelée de plusieurs promontoires, et à vos pieds le fertile vallon de Taravo dans lequel serpente cette rivière : tout cela éclairé par le soleil couchant d'Italie était superbe.

Près du Tabbione une petite pyramide de brique au-dessus de la tombe d'un père et d'un fils tués récemment dans une *vendetta*, produit une impression de tristesse. On gémit et l'on s'étonne de pareilles fureurs dans un si beau lieu.

J'ai visité sur la haute montagne voisine de Sollacaro, les ruines du château de Vincentello d'Istria, jeune héros du commencement du xve siècle, dont le nom rappelle tant de gloire et de malheur. Vincentello s'était rendu à la Cour du grand roi Martin d'Aragon, afin de se former aux arts de la chevalerie ; mis à la tête de la flotte de ce prince, il battit les Génois, s'empara de presque toute la Corse dont il fut nommé vice-roi ; mais pris à la suite d'une tempête, il périt décapité à Gênes.

La route qui conduit aux ruines du château de Vincentello est à travers des rochers et un vaste bois de chênes verts, qui porte le nom bizarre de Pancaramio. Nos guides étaient deux grandes paysannes, la mère et la fille, sans bas et en savates qu'elles quittaient aux passages difficiles ; elles gravissaient les rochers, sautaient les murs et les haies avec une incroyable légèreté et elles prenaient familièrement les fusils des deux voltigeurs corses et du fils du maître de la maison où j'avais logé, doux et brave jeune homme dont la famille était alors en *vendetta* et qui avait eu besoin d'escorte. Les voltigeurs me firent remarquer une certaine mousse filandreuse et très-fine qui vient sur l'écorce des chênes, préférable à l'étoupe même pour la bourre des fusils : on dirait que la nature favorise ce fatal armement général des Corses et qu'elle en est comme complice.

Le château, vaste nid fortifié, n'a qu'une forme assez incertaine puisqu'on a été obligé de suivre dans sa construction les divers mouvemens des rochers qui couronnent la cime de la montagne, et qu'une vigoureuse végétation de chênes verts encombre et entrelace les ruines. La longue inscription latine, sur une pierre brisée, à la porte du donjon, ne laisse plus déchiffrer que ces mots : *Hoc opus ex magnifico domino Vincentello*. La citerne profonde en chaux et pouzzolane existe encore et garde son eau.

Ce château fut vaillamment défendu en 1504 par un autre héros corse Rinuccio della Rocca [1] secondé par les seigneurs d'Istria, contre quatre mille Génois et une nombreuse cavalerie qui levèrent le siège.

La vue immense offre un majestueux aspect de

---

[1] Voyez ci-après, chap. LXV.

mer, de montagnes et des côtes azurées de la Sardaigne qui semblent presque voisines et s'élèvent à double étage.

L'emplacement du château de Vincentello était précédemment celui de la dame Savilia, veuve de Lucien de Franchi, château détruit par Giudice d'Istria après sa cruelle vengeance du guet à pens dans lequel cette femme artificieuse l'avait attiré. La veuve de Franchi redoutant la puissance d'un voisin tel que Giudice (les ruines de son château de Valle se découvrent encore de cette hauteur), feignit de vouloir l'épouser, et comme Giudice accompagné d'une suite peu nombreuse lui rendait visite, elle le fit arrêter et enfermer. Chaque matin, l'inhumaine Savilia descendait à la prison de Giudice, et là, découvrant son sein et ses autres appas qu'elle lui montrait à travers les barreaux, elle lui disait avec ironie : « Comment un homme « aussi laid que toi (Giudice en effet, dit-on, n'é-« tait pas beau) a-t-il pu croire qu'il posséderait tout « cela ? » Le captif étant parvenu à gagner la camériste de Savilia, ses gens avertis par le son de la trompe parti du château, le délivrèrent. La punition que cet amant si cruellement déçu imagina fut horrible : il fit mettre Savilia dans une espèce de barraque au lieu dit *Bocca di Cilaccia*, carrefour au milieu des bois sur la route, et que l'on indique encore, et l'exposa aux prostitutions publiques des femmes de Babylone : au bout de trois jours Savilia avait succombé aux affronts réitérés des passans.

La tour de Sollacaro où j'avais logé chez le maire, M. Antoine Vincentello Colonna d'Istria, homme de tête et d'esprit, membre du conseil-général, offre encore les traces des meurtrières pour se défendre contre les Sarrasins, ainsi que la date de sa restauration en 1571 par un des ancêtres de M. Colonna. Ce beau nom de Colonne est extrêmement commun dans tout le canton et en Corse ; il est porté par de pauvres paysans qui sentent leur origine ; tout le village de Balogna [1], des gardes-champêtres et deux boulangers d'Ajaccio sont Colonne. Un érudit corse de ce nom, Ange-François Colonna, chapelain en 1626 du cardinal Colonna, et depuis archidiacre de la cathédrale d'Ajaccio, offrit au connétable Colonne un mémoire dont le titre fait de cette famille une véritable tribu et presque une nation dispersée à Rome, en Corse, en France, en Espagne, en Allemagne, à Naples, en Sicile et jusqu'en Pologne [2].

[1] Balogna, près Vico, a des eaux thermales.
[2] *Memoria sulla Famiglia Colonna e gente Colonese Romana, Corsa, Galla, Ispana, Germana, Polacca, Napoletana e Siciliana.*

C'est à la tour de Sollacaro, pendant un des séjours de Paoli, qu'eut lieu cette scène digne de l'histoire de Sparte. Une femme accompagnée d'un jeune homme, se présente et annonce qu'elle veut parler au général. Celui-ci étant à travailler et ne recevant point en ce moment, elle fut écartée par les deux factionnaires; mais au bruit qu'elle fait en insistant, Paoli sort et lui demande avec assez d'humeur ce qu'elle veut. « Général, « répond-elle, j'ai perdu l'aîné de mes fils pour « la défense de la patrie, et j'ai fait vingt lieues « pour vous amener celui qui me reste. » Paoli convenait qu'à ces mots, il avait été profondément humilié, et qu'à l'aspect d'une telle mère, il s'était trouvé petit comme un enfant.

CHAPITRE LXIII.

Olmeto. — Chapelle *Pianelli*. — Église. — Granit. — Ruines du château de Henri della Rocca.

Olmeto, bourg riche, industrieux, de mille quatre cents habitans, m'a rappelé Nice par sa position et son doux climat.

Une jolie chapelle a été consacrée par la famille Pianelli à Notre-Dame de la Miséricorde. Le tableau de la *Madone* est de M. Varèse. L'église, grande construction alors en train et maintenant achevée, a un tableau de *saint Antoine* assez estimé. Le granit d'Olmeto mêlé de soufre est cité parmi les beaux granits de Corse.

Sur la hauteur voisine d'Olmeto, au-dessus d'un énorme rocher, on aperçoit les ruines du château du comte Henri della Rocca, ruines mêlées de chênes verts. Le gouvernement de ce chef loyal, généreux, intrépide, équitable, populaire, deux fois maître et seigneur de la Corse, quoique tyrannique quelque temps, est donné par Filippini presque son contemporain, et passa pendant plusieurs siècles pour l'âge d'or de l'île. Alors, dit l'historien, les laboureurs pouvaient sans crainte se dispenser de cacher le soc de la charrue, car en Corse ils travaillent souvent loin de leurs maisons et même de toute habitation. Henri della Rocca marchait contre les Génois qu'il avait tant de fois battus et dont il allait de nouveau triompher, lorsqu'il périt en 1400, surpris à Vizzavona par un violent mal d'estomac que dans son désespoir il attribua au poison de ses ennemis. La domination du comte Henri finit avec lui, le seul fils naturel qu'il laissât ne possédant aucun des mérites de son glorieux père.

CHAPITRE LXIV.

Fozzano. — *Vendette.* — Nouvelle route. — Église. — Vue.

Fozzano, village de près de sept cents habitans, foyer de *vendette*, est divisé en deux partis composés des familles les plus distinguées, ce qui contribue à prolonger le mal. Ces *vendette* qui remontent à plus de quarante ans, ont ruiné le pays, autrefois un des plus riches de la Corse, et qui pourrait encore le devenir. Peut-être que la nouvelle route d'Ajaccio à Bonifacio par Sartène, depuis si longtemps promise, et décrétée en 1836, doit contribuer en passant près de Fozzano à le pacifier et à le relever.

L'aspect de guerre du village était affreux, misérable : les paysans marchaient armés; les maisons étaient crénelées, barricadées et les fenêtres bouchées par de grosses briques rouges. Un quart environ de la population est en inimitié; les hostilités existent principalement entre les habitans du village *di Sotto* et *di Sopra;* ceux des familles en inimitié sont consignés chez eux, et les enfans même ne peuvent aller à l'école, car ils ne seraient point épargnés; il est vrai que ces gamins rustiques savent très-bien faire le coup de pistolet, et qu'ils ont quelquefois aussi leurs propres *vendette* [1].

Les femmes ne se portent pas avec moins d'ardeur que les hommes aux *vendette*. J'ai visité madame Colomba Bartoli qui, malgré la douceur de son nom, fut jadis une véritable amazone, et tirait fort joliment des coups de fusil. Madame Bartoli, âgée de soixante ans, mais verte encore, propriétaire de champs d'oliviers et de blé et appartenant à l'une des familles qui mènent un des deux partis, perdit son unique fils à une rencontre arrivée le trente décembre 1833, dans laquelle quatre hommes périrent et un fut blessé. Le jeune homme paraît avoir été l'un des agresseurs, puisque ses adversaires furent acquittés, arrêt que la douleur passionnée de la mère accusait à tort de vénalité :

« La justice se vend à Bastia comme tout le reste, » me disait madame Bartoli. Elle a consacré à ce fils regretté, une petite chapelle où elle voulut bien me faire conduire par sa fille Catherine, jeune personne belle, blanche, forte, qui fait aussi bien le coup de fusil que madame sa mère,

---

[1] Le 10 avril 1834, Louis Coli, enfant de 13 ans, blessa à la tête d'un coup de fusil à petit plomb, un enfant trouvé d'Ajaccio, qui était à la fenêtre, et qu'il prit, a-t-on supposé, pour un autre enfant trouvé avec lequel un de ses camarades s'était disputé il y avait quelques jours.

et dont les habits de deuil rappelaient la funeste rencontre où son frère avait péri.

La *vendetta*, tant reprochée aux Corses, n'est qu'un point d'honneur mal entendu qui ne permet pas de rencontrer l'assassin de son père ou de ses proches, car le fond d'un Corse est l'amour de sa famille. La *vendetta* n'est ni un aveugle besoin de tuer, ni une barbare satisfaction, mais l'accomplissement pénible d'un devoir regardé comme sacré, et presque d'une loi. Ce préjugé de l'enfance des sociétés n'est point non plus particulier aux Corses; l'hérédité de la haine et de la vengeance existait chez les anciens Germains, ainsi qu'on le voit dans Tacite; on la retrouve chez les Francs, parmi les montagnards écossais, et elle fermente encore au cœur de l'Arabe : au lieu d'être sanguinaires et féroces, les Corses ne sont qu'arriérés. Cette fatale coutume s'est prolongée par le déni de justice, au temps des dominations étrangères intéressées à exciter de telles divisions parmi le peuple conquis afin de le mieux asservir. Il règne d'ailleurs dans ces hostilités particulières une sorte de droit des gens comme de puissance à puissance : on se prévient du jour où elles commenceront, et si la paix se fait, l'on s'embrasse, et cette paix est très-sincère. Il y eut en 1835 une réconciliation solennelle d'une très-ancienne *vendetta* ; l'acte fut passé devant notaire, signe peut-être de décadence, formalité qui eût été inutile dans les vieilles mœurs corses.

Le site riant de Fozzano contraste singulièrement avec les fureurs qui le déchirent. De l'église dont le campanile droit, solide, bâti de belles pierres, atteste l'ancienne prospérité du pays, la vue est charmante : on domine un fertile vallon planté de vignes, d'oliviers, où serpente la petite rivière de Baracci et que borde la mer.

CHAPITRE LXV.

Pont de *Rizzanese*. — *Sainte-Lucie de Tallano*. — Rinuccio della Rocca. — Mausolée de sa fille Serena. — Granit orbiculaire. — Lichen. — Mousse de Corse. — Bains. — Granit rouge.

Le pont de Rizzanese de granit, dans une gorge sauvage, est donné comme du temps des Romains, mais il pourrait bien n'être qu'un ouvrage des Goths ou même des Pisans. Il était déjà ancien et ruiné du temps de Filippini qui lui donne cinq arches; il n'en a aujourd'hui qu'une seule, roide, incarrossable et qui a été récemment refaite.

A Sainte-Lucie de Tallano, village de sept cents habitans, j'ai vainement recherché à deux reprises dans l'ancien couvent des franciscains, le curieux tableau de Rinuccio della Rocca, le dernier des grands feudataires de Corse, représenté rendant la justice au peuple, où près de lui figurait sa femme génoise. Une partie du couvent est le quartier de la gendarmerie; le reste loué à des paysans, sert de cellier. Cette partie était, dit-on, la salle de justice de Rinuccio et la fresque se voyait au plafond. L'église intacte conserve le tombeau de Serena, fille de Rinuccio : sa figure couchée, bas-relief de marbre, la représente tenant son chapelet auquel pend assez bizarrement une bourse, emblême de sa libéralité envers les franciscains dont le couvent, donation de Rinuccio, était l'ancien palais de justice.

A mon retour par Sainte-Lucie, en allant à Sartène, j'ai été voir dans un champ d'orge nouvellement défriché et appartenant à M. Palluccio Roccaserra, la carrière où se trouve le beau granit orbiculaire, une des plus splendides, des plus solides productions de la nature, qui a mérité l'honneur de figurer à Florence, dans cette riche collection de minéraux et de pierres dures, dite la chapelle des Médicis. La mine profonde et recouverte en partie de terre afin de prévenir les soustractions, pourrait être facilement exploitée, en roulant les blocs jusqu'à la petite rivière de Fiumiciccoli qui se réunit plus bas au Rizzanese, et qui les transporterait jusqu'à l'excellent port de Propiano. Les beaux yeux du granit orbiculaire brillent déjà dans la mine ; ces roches colorées, nuancées, éclatantes, sont comme la végétation, les fleurs, la parure des âpres montagnes du pays. Indépendamment de leur beauté, elles ont encore une sorte de fertilité : les divers granits de la Corse produisent abondamment un certain lichen dont la chimie anglaise plus habile en ce point que la nôtre, tire une couleur cramoisie, superbe, inaltérable, fabriquée seulement par une maison de Glascow, et l'exportation de ce lichen s'élève à plus de cent mille francs. Mais j'avoue que je préférais encore à ce lichen destiné au luxe de l'aristocratie et du commerce anglais, l'algue simple et salutaire appelée *mousse de Corse*, célèbre vermifuge si cher aux mères et aux nourrices.

Au pied de la montagne de Tallano, sur la rive gauche du Fiumiciccoli, sont les bains sulfureux estimés pour les rhumatismes et les maladies cutanées, mais sans établissement : l'unique bassin reçoit séparément et tour-à-tour tous les hommes et toutes les femmes.

Près de ces bains, d'autres énormes blocs d'un charmant granit couleur de corail, semblent n'attendre que les efforts de l'industrie ou le travail de l'art pour produire de jolis objets, et d'élégans chefs-d'œuvre.

CHAPITRE LXVI.

Levie. — Famille Peretti. — Inconvéniens du port d'armes. — De sa suppression.

Levie, un des plus anciens, un des plus historiques villages de la Corse, est pittoresquement situé sur six petites collines (*poggi*), une de moins que celles de Rome. La population s'élève à plus de quatorze cents habitans.

J'eus occasion de visiter à Levie un homme singulièrement intéressant, M. le colonel Hugues Peretti de la Rocca, vieillard de quatre-vingt-huit ans, chevalier de Saint-Louis, auteur de gracieuses poésies, et jouissant encore de toutes ses facultés intellectuelles. Honoré des hommes qui de nos jours ont le plus illustré la Corse, M. Peretti reçut une épée de Paoli, un sabre turc de Napoléon à son retour d'Égypte, et la médaille en bronze, portrait et don de M. Pozzo di Borgo. Sa chaumière, véritable musée d'honneur et de gloire, offre un autre titre plus ancien, c'est le diplôme original de noble et de chevalier octroyé en 1558, par le duc de Guise, au nom du roi de France, Henri II, à l'un des ancêtres de M. Peretti, le *capitaine Napoléon, gentilhomme corse* qui s'était distingué à la bataille de Renti contre Charles-Quint, et auquel le roi avait donné l'accolade sur le champ de bataille. Ce Napoléon de Levie, compagnon de Sampiero avait aussi combattu, et chassé de sa patrie, les Génois. La famille Peretti compte jusqu'à six cent trente-six individus, et depuis le brave Napoléon, elle a fourni, tant en France qu'à Gênes, quarante officiers dont dix officiers supérieurs. Une tradition du pays, à la vérité fort incertaine, attribue même à la famille Peretti un membre fameux, digne de cette filiation militaire : c'est le pape Sixte-Quint. Le pâtre de Montalte descendrait d'un de ces pâtres proscrits du Niolo où il existait une branche des Peretti, qui furent contraints par la perfidie et la cruauté de Gênes de fuir loin de leur vallée [1].

Levie, pays tranquille, solitaire, et qui n'a plus de *vendette* [2], était troublé, le jour que j'y passai,

---

[1] Voyez ci-dessus, chap. XXXVIII.

[2] Il en existait encore en 1826, de violentes et d'invétérées, contre lesquelles avait échoué l'intervention administrative ; elles furent heureusement apaisées par la prédication d'un digne ecclésiastique, M. l'abbé Filippi.

par un affreux accident. Un homme avait péri, au sujet d'un coq échappé de la basse-cour, qu'une femme avait réclamé de sa voisine; celle-ci prétendait qu'il lui appartenait, mais elle consentit à le rendre sur l'invitation d'un ecclésiastique qui se trouvait là. L'autre voisine, furieuse de cette sorte de restitution, tordit le col au coq et le jeta à la tête de sa rivale en lui disant : « puisque le coq est à toi mange-le. » Les hommes accoururent, et par suite du fatal port d'armes, un très-jeune homme tua son camarade contre lequel il n'avait auparavant aucune inimitié.

Les anciens inconvéniens du port d'armes ont été très-bien signalés par la raison de Limperani, et par la sensibilité naïve et assez pathétique de Filippini qui termine son histoire à l'année 1591 par ce curieux passage : « On ne voit autre chose
« dans les montagnes que des troupes d'hommes
« portant arquebuse, au nombre de vingt, trente,
« et plus. Il n'y a pas un individu, quelque pau-
« vre qu'il soit, qui n'ait la sienne de cinq à six
« écus, et celui qui n'a pas de quoi acheter une
« arme et des munitions, vend sa vigne, ses châ-
« taigniers ou toute autre propriété, pour s'en
« procurer, comme s'il ne pouvait vivre sans une
« arquebuse. C'est un véritable sujet d'étonne-
« ment de voir des hommes dont tout le vête-

« ment ne vaut pas un demi-écu, qui n'ont rien
« à manger à la maison, et qui se croiraient dés-
« honorés de n'avoir pas une arquebuse. De là
« vient que les terres restent sans culture, que la
« pauvreté produit le brigandage, et qu'il ne se
« passe pas de jour qu'on n'entende parler de
« quelque homicide. Pour le moindre sujet de
« colère, tel qui n'oserait regarder son ennemi
« en face, va l'attendre derrière un buisson, et
« sans plus de pitié que s'il tirait sur un animal,
« le massacre sans péril et sans crainte d'être dé-
« couvert...... Il n'y a pas jusqu'aux enfans de
« huit et dix ans, qui à peine peuvent porter l'ar-
« quebuse, et néanmoins s'exercent toute la jour-
« née, de manière qu'ils touchent un but de la
« largeur d'un écu. »

La suppression du port d'armes fut réclamée de Gênes en 1715; les relevés qui furent faits alors dans tous les greffes constatèrent qu'il avait été commis pendant les trente-deux années précédentes, vingt-huit mille sept cent quinze homicides : c'était huit cent quatre-vingt-dix-sept, année moyenne.

Le port d'armes est une des calamités qui affligent encore aujourd'hui la Corse; il entretient la paresse du paysan qui se croit quelque chose lorsqu'il se promène avec son fusil, et dont la suppression ou la limitation est une des premières mesures qui rendraient un peu de calme au pays. Si l'état des mœurs, si le danger de vexer, d'humilier une population belliqueuse ne permet point le désarmement complet, le port d'armes au dehors devrait au moins être sévèrement interdit, et chaque habitant ne conserverait ses armes que pour défendre sa maison et son champ.

CHAPITRE LXVII.

Carbini. — Eglise. — Giovannali.

Carbini, petit village voisin de Levie, a une église et un clocher, bonne et solide construction en pierres de taille. Ce village autrefois célèbre et florissant, a été ruiné par de fausses doctrines et les mauvaises mœurs. Il fut le berceau et le théâtre des excès de la secte politico-religieuse des Giovannali, espèce de saint-simoniens corses du xive siècle. Les Giovannali se faisaient remarquer aussi par l'étrangeté de leur costume, et la mysticité de leur maintien; déjà ils avaient prêché à une société inquiète, agitée, le partage des biens, l'association en une seule famille, l'obéissance absolue à une même règle; et ils unissaient à de vagues et chimériques projets d'amélioration, les idées les plus anti-sociales, les plus cyniques, telle que la communauté des femmes. Les Giovannali après avoir fait de rapides progrès et compté parmi leurs prosélytes, Henri et Paul d'Attalla, seigneurs puissans, furent excommuniés par Innocent VI; menacés, poursuivis sans pitié par le peuple qui les exécrait et par l'ardent commissaire du Pape, descendu dans l'île avec quelques troupes, les Giovannali, malgré leurs principes pacifiques, prirent enfin les armes ; et au lieu de passer obscurément et de tomber sous le ridicule comme leurs successeurs parisiens, ils furent tous massacrés, moins combattans qu'impurs martyrs.

CHAPITRE LXVIII.

Château de *Capola*. — *Serra*. — Château de Giudice. — *Quenza*.

Près de Levie se voient les ruines du château de Capola, séjour de Biancolacci, petit fils de l'incertain et presque fabuleux Hugues Colonna. Ce château détruit par un obscur et vil André Doria, génois, gouverneur de Corse, est une des ruines nombreuses dont cette oppressive et jalouse domination a couvert le pays [1].

Serra, village agreste au sein de la montagne, compte sept cents habitans.

Je suis arrivé au milieu d'espèces d'énormes masures, de rochers, sur les ruines du château de Giudice della Rocca, au-dessus de la montagne de Serra, plate-forme aride, tapissée de quelques bruyères, bordée à sa base de chênes verts, entourée d'autres pics couverts de neige, qui se perdent au milieu des nuages, avec une échappée de mer, ensemble horrible, majestueux, pittoresque.

Quenza, ancien, très-salubre, qui n'a que deux

---

[1] Voyez ci-dessus, chap. xxiii.

cents habitans, est le village le plus élevé de la Corse. La vigne ne peut y croître, mais l'eau y est fraîche, abondante, exquise. Quenza se compose principalement de maisons de campagne occupées l'été, et assez mal tenues; il confirme tout-à-fait le proverbe corse, preuve de la simplicité des mœurs du pays :

>*Che due case tiene*
>*Una ne piove* [1].

La paroisse est comme ornée par un superbe chêne vert qui ombrage toute sa petite place. Un tableau sur bois, assez bien conservé, représentant divers saints, paraît de la première époque de la peinture.

L'antique église Sainte-Marie où l'on ne célèbre l'office qu'une fois l'an, le jour de la fête, fut bâtie l'an 1000 par les Pisans : peut-être est-elle l'ouvrage de leurs savans architectes, les premiers qui aient ranimé, renouvelé l'art en Europe.

[1] Quand on a deux maisons, il pleut dans une.

CHAPITRE LXIX.

Coscione. — *Piano* de Rinuccio. — *Incudine.* — Famille corse en voyage.

Quoique la saison ne fût point encore assez avancée, j'ai visité au commencement d'avril, le célèbre *Coscione*, vaste pelouse, immense pâturage, le meilleur de la Corse, et l'un des plus beaux du monde. Arrosé de limpides fontaines, coupé de jolis ruisseaux, le Coscione devient, pendant l'été, le but des promenades et des parties des habitans de Quenza et des environs, et il retentit de leurs joyeux refrains [1]. L'eau de la *Fontana bianca*, la première des fontaines que l'on rencontre, est d'une exquise fraîcheur. La charmante rivière de *la Viola* serpente à travers *le Coscione;* elle était encore en quelques endroits encombrée par la neige qui avait brûlé, jauni, comme le plus ardent soleil, l'épais et fin gazon de la prairie; mais on pouvait juger de la brillante fertilité de ces lieux au mois de juin.

Alors le *Coscione* est animé par la multitude de

---

[1] Voyez l'appendice n.º 7.

chevaux et de bœufs qui le parcourent ; ces derniers maigres, agiles, de petite taille, presque sauvages, y galopent comme les chevaux. Il n'y a en Corse, ni étables, ni écuries; l'infériorité du bétail tient à son mauvais gîte, et il aurait un extérieur aussi avantageux qu'ailleurs avec un autre régime. Malheureusement le paysan corse ne paraît guère porté à cette sorte d'amélioration. Un agronome habile, M. Paléologue que la munificence de M. Pozzo di Borgo avait appelé en Corse, disait à des paysans : « Que ne débar« rassez-vous vos champs de leurs pierres afin d'en « construire de petites étables qui ne vous revien« draient qu'à quelques dizaines de francs? ». — « Nous prenez-vous pour des ambassadeurs? » répartirent ces sauvages ennemis du progrès raisonnable.

Les ruines d'un château de Rinuccio sont voisines du Coscione : à l'entrée du piano, dit de Rinuccio, un long tas de pierres indique l'ancienne limite du domaine de ce puissant feudataire. Des ruines du château où je gravis à travers la neige, la vue n'est pas aussi étendue qu'on pourrait le croire d'un point aussi élevé, car il est dominé par plusieurs montagnes, et surtout par *l'Incudine* (l'enclume), une des plus hautes montagnes de la Corse, masse énorme terminée par une légère plate-forme de pierre grise, lisse et unie qui lui a valu son pittoresque nom.

A mon départ de Quenza pour revenir à Sainte-Lucie de Tallano, je fus escorté par une bande joyeuse de jeunes gens de quinze à dix-huit ans, fils de propriétaires de l'endroit, armés tous déjà de leurs fusils; ils portent plus tôt les pistolets et les stylets qui sont comme les jouets de leur enfance. Les rencontres avec quelques uns de leurs parens, de leurs amis, étaient extrêmement cordiales, bruyantes, expressives. Ainsi les affreux chemins de Corse, pittoresques par les lieux, le sont encore par les passans. Quelques jours auparavant, étant accompagné par un riche propriétaire, maire d'une commune voisine, nous rencontrâmes sa fille, belle personne, à califourchon sur son cheval, suivie de ses domestiques et de la nourrice chevauchant de la même manière et tenant fort solidement en bandoulière son poupon qui ne poussait pas un cri. Cette vie rude, armée, voyageuse, dès les premières années de la vie, a dû sans doute contribuer à la forte nature des Corses.

CHAPITRE LXX.

Sartène. — Ses divisions. — Vue. — *Saint-Damien.* — Écho. — Galeux.

Sartène a été bâti en amphithéâtre et jeté sur des hauteurs, afin d'échapper aux désastreux débarquemens des Sarrasins.

Cette ville de deux mille sept cents habitans, dans un fertile territoire, regardé comme le grenier de la Corse, était depuis long-temps une des parties les plus paisibles de l'île; son aspect aujourd'hui respire la guerre et la vengeance. Les hostilités commencèrent le 16 septembre 1830; les habitans du Borgo ayant formé une garde nationale sans la participation du maire, firent au nombre de trente une bruyante promenade dans le quartier riche et aristocratique de Sainte-Anne, malgré l'invitation qu'ils avaient reçue de rester chez eux. Accueillis par une vive fusillade partie des fenêtres, le commandant et un garde national furent tués, quatre hommes blessés, parmi lesquels un des huit gendarmes qui avaient escorté l'insultante invasion, forcée de s'en retourner plus vite qu'elle n'était venue.

Dès le lendemain plus de mille montagnards étaient descendus pour prendre parti dans la querelle. Cette terrible affaire soumise au jury, tous les accusés furent acquittés. Mais les ressentimens étaient loin d'être apaisés; le 20 février 1833, une rencontre eut lieu dans la plaine de Rizzanese, entre deux hommes du Borgo et cinq de Sainte-Anne, les deux premiers périrent. Le 20 juin 1834, trois habitans de Sainte-Anne embarquaient du fer au port de Propiano : l'un d'eux à la vue de dix de leurs adversaires dit à ses camarades, place-toi près de la tour, toi à telle maison, moi je reste ici à les attendre; les dispositions stratégiques prises, le feu commença aussitôt, et les gens du Borgo ayant eu un homme mortellement blessé, et un autre tué, se retirèrent. De pareilles inimitiés rappellent sans la même heureuse issue, celles que Pierre de Corse a peintes si pathétiquement quand toute la population de la piève de Campoloro s'attaquant à coups de pierres et de flèches, ce prêtre saint, érudit, intrépide, alors curé, se jeta armé d'un bouclier au milieu de la mêlée, et parvint à séparer les combattans; mais blessé d'une pierre à la tête, il fut longtemps privé de la vue [1].

Je remarquai l'espèce de faction des jeunes

[1] *Lib. IV.*

gens de Sainte-Anne, armés de fusils, au coin d'une de leurs rues. Dans le Borgo, la maison d'un vieux prêtre qui avait perdu trois neveux à ces meurtres domestiques, était une des plus fortifiées et ne recevait de jour que par la petite partie du haut des fenêtres, qui n'était point garnie de briques. Les gendarmes oisifs, neutres, étaient tranquillement assis dans la grande place. On a peine à concevoir une telle société avec le code français et l'administration française ; ils ont régi la moitié de l'Europe, et ils sont impuissans contre la nature, les mœurs et les passions corses.

De l'ancienne paroisse Saint-Damien, le saint qui, avec son acolyte saint Côme, est le saint le plus populaire de la Corse, la vue est une des plus belles de Sartène, elle domine le riche vallon, et s'étend du majestueux *Incudine* jusqu'au golfe de Valinco. La vue de ce beau golfe qui offre plusieurs excellens mouillages, me rappelait qu'il fut le théâtre du troisième et dernier débarquement de Sampiero, accompagné de vingt Corses et de vingt-cinq Français, le 12 juin 1564. Les débarquemens aventureux de Bonaparte à Fréjus et à Cannes semblent dans l'audacieux génie des Corses. Sampiero presque septuagénaire, renvoya la galère qui l'avait apporté : — « Mais si les Génois
« nous surprennent, où chercherons-nous notre

« salut? » lui demandèrent ses compagnons. — « Dans nos épées, » répondit l'indomptable vieillard.

Cette église de Saint-Damien, située au dessus d'une colline, à quelque distance de la ville, était fréquentée par des femmes et même des jeunes filles qui allaient toutes seules y faire leur prière, et l'on ne voit point que la liberté de ces pélerinages ait donné lieu de médire.

Un peu au-dessous de Saint-Damien, est un écho remarquable pour le temps qu'il met à répéter le son, et dont le point de répercussion doit être fort éloigné.

Les habitans de Sartène et surtout ceux des environs étaient jadis tourmentés et ne sont point encore délivrés de ce mal héroïque et populaire dont les vives excitations et la sorte d'agitation qu'elles produisent, ont été prises souvent pour l'amour de la gloire, et sont quelquefois le secret des plus grandes révolutions; c'est la gale puisqu'il faut l'appeler par son nom. Depuis Mahomet jusqu'à Napoléon, le monde a été bouleversé par d'illustres galeux. Si les galeux de Sartène n'ont point donné de grands hommes et sont restés paisiblement à se gratter, ils ont fourni à la science la découverte du véritable, du mystérieux *acarus scabiei* (insecte de la gale), de son siège et de la manière de le déloger, grave découverte jusque là entrevue, incertaine, qui doit mener à la connaissance de l'histoire naturelle de ce puissant insecte, et indiquer peut-être de nouvelles chances de guérison [1].

Par un étrange hasard, l'arrondissement de Sartène, malgré le mal qui le travaille, a été reconnu d'après de doctes calculs pour un de ceux de toute la France où la vie moyenne est la plus longue; exemple qui prouve l'innocence et peut-être même certains bons effets de la gale [2].

[1] Voyez le mémoire soumis à l'Académie des Sciences le 6 octobre 1834, par M. Renucci, médecin corse, fixé dans sa patrie et qui a observé comment les femmes y délivraient leurs enfans de l'*acarus*, au moyen d'une aiguille très-pointue.

[2] Selon l'Annuaire du bureau des longitudes, la vie moyenne est, dans l'arrondissement de Sartène, de 40,10; et elle n'est pour le reste de la France que de 28,75.

CHAPITRE LXXI.

Ruines du château et fontaine de Rinuccio. — Fontaine Quieti. — La Monaccia. — Partage des biens communaux. — Destruction des makis. — *Figari.* — Traces sarrasines. — *Caldarello.* — *Pianattoli.* — *Pietra de' Sindichi.* — *Uomo di Cagna.* — Cavalcade dans la mer.

Près Baricini, au-dessus d'un pic élevé, on aperçoit les ruines considérables d'un autre château de Rinuccio : afin d'échapper au poison de ses rivaux et de ses ennemis, sa fontaine particulière, dite *fontana chiavata*, était fermée à clef, elle est aujourd'hui publique et sur la route, mais l'eau s'est à-peu-près perdue.

Avant d'arriver à *la Monaccia*, je ne manquai point d'aller goûter l'eau fraîche de la fontaine *Quieti*, dans un bas-fond près d'un moulin.

La Monaccia, village nouveau, fait des progrès très-intéressans; il est d'un bon exemple de l'utilité d'attirer dans la plaine les habitans des montagnes. Le partage des biens communaux, opéré il y a quelques années, produit d'excellens effets; il doit amener par le défrichement la destruction des makis et de la communauté des biens, sources diverses de malheurs et de misères pour la Corse ; les premiers qui recèlent les bandits, la dernière qui entretient la paresse et le vagabondage des habitans. Il a été calculé que les makis réduits en potasse, ainsi qu'il a été déjà pratiqué sur plusieurs points, en donneraient au moins par an trente mille quintaux dont la valeur serait d'un million cinq cent mille francs. Cette somme est à-peu-près ce que l'île coûte à la France. Une industrie aussi facile rapporterait aux propriétaires des makis cinquante pour cent, et nous affranchirait du tribut que nous payons pour la potasse à la Toscane et à l'Amérique. Quant au mode de destruction des makis, par le feu, qu'un écrivain politique a sérieusement proposé, quoique en apparence fort expéditif, il ne serait ni sans inconvéniens, ni sans danger ; la cendre des makis est une espèce d'engrais qui les fait promptement renaître, et comment livrer aux flammes les vingt et un vingt-septièmes de la Corse que couvrent ces makis ? Un aussi vaste incendie parait plutôt tenir des ravages de la guerre ou rappeler les poétiques catastrophes de la fable, qu'être un sage moyen d'économie rurale.

On doit regretter qu'il n'y ait pas plus de régularité dans les nombreuses constructions de la Monaccia, village primitif où chacun, sans s'inquiéter du voisin ou de l'administration, a bâti sa maison à l'exposition qui lui convenait, en se réservant du terrain pour sa vigne et son jardin. Ce désordre ne ressemble point toutefois à la sale confusion des vieilles cités, puisque chaque habitation a de l'espace, de l'air et de la vue.

Les progrès de la Monaccia, la création de deux hameaux voisins, Caldarello et Pianattoli due aussi à la sage mesure du partage des biens communaux, pourront rendre de l'importance à l'excellent port de Figari où les Sarrasins avaient formé jadis quelques établissemens passagers. On y voit une tour du XIIIe siècle dans laquelle un ancien tombeau fut trouvé il y a quelques années.

Les traces sarrasines sont assez sensibles sur cette côte, et l'abbé Germanès a cru les reconnaître jusque dans les physionomies des femmes.

Près du nouveau hameau de Caldarello, à côté de la route, on montre une grosse pierre dite *pietra de' Sindichi* sur laquelle siégeaient ces Syndics lorsqu'ils venaient de Gênes verbaliser sur la conduite des magistrats; belle institution, espèce de censure qui n'était malheureusement que consultative et ne changeait rien au fond de cette oppressive domination. Le Syndicat se composa d'abord de trois Génois et de six Corses, mais ces derniers finirent par être éliminés en 1515, et remplacés par des créatures de la banque Saint-Georges, propriétaire de l'île.

Dans la plaine, on aperçoit au sommet de la haute montagne de Cagna, l'énorme rocher dit *l'Uomo di Cagna*, et qui a la forme d'un homme coiffé d'un chapeau, à-peu-près d'aussi bon goût que le Napoléon de la colonne. Ce singulier monument de la nature se découvre de fort loin et sert de guide aux pêcheurs de corail qui cessent, dit-on, de pêcher dès qu'ils perdent de vue *l'Uomo di Pietra*.

En attendant l'éternelle route d'Ajaccio à Bonifacio, la mer barre deux fois le passage avant qu'on puisse arriver à cette dernière ville. Comme le bord est escarpé, il faut s'avancer assez loin dans le golfe de Ventilegne pour trouver un passage moins profond; on galope ainsi poétiquement, mais d'une manière fort incommode au milieu des flots.

BONIFACIO.

CHAPITRE LXXII.

Bonifacio. — Aspect. — Ancienneté. — Marzolaccio. — Manuscrits.

Bonifacio m'a charmé : sa position extraordinaire, peut-être unique, sur une roche calcaire horizontale à la cime, presque verticale sur les côtés et percée de vastes magasins, son port bassin paisible, joli ovale creusé par la nature, ses merveilleuses grottes marines, ses fortifications, tout cet ensemble fait de Bonifacio la ville la plus curieuse de la Corse, sa capitale pittoresque et qui, si ma prédilection ne m'égare point, mériterait à elle seule le voyage. Ajoutez à cet aspect d'anciens et d'héroïques souvenirs, de vieux manuscrits et surtout une population de gens tranquilles, excellens, à part, qui ne marchent point armés, n'ont jamais été en proie aux *vendette* et qui, malgré leur modestie, sentent ce qu'ils valent, car ils ont coutume de se dire en citant leur lieu de naissance, *de Bonifacio proprio,* comme pour indiquer quelque chose même de plus qu'un Corse, et rappeler que Bonifacio qui avait ses lois, ses statuts et sa monnaie, était plutôt une république confédérée de Gênes que sa sujette. Sous le rapport spirituel, Bonifacio fut jusqu'à la réunion à la France, séparée de la Corse, et Léon X lui avait accordé de relever immédiatement de l'archevêché de Gênes.

Malgré ses trois mille âmes, Bonifacio n'est qu'un simple chef-lieu de canton ; la sous-préfecture et le tribunal sont à Sartène ; il semble cependant que le dernier serait infiniment mieux placé à Bonifacio renommée par sa mansuétude, que jeté au milieu des sanglantes inimitiés de Sartène.

Bonifacio regardé comme la plus ancienne ville de la Corse, doit sa fondation à l'illustre Boniface seigneur pisan, marquis de Toscane, comte de Corse, gouverneur pour les empereurs (*missus dominicus*), qui avait battu les Sarrasins jusque sur les rivages d'Afrique. La bataille, rapporte fièrement Pierre de Corse, s'était livrée entre Utique et Carthage, et telle avait été la perte des ennemis qu'ils furent, comme au temps de Scipion, contraints pour se défendre chez eux, de rappeler leurs forces de Sicile. Boniface débarqué sur cette côte l'an 833, y bâtit le château.

LIVRE I. CHAP. LXXII.

Un digne citoyen de Bonifacio, qui avait défendu devant le sénat de Gênes, les priviléges de sa ville, le jurisconsulte Marzolaccio en a écrit l'histoire abrégée, petit volume imprimé à Bologne en 1625, livre rare et assez curieux. Il existe aussi d'anciens et intéressans manuscrits chez un vieillard octogénaire, M. Jean-Baptiste Quenza, commandant en 1793, le bataillon des volontaires nationaux du Liamone, et qui peut se flatter de l'honneur singulier d'avoir eu Bonaparte pour commandant en second [1].

[1] Voyez le chapitre suivant.

CHAPITRE LXXIII.

Faubourg. — Fontaine. — Montée. — Tour. — Maison de Charles-Quint. — Chambre de Bonaparte. — Son séjour à Bonifacio. — Son premier secrétaire.

Le faubourg peuplé qui s'étend au pied de Bonifacio, paraît florissant. Un long aqueduc pisan amène l'eau à son abondante fontaine.

La majestueuse montée qui conduit à la ville, rappelle assez par son inclinaison et ses étroits cordons de pierre de distance en distance, les escaliers *a cordoni* particuliers à l'Italie et communs à Rome et à Naples.

Avant d'arriver à la première porte, on rencontre la principale des trois tours qui figuraient dans les armes de Bonifacio ; une pierre incrustée offre encore le mot *libertas*. J'avais lu aussi sur le mur du poétique donjon de Chillon chanté par Byron, ce beau mot que reflétaient les eaux du lac de Genève, tombeau de Julie ; lieux plus célèbres, plus visités, mais non plus nobles que la vieille tour corse qui n'a point eu le cachot souterrain de Bonnivard [1].

A l'entrée de la ville, sur la place et vis-à-vis de la rue dite *Piazzalonga*, est la maison dans laquelle logea Charles-Quint en 1541, au retour de sa seconde et funeste expédition d'Afrique. Son hôte Philippe Cattacciolo désigné par le pompeux surnom d'*Alto Bello*, appartenait à une famille riche et historique. Jacques et Picino avaient paru avec honneur à l'héroïque siège de 1421 [2]. La porte est décorée d'un arabesque de marbre assez élégant et de ce bon temps de l'art. Au moment où Charles-Quint quittait la ville, Cattacciolo cassa la tête d'un coup de pistolet au cheval qui avait servi à l'empereur, disant qu'après lui, personne n'était plus digne de le monter : bizarre enthousiasme dont nous retrouverons un autre exemple à l'égard d'un prince qui semble aujourd'hui si peu fait pour l'inspirer [3], et qui devait paraître dans l'histoire et sur la scène, si personnel, si grave et si froid.

Dans la même rue et presque vis-à-vis, on me fit remarquer au milieu des décombres d'une

---

[1] Voyez livre I des *Voyages historiques et littéraires en Italie*, Chap. XXIII.

[2] Voyez ci-après, chap. LXXVI.

[3] Voyez liv. III.

maison récemment écroulée, une chambre restée intacte comme par miracle : c'était celle qu'avait occupée Napoléon. J'obtins sur cette époque de sa jeunesse des détails neufs et authentiques. Son séjour à Bonifacio fut d'environ huit mois. Quoiqu'il ne commandât qu'en second et sous M. Quenza, le bataillon des volontaires nationaux du Liamone, c'était lui qui dirigeait le service et réglait l'administration du corps. Le bataillon étant destiné à faire partie de l'expédition contre la Madeleine, Napoléon voulut essayer l'effet des bombes et des boulets rouges du bastion et de la batterie Saint-Antoine; la justesse de son tir frappa tous les spectateurs, et les soldats convenaient qu'il atteignait mieux le but, qu'eux avec leur fusil. Le 22 janvier 1793, lendemain de la mort de Louis XVI, Napoléon faillit aussi perdre la vie, victime des fureurs politiques. Les marins de la corvette *la Fauvette*, capitaine Goyetche, et ceux de quelques autres petits bâtimens destinés à embarquer les troupes, étaient descendus la veille à terre. Ces marins démagogues qui avaient déjà commis à Ajaccio de sanglans excès cherchèrent querelle aux volontaires, et lorsque Napoléon accourut pour rétablir l'ordre, ils l'accueillirent par la *ça ira*, le traitèrent d'aristocrate, le menacèrent de la lanterne, fondirent sur lui malgré les efforts de ses soldats, et il ne put être dégagé que par l'intervention du maire, du corps municipal et des habitans.

Le secrétaire dont Napoléon se servait à Bonifacio, existe encore ; il s'appelle Quilicus Gazzano ; c'est un petit vieillard de 72 ans, borgne, grêlé, infirme, propriétaire de quelques champs d'oliviers et de vignes, aujourd'hui père de famille, alors compagnon, commensal, confident des secrets et des amours de Napoléon sur lequel il est fort intéressant à entendre. Napoléon dictait déjà avec la même rapidité, le même feu, le même empire que dans le cabinet de ses palais, ou au quartier général de ses armées ; déjà il aimait les états, les tableaux de situation, dont la belle écriture de Quilicus Gazzano s'acquittait à merveille. Il portait déjà jusque dans les détails son esprit d'ordre, de régularité et d'exactitude. Sa propreté corporelle était la même que sous la pourpre impériale. Gazzano intelligent, honnête, n'est point un trop indigne prédécesseur des hommes distingués secrétaires du cabinet, des Fain, des Mounier, des Menneval. Il est fort probable que s'il s'était présenté par la suite, avec son œil, à Napoléon, il en eût été reconnu et avancé ; sa modestie, sa timidité, sa candeur bonifacienne l'empêchèrent de solliciter, et de quitter la Corse; il fut long-temps greffier du tribunal de première instance à Sartène et teneur de livres du receveur, et j'ai su de son ancien président et de son compatriote M. Marcilese, magistrat fort éclairé, maintenant conseiller à la cour royale, qu'il s'était toujours très-bien acquitté de ses obscures fonctions.

CHAPITRE LXXIV.

Saint-Roch. — Pestes italiennes. — *Sainte-Marie-Majeure.* — *Loggia.* — Clocher. — *Saint-Dominique.* Inscription. — Couvent. — *Saint-François.* — Tombeaux. — Fontaine. — Bois.

Sur une petite place à moitié chemin de la montée du faubourg à la ville, la chapelle dédiée à saint Roch indique l'endroit où tomba le dernier mort de la terrible peste de 1528. Bonifacio, à l'exemple des grandes et florissantes cités de l'Italie, consacrait par un monument religieux la cessation du mal qui l'avait ravagée. Ce n'était point à la vérité une merveille de l'art comme les temples de Venise et de Florence, mais le sentiment était le même, et tandis que notre affreux choléra s'éteint obscurément dans les bulletins mensongers de la police, les hommes de ces temps de foi aimaient à consacrer par de publics monumens les témoignages de leur reconnaissance envers la divinité. Il faut remarquer encore à l'honneur de la civilisation italienne et chrétienne des xv.ᵉ et xvi.ᵉ siècles, quoique si vicieuse, si criminelle dans ses princes et ses grands, qu'aucune des terribles pestes qui alors ont désolé l'Italie, n'a excité chez le peuple les violences, les meurtres enfantés par la peur ou une stupide crédulité, dont nos grandes cités du xix.ᵉ siècle si avancées, si progressives, ont été le théâtre à l'apparition du même choléra.

Les églises de Bonifacio attestent diversement son ancienne importance, ses mœurs, sa richesse et sa civilisation.

Sainte-Marie-Majeure élégante église de construction pisane, brillante de marbres, de porphyre, a une majestueuse loggia où se délibéraient autrefois les affaires publiques. Le clocher jadis le plus haut de la Corse et encore un des premiers, fut à la fin du dernier siècle abaissé par les trop crédules Bonifaciens d'après les avis d'un ingénieur qui crut devoir avertir les magistrats que le clocher ne se soutiendrait point sans cette diminution.

Saint-Dominique ancienne église des Templiers, d'un gothique léger, avec un clocher à jour, octangulaire, aussi fort remarquable, est la plus grande de Corse. Commencée par les Pisans, les armes des nobles et infortunés chevaliers, prodiguées à l'extérieur et sur les pilastres, indiquent qu'ils en ont construit la très-grande partie ; elle fut achevée vers 1343 par les aumônes et les legs des habitans. Une double et bizarre inscription en dialecte bonifacien à l'ancien couvent, aujourd'hui hôpital militaire, atteste encore cette pieuse munificence ; on y lit que le marguiller Jean de Saiceto et sa femme Jacqueline laissent à la fabrique leur four et leur maison dont le revenu doit être consacré à l'achèvement de l'église, à charge de prières par les religieux et d'entretien de ladite maison et dudit four. Le chœur est vaste ; la sacristie magnifique, et l'autel de la chapelle du saint, éclatant de marbre et de sculptures.

La fondation du couvent remonte à un religieux toscan, le P. Nicolas Fortiguerra de Sienne, disciple de saint Dominique, mort l'année 1270 en odeur de sainteté, évêque d'Aleria, et ancêtre du joyeux auteur de Richardet.

L'église Saint-François est un autre témoignage de la religion libérale des Bonifaciens. Une gothique inscription de la citerne du couvent, qui porte le nom de l'artiste toscan Abrigho (Henri) de Pistoie, et la date de 1398, annonce que l'église doit être antérieure ou à peu-près de la même époque. Deux tombeaux en marbre sont remarquables : le premier, du franciscain Raphaël Spinola, évêque d'Ajaccio, sur lequel il est représenté en habits épiscopaux ; le second, de Philippe

Cattacciolo, l'hôte enthousiaste de Charles-Quint. L'empereur satisfait de l'hospitalité corse, promit à Cattacciolo de lui accorder ce qu'il demanderait; l'unique faveur que celui-ci réclama, peint assez bien avec le trait du cheval, la singulière ferveur de ses sentimens monarchiques et religieux; cette faveur fut d'être enterré dans le *sancto sanctorum* de sa paroisse.

L'église offre un curieux phénomène de la nature, qui n'a point été observé, une source perpétuellement jaillissante sur cette plaine de rochers si fort au-dessus de la mer.

Saint François, dont les traces ne sont pas moins nombreuses que celles des plus puissans Empereurs et des conquérans, fut contraint par la tempête à son retour d'Espagne vers 1214, de toucher à Bonifacio. Mais la grotte voisine du couvent de Saint-Julien au petit village de Cantarana, à un mille et demi de Bonifacio, où il se retira, devenue propriété particulière, est aujourd'hui à peu-près abandonnée et sans oratoire.

A côté de l'église Saint-François, était jadis un bois antique d'énormes oliviers sauvages, de genévriers et de lentisques, promenade délicieuse, extraordinaire, unique en Corse, qui rapprochait Bonifacio des grandes cités du continent, et dont la perte est encore regrettée par les habitans qui n'ont point de jardin public. Sa barbare destruction commencée en 1792 par les volontaires nationaux du Liamone, fut consommée en 1797 par la garnison républicaine. Ce bois merveilleux garantissait encore la ville du vent qui depuis la tourmente.

CHAPITRE LXXV.

Hospice. — Testamens.

L'histoire de l'hospice civil de Bonifacio appelé du doux nom de *Domus misericordiæ* est intéressante, caractéristique. Antérieur à l'année 1300, cet hospice fut considérablement enrichi en 1528 par les legs de la population morte de la peste et réduite de cinq mille à sept cents habitans. Durant cette effroyable calamité, les mourans dictaient leur testament par la fenêtre, et le notaire l'écrivait dans la rue. La charitable habitude ne passa point avec la circonstance, et il fut établi que la première clause de tout testament devrait être un don d'au moins cinq sous à l'hospice. Les minutes de milliers de testamens attestent l'exactitude avec laquelle la formalité fut remplie et même dépassée. La quantité des biens dont l'hospice devint alors subitement propriétaire, étant d'une administration difficile, et ces biens demeurant stériles faute de bras, ils furent par une générosité bien entendue, affermés pour quelques sous à des familles corses ou étrangères, et le nombre des habitans doubla et tripla bientôt.

CHAPITRE LXXVI.

Port. — Rocher surmonté de maisons. — Escalier du roi d'Aragon. — Siège de 1420.

Le port de Bonifacio sûr, profond, abrité de rochers, rappelle en petit la magnificence de celui de Syracuse ; il était autrefois, comme ce dernier, et pourrait être encore fermé par une chaîne de fer ; sa position à l'extrémité de l'île devrait le rendre très-commerçant et sa tranquillité serait propre aux réparations des vaisseaux de l'État. Il m'a été assuré que lors de l'abandon de la Corse par les Anglais en 1796, un de leurs vaisseaux de 74, y était fort à son aise; mais ce port se rétrécit malheureusement par la retraite de la mer, et il s'attérit par l'éboulement des terres des hauteurs voisines que les fortes pluies y entraînent. La nécessité de son curage a été constatée par l'administration, et il serait fort à désirer que l'on pût y employer la drague à vapeur qui servirait encore au desséchement de quelques parties marécageuses de l'île [1]. Cette ingénieuse et puissante machine,

---

[1] Voyez le discours du ministre du commerce et des travaux publics à la chambre des Députés, séance du 24 janvier 1837.

une des plus heureuses découvertes de la mécanique industrielle, délivre à la fois la mer et la terre des impurs obstacles qui s'opposent à la navigation et à la culture.

Le rocher en saillie plongeant au-dessus de la mer, surmonté, chargé de hautes maisons, cause à la vue une sorte d'effroi ; mais la mer n'y avance que très-lentement et les habitans dorment fort tranquilles en l'air et au-dessus des flots.

L'escalier dit du roi d'Aragon, longue brêche diagonale, taillé dans le roc, me rappela l'admirable défense des habitans de Bonifacio du 13 août 1420 au 5 janvier 1421, contre l'armée et la flotte d'Alphonse V. Déjà les Aragonais étaient parvenus jusqu'à la tour du phare et étaient sur le point d'y planter l'étendard royal, lorsqu'ils furent culbutés par la jeunesse de la ville. A la seconde attaque, Alphonse harangua ses gens et leur montra la prise de Bonifacio comme le prélude de la conquête de la Corse et ensuite de l'Italie. Malgré l'ardeur du butin, malgré la supériorité des armes, les Aragonais ayant seuls de l'artillerie, malgré l'écroulement sous leurs bombes de la tour Scarincio, les assiégeans qui avaient pénétré dans la place et commencé à l'incendier, furent repoussés par la garde accourue des autres tours, et plusieurs de leurs vaisseaux furent brûlés.

Les femmes ne se montrèrent pas moins acharnées à la résistance que les hommes ; aux côtés de leurs maris, armées de fourches garnies de fer, elles combattaient corps à corps l'ennemi, et lui lançaient à la tête, du haut des murs, de l'eau, de l'huile, de la poix bouillantes. Marguerite Bobia chargée de défendre le rempart qui dominait la porte, rompait les échelles à coups de pierres et de tout ce qui lui tombait sous la main. Afin de dissimuler la famine qui les menaçait et qui allait devenir si horrible, les Bonifaciens imaginèrent de jeter des pains par-dessus leurs murs et d'envoyer à Alphonse un fromage frais, de lait de femme. La faim rendit bientôt commun et populaire le trait de la charité romaine, puisque les femmes intrépides et tendres couraient, au milieu des dangers, allaiter les combattans exténués, et il n'en est pas un qui, durant le siège, n'ait été ranimé par ce lait généreux. A un moment de défaillance, les femmes de tout âge et les enfans avaient par leurs cris ramené les assiégés sur la brêche.

Les prêtres et les religieux ne furent pas moins patriotes en repoussant l'ennemi par les armes et les prières. Enfin, après quatre mois des plus épouvantables traverses, les galères génoises amenèrent des vivres et un timide secours ; le sénat de Bonifacio décréta quatre jours de prières publiques et Alphonse désespéré se retira. Donnez à un pareil siège au lieu d'un latiniste élégant du xv.ᵉ siècle tel que Petrus Cyrneus, Tite Live pour historien, ou la publicité de notre époque, et ce siège vivra autant que ceux de Numance, de Gênes et de Saragosse.

Il m'est impossible de ne pas avouer le profond regret que j'ai ressenti lorsqu'il m'a été démontré par des gens instruits de Bonifacio que cette prétendue échelle n'avait jadis été qu'une voie de communication du château à la mer, et depuis l'invention de l'artillerie, à une batterie à fleur d'eau.

CHAPITRE LXXVII.

Grottes marines. — Grotte *Saint-Antoine*. — Caverne *Saint-Barthélemy*. — Lac. — *Montepertusato*. — *Dragonale*. — Pigeons. — Phoques.

Les grottes marines sont une des plus agréables promenades de mer qui se puisse imaginer. Quelle ne serait pas leur réputation si elles se trouvaient dans le voisinage de quelque grande capitale ! Ces riantes cavernes ornées de festons verdoyans, où serpente et murmure une mer limpide, deviennent un rendez-vous de plaisir pour les habitans de Bonifacio qui vont y dîner, y danser au frais.

La vaste grotte Saint-Antoine est remarquable par sa régularité, sa large ouverture et son majestueux entablement de stalactites.

Il faut marcher sur ses mains et s'armer de torches pour pénétrer et se reconnaître dans la sombre caverne de Saint-Barthélemy, dont la mystérieuse profondeur n'a pu être complètement reconnue. Cette caverne composée de diverses grottes qui donnent l'une dans l'autre, doit son nom à l'oratoire du saint qui existait au-dessus, et qui est aujourd'hui une petite salle de spectacle.

L'entrée est obstruée par le galet que les vagues y charrient, et sous ses noires voûtes tapissées d'épais et de bienfaisant capillaire, est un petit lac cristallin d'eau douce et suave, véritable prodige puisqu'il se trouve au-dessous du niveau de la mer.

Au milieu de l'isthme de rocher dit la pointe Saint-Antoine, à l'endroit appelé *Montepertusato* (Mont troué), une large ouverture, sorte de vestibule, mène à une grotte spacieuse qui traverse la montagne, galerie lumineuse, élégante, ornée, qui laisse incertain si elle est un travail de l'art ou une merveille de la nature.

Le Dràgonale, et en dialecte bonifacien *lo Sdragunau*, surpasse en magnificence toutes les autres grottes. Un haut portique battu des flots qui s'élancent quelquefois avec fracas jusqu'au fronton, y introduit quand le vent le permet. Des degrés taillés par la mer conduisent à une immense salle circulaire, *salon de quatre-vingts couverts* plus véridique que ceux de nos boulevards et de nos barrières et dans lequel les convives seraient un peu plus à leur aise. Une grotte voisine, dépendance et comme l'office du grand salon, est tellement peuplée de pigeons, que plus d'une fois ils ont rapidement figuré du colombier sur la table.

On reprend sa barque qu'accompagnent en s'ébattant des phoques joyeux que l'on a pu rencontrer d'abord endormis au frais sur les roches du rivage comme ceux de Protée.

Sternunt se somno diversæ in littore phocæ [1].

Puis on arrive par un vaste et long corridor au Dragonale proprement dit, coupole à jour, admirable et savant ouvrage du temps et de la nature. C'est le panthéon qui, au lieu de son pavé de granit et de porphyre, offre un parquet limpide dont l'azur frappé des rayons du soleil se reflète sur l'architecture sauvage des compartimens lambrissés de touffes de myrtes, de lentisques et d'arbousiers en fleur. La découverte de la grotte d'azur de Naples a été un évènement européen ; je voudrais que l'indication de notre grotte française, non moins curieuse, pût y attirer le voyageur et faire sa renommée.

[1] Tous ces monstres épars s'endorment sur la rive.

CHAPITRE LXXVIII.

Caserne. — Citerne. — Place d'armes. — Fortifications. — *Torrione*. — Arsenal. — Place de la *Manicchella*. — Séparation de la Corse et de la Sardaigne.

La caserne commencée en 1775 et dont une partie du *petit quartier* date des Génois, est un des plus magnifiques monumens que la Corse doive à l'ancienne Monarchie. La citerne abondante a un escalier en pierres de taille qui descend jusqu'au fond, et permet d'en reconnaître la bonne construction. Non moins commode que superbe, la caserne est précédée d'une vaste place d'armes.

Filippini mettait Bonifacio au rang des plus fortes places de l'Europe. Les fortifications actuelles bien entretenues, avec des escaliers de l'espèce de marbre de Brando, sont singulièrement jolies, pittoresques.

La grande tour (*Torrione*) aujourd'hui poudrière, était l'ancien château et le seul fort tenable et régulier de la ville en 1195 à l'arrivée de la colonie génoise.

L'arsenal, regardé comme le premier de la Corse, a été récemment réparé.

La petite place de la Manicchella est réclamée par le génie militaire dont les prétentions peut-être fondées, ne sont pas là moins contestées qu'ailleurs. La principale objection est que le sol de toute batterie doit être solide, et que celui de cet emplacement se trouve presque vide puisqu'il était jadis une espèce de silo où l'on gardait le blé. La vue, l'air de la mer font regretter aux habitans cette ancienne promenade. La Manicchella est le point le plus rapproché de la Sardaigne; il n'y a que trois lieues, on semble presque y toucher, et l'opinion de M. de la Marmora qui regarde la séparation des deux îles comme assez récente, paraît de là, fort probable.

CHAPITRE LXXIX.

Oratoire de la *Trinité*. — Vue. — Bois. — Ermite. — Fêtes.

L'oratoire de la Trinité, à trois milles de Bonifacio et à un mille du port de Paraguano, emplacement présumé de l'antique Palla, mérite d'être visité. L'église élevée sur une légère esplanade à la moitié de la hauteur du mont Capo di fieno, est couronnée par de majestueuses cimes, et l'admirable vue du haut des rochers, près de la croix, embrasse les deux mers.

Deux fontaines de bonne et fraîche eau, dont une fort abondante, sont précieuses sur un point aussi haut et dans ce lieu solitaire.

De robustes et féconds oliviers qui donnent un petit revenu au sanctuaire, s'élancent çà et là, à travers les rochers, et dans un joli bois de beaux chênes verts, une table de granit est entourée de petits blocs de pierre en guise de siéges.

L'oratoire de la Trinité, entretenu et orné par le zèle des Bonifaciens, a l'un de ces prétendus ermites, le frère Martin, ancien sapeur et gendarme, cabaretier barbu que sa complaisance et son industrie rendent fort utile aux pélerins, aux voyageurs et surtout aux convalescens établis dans les deux seules maisons voisines auxquels l'air de la montagne est fort salutaire.

Les deux fêtes de l'oratoire sont la Sainte-Trinité et la nativité de la Vierge : alors toute la population de Bonifacio et des villages voisins ferme sa porte et se dirige joyeusement vers la riante et pittoresque montagne.

CHAPITRE LXXX.

Iles *San-Bainzo*, *Cavallo*, *Lavezzi*. — Carrières exploitées par les Romains.

Quelques tas de pierres, au milieu de la mer, décorés des noms d'îles San-Bainzo, Cavallo et Lavezzi, propriété d'un homme plein d'obligeance, de lumières, M. Pietri, ancien et excellent préfet du Golo, qui voulut bien m'y conduire, m'offrirent un des spectacles les plus curieux, les plus intéressans que j'eusse encore examinés. On y voit les carrières de granit exploitées par les Romains et les débris d'énormes colonnes à demi-sculptées, restées à leur place, et dont plusieurs ont été depuis polies par la mer, autre puissant ouvrier digne d'avoir succédé au peuple roi. La plus grande de ces colonnes, à l'île San-Bainzo a huit mètres dix-huit centimètres de longueur, un mètre vingt-quatre centimètres de diamètre inférieur, et un mètre de diamètre supérieur. Cette colonne est à neuf mètres du lieu qu'elle occupait dans la carrière; endommagée vers les deux tiers de sa hauteur, elle ne pourrait être terminée et conserver son diamètre actuel. Un gros cylindre, espèce de meule de moulin, de la même époque, paraît avoir dû servir de base à cette colonne dont il est voisin. Une autre colonne ébauchée plus informe et plus petite que la première, a quatre mètres soixante centimètres de longueur, et son diamètre inférieur est de soixante-dix centimètres, le diamètre supérieur de cinquante centimètres. A l'île Cavallo, d'autres débris nombreux tels que deux têtes ébauchées et rongées par le temps, annoncent une ancienne exploitation. On voit encore la marque des pieux en fer pour arrêter les colonnes à leur embarcation. L'exploitation paraît avoir eu lieu à peu-près comme on la ferait aujourd'hui, avec des coins, de six à dix pouces plus forts que les nôtres, et l'on découvre encore quelques-unes des coupures. Du lieu d'embarcation à la carrière, il n'y a que soixante à cent pas. Ces ateliers romains sont parfaitement conservés : à la forge, on aperçoit la trace du charbon antique ; les rainures pour l'abattage des colonnes sont très nettes, et l'on pourrait croire ces chantiers encore occupés par les ouvriers romains qui seraient allés dîner. On a proposé de transporter ces colonnes et de les consacrer à quelque édifice. Il semble qu'il vaut bien mieux les laisser à leur place, car elles forment là un véritable et rare monument. Ces colonnes tirent de leur imperfection même, de leur abandon au milieu de ce désert entouré, battu des flots, une sorte de singularité, d'originalité qu'elles n'auraient point si elles provenaient du temple, du palais, de la basilique qu'elles étaient destinées à décorer [1].

Deux familles de bergers, quelques vaches d'une horrible maigreur étaient les seuls habitans de ces ruines extraordinaires. Près de la hutte assez propre où les femmes des bergers firent bouillir notre *broccio*, est le point, dit de la *Guardia*, à l'île Cavallo, d'où l'on jouit d'une très-belle vue de mer, de côtes et de montagnes.

[1] Je croyais ces chantiers uniques ; depuis j'ai visité, à l'île d'Elbe, celui de la plage Secchetto, (voyez livre II, chap. xi) et à mon passage par Terra-Nova, l'ancienne Olbia, sur la côte de Sardaigne, j'ai appris qu'il existait à la petite île de Calvi, voisine et inhabitée, deux autres colonnes de quinze à seize pieds aussi ébauchées par les Romains et restées à leur place. Le vent contraire a seul pu m'empêcher de les visiter. Plus tard, j'ai examiné, près Longonsardo, deux colonnes informes, aussi d'exploitation romaine. (Voy. liv. III.) Un nouveau chantier romain a été récemment découvert dans l'île Giglio, vis-à-vis la côte de Toscane. On doit souhaiter que ces divers débris soient observés par quelques uns de nos habiles architectes ou de leurs élèves, véritables juges de tels monumens, auxquels je me félicite de les avoir indiqués. D'autres immenses colonnes ébauchées, de marbre blanc et violet, dit marbre phrygien, employé fréquemment des Romains, ont été aperçues dans l'Asie Mineure par le jeune architecte et voyageur français Texier, si digne d'intérêt par sa science et ses travaux.

CHAPITRE LXXXI.

Ruines du château de *Campana*. — Ors'Alamanno. — Porto-Vecchio. — Station. — Vignes. — Porphyre. — Salines.

Près de la route de Bonifacio à Porto-Vecchio au hameau de Sota, sont les ruines du château de Campana, ancien manoir du tyran infâme et débauché Ors'Alamanno (l'ours allemand) qui avait décrété le droit du seigneur, et exigeait en sus du vilain, le don de sa plus belle bête de somme. L'audace d'un jeune époux corse, Antoine Piobetta affranchit le pays de cette servitude qui devait si horriblement peser à l'honneur jaloux des habitans. Ce jeune homme fort adroit à chasser au lacs, se présenta la veille de ses noces, devant Orso, sur un beau cheval qu'il lui promit pour le lendemain, et tandis que celui-ci considérait l'animal, il lui lança au cou une longue corde en forme de lacs, qu'il avait cachée derrière sa selle, et donnant de l'éperon, il entraîna son nouveau gibier étranglé par le nœud coulant. Le cadavre d'Ors'Alamanno fut enseveli avec risées, et l'épouse de Piobetta qui, a-t-on raconté, l'avait animé à sa belle action, jouit d'une extrême considération parmi ses compagnes.

Porto-Vecchio, bassin paisible, abrité, est un de ces points insalubres et délaissés, qui pourrait recevoir les plus vastes établissemens. Saint-Florent du côté de la France, Porto-Vecchio du côté de l'Italie, seraient d'utiles et magnifiques stations, dignes d'une nation puissante. L'occupation d'Alger ajouterait encore à l'importance de Porto-Vecchio, maintenant espèce de gros bourg, de mille sept cents habitans, abandonné pendant l'été pour la montagne.

Une forte végétation d'oliviers environne Porto-Vecchio. La vigne comme à Bonifacio, y est encore cultivée avec une rare intelligence sans échalas, manière préférée par quelques agronomes.

Sous les murs de Porto-Vecchio et jusque dans le bourg, on remarque des blocs de porphyre nankin et rose dont l'exploitation serait des plus aisées.

L'exploitation des salines très-bien situées, mais non pavées, serait susceptible de grandes améliorations. Ces salines, les seules de la Corse, eurent sous l'Empire quelque prospérité, alors que l'introduction du sel était interdite; elles sont depuis tombées victimes de la contrebande, et n'occupent guère qu'une douzaine d'ouvriers. Les salines de Porto-Vecchio fourniraient aisément de sel l'île et même les pays voisins.

Le desséchement des marais de la plaine de Porto-Vecchio, qui ne coûterait que dix mille francs, est un de ces travaux peu chers qui assainiraient le pays et aideraient aux développemens des salines. Ce serait encore là de l'argent bien placé par l'État.

Du point de la Rocca Poletra, mêlé de beau granit pareil à celui de l'île Cavallo, on jouit d'une admirable vue de la mer, des montagnes et des salines.

J'occupais chez l'honorable famille Roccaserra de Porto-Vecchio la chambre de M. l'abbé Henri Roccaserra, ami et jeune compagnon du prince Napoléon-Louis Bonaparte mort dans ses bras à Forli le 17 mars 1831. Dans cette chambre était le portrait du prince, dessiné par lui, et au bas du portrait de sa femme qu'il avait envoyé à M. Roccaserra, quelques lignes de son écriture. Je voyais son écarlate chapska polonais, légué par lui à son ami, brillante coiffure que portait le régiment de Pallas, composé de six cents étudians de Bologne, qui avaient généreusement rêvé l'indépendance de l'Italie. Ainsi à côté des premiers souvenirs de l'enfance et de la jeunesse de Napoléon, la Corse me présentait encore les dernières traces historiques de son noble et infortuné neveu.

CHAPITRE LXXXII.

Conca. — Grotte. — *Favone.* — Tours.

Conca village nouveau de cinq cents habitans, a sa grotte de Noavia profonde, assez peu accessible, et au bout de laquelle il a été impossible jusqu'ici de pénétrer.

Sur la côte, on rencontre diverses tours pittoresques abandonnées, et le petit port de Favone, dominé par d'arides montagnes.

Les tours jetées sur le littoral de la Corse, au nombre d'à-peu-près cinquante, furent élevées au XVIe siècle par les Génois sur la demande et les plaintes des habitans exposés comme sujets de la république aux spoliations et aux représailles des barbaresques avec lesquels celle-ci était en guerre. La garnison de chaque tour se composait ordinairement de trois soldats, d'un caporal et d'un gardien, petit gouverneur. A l'approche des barques ennemies, on allumait des feux qui, aperçus et répétés par les gardiens des tours voisines, faisaient, brillans télégraphes, voler la nouvelle et hâter la défense. La construction de ces tours protectrices et l'envoi de quelques colonies sont le beau côté de la domination génoise, mais ne compensent point le mal de ce joug étranger.

FIUMORBO.

CHAPITRE LXXXIII.

Sari. — Insurrection du *Fiumorbo.* — Ruines du château de *Rocca Tagliata.* — Fontaine *Alzitella.* — Voie romaine.

Sari, village en superbe vue, n'a que deux cents habitans. Il offre deux châteaux ruinés de l'opulent et puissant Rinuccio.

J'eus l'honneur d'être reçu à Sari chez M. le commandant Poli, chef de l'insurrection du Fiumorbo en 1815, lors de l'expédition entreprise par M. le marquis de Rivière, sous le prétexte de faire rendre à M. Poli la ganse en brillans du chapeau de Murat, qui aurait fourni aux frais de son embarcation pour remonter sur le trône de Naples. Cette expédition qui échoua, fut mal conseillée à M. de Rivière, homme loyal, à bonnes intentions, et faillit donner le ridicule spectacle d'un lieutenant-général du roi de France, d'un gouverneur de l'île, prisonnier des paysans sauvages du Fiumorbo : le valet de chambre de M. de Rivière fut blessé d'une balle; il aurait pu lui-même être aisément atteint par les révoltés cachés derrière les rochers et les makis, mais ils tenaient bien plus à le prendre. M. Poli après avoir fait la guerre au Roi, et traité avec le général Willot successeur du marquis de Rivière, est aujourd'hui un paisible et estimable industriel fabriquant de la potasse, exploitant le liége des forêts voisines, et expédiant ces produits à Marseille et à Livourne.

De Sari, j'allai visiter les ruines du château de Rocca Tagliata, cause de la guerre entre Gênes et Rinuccio, et de la perte de ce chef intrépide. Il faut quelque constance et l'amour des beautés de la nature et des souvenirs historiques, pour se lancer à travers les bois, les rochers, les torrens, et par d'inextricables makis, à la recherche, à la poursuite du château de Rocca Tagliata, vaste amas de roches rouges au milieu de collines et de pics aigus, mêlé de pins, de chênes verts avec une rapide cascade.

Sur la route est la fontaine Alzitella, d'excellente eau, agréable station d'où la vue des restes de l'ancien manoir est déjà très-pittoresque.

Sur la côte de Sari on remarque quelques traces de l'ancienne voie romaine, la seule qui ait été retrouvée en Corse, qui partait de Mariana, passait par Aleria et aboutissait à Palla.

CHAPITRE LXXXIV.

Mépris de l'argent. — Indépendance des Corses. — Migliacciaro. — Exploitation.

Il est impossible en parcourant la Corse de n'être point frappé à chaque pas de la hauteur de sentimens qui fait repousser même aux plus pauvres la main qui leur tend la pièce après un service rendu. Il y a certes bien de la noblesse dans ce mépris de l'argent, avec l'indigence du pays. J'ai déjà cité la délicatesse des servantes de village ; les sacristains ne sont pas moins dignes [1], et je me rappelle qu'à la fin d'une rude et chaude journée de cheval, arrivé sur le bord de la mer, à la maison Scafelli, espèce de métairie délabrée, une vieille qui m'avait apporté quelques rafraîchissemens, ne voulut accepter aucune rétribution. Après de pareils traits, on pense bien que le voyageur n'a point à redouter les importunes demandes, le spectacle des infirmités, ni ces ruses de la misère qui le poursuivent ailleurs, car le Corse ne mendie jamais.

L'indépendance naturelle aux Corses ne les rend

---

[1] Voyez ci-dessus, chap. xix et ci-après chap. xci.

pas moins inhabiles à l'esprit de servitude. C'est fort sottement qu'on a rappelé d'après Strabon que les Romains ne voulaient point d'eux pour esclaves; ce reproche est plutôt un magnifique éloge que les Corses mériteraient encore aujourd'hui. On ne trouve point dans l'île de serviteurs à gages, ainsi que M. Miot en fit l'expérience lors de ses deux importantes missions [1].

Le Migliacciaro, vaste domaine, de dix lieues carrées, dans le meilleur terrain du Fiumorbo et même de la Corse, qui s'étend sur les bords de la mer, plonge jusqu'au sein de la montagne, et dans lequel passe l'ancienne voie romaine, appartenait autrefois à la maison Fiesque de Gênes. L'agent (*il fattore*) lui payait en 1718, jusqu'à vingt mille livres génoises, environ seize mille livres, et il paraît y avoir trouvé son compte, puisque l'ancien facteur Battisti construisit à Bastia le palais occupé actuellement par le gouverneur de la division. Le revenu du Migliacciaro s'élevait à peine à quatre ou cinq mille livres du temps de l'abbé Gaudin, ancien vicaire-général du Nebbio depuis député de la Vendée à l'assemblée législative, correspondant de l'Institut, mort juge et bibliothécaire de La Rochelle en 1810, qui avait résidé huit années en Corse et dont le Voyage est

---

[1] Voyez sa traduction de *Diodore*, t. ii, 558.

assez estimé malgré les petits vers qu'il y a mêlés. Les paysans des villages voisins ont eu long-temps des prétentions sur ce domaine; il a été plusieurs fois envahi dans les jours de troubles, et des bandits touchèrent les fermages.

Je trouvai le Migliacciaro occupé par une compagnie industrielle française récemment installée : le nouveau propriétaire M. R..... avocat à la cour royale de Paris, avait amené des mécaniciens et un élève de la ferme de Roville. L'exploitation de ce domaine trop long-temps abandonnée, l'industrie, les bonnes méthodes agricoles portées en Corse, l'introduction d'instrumens aratoires dans un pays qui n'en a que de si imparfaits, et ignore même la brouette [1], sont véritablement un acte de citoyen, digne d'estime, et qui réclame au plus haut degré l'intérêt et la protection du Gouvernement. J'ai vu en Sardaigne des chevaliers, des comtes et des marquis créés pour avoir planté ou greffé seulement un certain nombre d'oliviers [2]; la sorte de défrichement du Migliacciaro serait d'une bien plus haute importance, puisqu'elle amènerait encore l'établissement d'usines, de scieries etc.

[1] Voyez la lettre de M. Cottard, chargé des fonctions de recteur en 1827, à la Société d'encouragement de Paris.

[2] Voyez liv. III.

Les femmes de M. R..... et de l'ancien agent M. M..... ainsi que leur fille étaient au Migliacciaro. Cette société parisienne, la gaîté de ces dames chantant les airs du Gymnase, au fond du Fiumorbo et leur gracieuse hospitalité me charmèrent malgré le gîte de planches où nous étions comme campés. Un mois ne s'était point écoulé que la jeune femme de M. R..... qui le secondait avec un zèle si intelligent, expirait, consumée par l'air insalubre de la plaine et que son époux retournait en France avec son cercueil. L'ancien agent, accusé par de jaloux voisins d'excitation à l'incendie de leurs propriétés, était détenu dans la prison de Bastia où je le visitai, et dont il devait sortir acquitté.

L'abandon des travaux du Migliacciaro serait une calamité pour la Corse qui, avec l'extraordinaire fertilité de quelques points, ne produit pas assez de blé pour sa faible population. Malgré les difficultés d'une telle entreprise à sa naissance, malgré les préventions et le mauvais vouloir des habitans, les résultats obtenus étaient du plus favorable augure, et l'on devrait vivement regretter le morcellement destructeur de ce vaste et beau domaine.

CHAPITRE LXXXV.

Bains de *Pietrapola*. — Promptes guérisons. — Antiquités.

Les bains de Pietrapola, dans un site agreste au milieu de montagnes, manquent de maison. L'aspect est celui d'une sorte de camp d'invalides qui regagneraient leurs tentes en bonnet de nuit, nu-jambes et enveloppés, ruisselans de sueur, dans leurs manteaux ou dans une couverture, au risque de détruire par un coup d'air l'effet du bain. En attendant la maison dont ces eaux sont si dignes, il semble préférable d'emporter une baignoire et de la faire remplir dans sa tente, afin de se coucher aussitôt et d'échapper ainsi au périlleux voyage de la source à la tente. Trois mares publiques d'inégale grandeur et trois baignoires particulières forment tout l'établissement de ces eaux prodigieuses qui rappellent les miracles de l'Évangile. Les eaux de Corse n'ont point les effets lents, incertains, problématiques de beaucoup d'eaux à la mode du continent; leur effet est prompt, immédiat, leur saison très-courte. On dirait que ces eaux participent du caractère puis-

sant et décisif des habitans. Le baron de G.....
hanovrien, beau-frère du consul anglais à Bastia,
après avoir couru la plupart des eaux de l'Europe,
avait été en fort peu de temps guéri par celles
de Pietrapola. J'ai pour ma part éprouvé une
partie de leur vertu, car le bain de dix minutes
que je pris dans la baignoire réservée du brave
lieutenant Laurelli, commandant le détachement
des voltigeurs corses [1], eut un très-bon effet sur
les petites infirmités inséparables d'un long voyage
à cheval.

La chaleur des eaux de Pietrapola, égale à
celle des eaux de Tunis, s'élève à la source
à 46 degrés. Dès le xvi.ᵉ siècle, on y recourait
pour les maladies de nerfs et les maux de tête et
d'oreilles. Aujourd'hui ces eaux sont de plus regardées comme très-salutaires dans les maladies
chroniques, les paralysies, les rhumatismes et
les maladies cutanées. Leur efficacité a été reconnue des médecins français et italiens qui ont
pu les analyser, et l'illustre Vacca y a souvent
renvoyé des Corses qui avaient cru devoir aller
prendre les eaux de Toscane très-inférieures,

[1] M. Laurelli, homme très-influent sur l'esprit des paysans du Fiumorbo, fut quelque temps contumace, par suite d'une calomnieuse dénonciation; il se constitua prisonnier en 1823, et obtint de M. de Montélégier, un brevet d'officier, marque de confiance qu'il a depuis justifiée.

mais beaucoup mieux logées. La création d'un établissement aux frais de l'État finirait par devenir une mesure économique; on y enverrait sans rien payer les soldats malades, selon le plan de Volney, écrivain partial contre la Corse, mais que la vertu des eaux de Pietrapola a toutefois désarmé.

Quelques solides restes de constructions enfouies sont des débris de thermes romains. On a prétendu même que le nom de Pietrapola fut celui d'une matrone romaine qui était venue fonder là divers établissemens. Il parait que Pietrapola est le nom d'une petite ville antique et voisine, détruite par les invasions barbaresques.

CHAPITRE LXXXVI.

Civilisation du *Fiumorbo*. — Premier discours d'un curé. — Frères des écoles chrétiennes. — Garnison de *Prunelli* — Lucquois. — Vue.

Le Fiumorbo doit son nom au torrent qui, barré par des montagnes, roule comme au hasard avant de tomber dans la mer, et qui a mérité par son cours incertain le surnom poétique de Fleuve-Aveugle, (*Fium'orbo*).

Cette contrée, d'un aspect si sauvage, n'était pas autrefois moins pittoresque de mœurs ; ses paysans pouvaient être cités pour la grossièreté de leurs usages, leurs superstitions et leur opiniâtre esprit d'opposition et d'indépendance, comme les Bas-Bretons de la Corse. On m'a raconté le prône suivant d'un curé de Poggio di Nazza, arrivant alors dans sa paroisse : « Je sais, dit-il aux « paysans, que vous êtes d'assez mauvais chré- « tiens et que vous ne vous souciez guère de « votre curé, mais j'ai de quoi vous mettre à la « raison. » Puis posant son fusil contre l'autel, « Voici le Père, » dit-il, et plaçant son pistolet sur le même autel, « Voici le Fils, et si cela ne

« suffit point, » ajouta-t-il, en tirant son stylet, « Voici le Saint-Esprit. » Cette définition nouvelle de la Trinité, moins profonde que celle du Génie du Christianisme, convint à ces paroissiens, et ils vécurent toujours en parfaite intelligence avec leur curé. Les curés actuels du Fiumorbo ne ressemblent point à ce belliqueux raisonneur; ce sont de bons ecclésiastiques s'acquittant très-bien des soins de leur ministère, et le curé d'Isolaccio particulièrement est estimé comme un homme à la fois instruit et évangélique.

Depuis vingt années, le Fiumorbo a été complétement civilisé ; il est aujourd'hui fort tranquille ; on y voyage agréablement, et les enfans vous saluent en français. Et à qui, demandera-t-on, est dû un pareil prodige ? Ce n'est ni aux circulaires ministérielles, ni aux tournées des préfets ou des sous-préfets ; mais ce bienfait a été opéré par les frères des écoles chrétiennes d'Isolaccio et par la garnison de Prunelli. La discipline religieuse et militaire pouvait seule être comprise et triompher de la barbarie de tels hommes. Les frères ont obtenu en Corse une approbation, une estime et un respect universels, tandis que l'enseignement mutuel insuffisant, inapplicable, peu considéré, y a presque avorté. La garnison de Prunelli fut d'abord vue avec quelque méfiance par les habitans ;

ils n'avaient pu oublier l'attentat du général Morand qui fit un jour enlever par trahison et garotter cent soixante de leurs compatriotes y compris le juge de paix et le maire : dix avaient été fusillés ; le reste déporté dans les prisons d'Embrun y périt du climat et des mauvais traitemens, à l'exception d'une dizaine qui revirent leurs montagnes après que la Corse eut été affranchie du pachalisme de Morand. Maintenant le départ de la garnison exciterait de vifs regrets; car depuis son établissement, la population s'est accrue et de nombreuses maisons se sont élevées à Prunelli.

La civilisation par le soldat, une des meilleures et des plus sûres, est particulièrement applicable à la Corse; elle y popularise l'usage de la langue française; elle donne l'habitude de l'ordre, de la propreté, et le soldat qui a été laboureur apprend aux paysans ce qui se fait chez lui. Parmi les sages mesures prises sous Louis XV et Louis XVI en faveur de la Corse, on doit remarquer les congés accordés aux soldats qui s'étaient mariés dans le pays. Ces mariages ont produit des familles d'artisans et de cultivateurs dont les noms français se retrouvent encore aujourd'hui, et ils seraient plus que jamais utiles à l'industrie et à l'agriculture de l'île sans nuire à la France qui a surabondance d'hommes. Un des premiers et des plus justes moyens d'amélioration à l'égard de la Corse serait d'y entretenir deux régimens au lieu du seul que j'y ai trouvé ; elle en avait eu jusqu'à trois et jamais moins de deux. Il est vrai qu'on avait eu l'inadvertance d'y envoyer des Suisses qui durent donner une singulière idée de notre français. L'emploi des soldats aux routes, dont l'utilité a été contestée sur le continent, semble n'offrir dans ce pays que des avantages, et il eut de très-bons effets sous Louis XVI. Il vient d'être avec beaucoup de raison proposé pour l'achèvement des nouvelles routes [1]. Ces soldats, s'ils étaient assez nombreux, pourraient être encore appliqués aux travaux de la moisson, et dispenser de l'appel ruineux des Lucquois [2].

A défaut des régimens qui manquent, on doit regarder l'envoi de détachemens jusque dans les plus petits villages, comme une des excellentes mesures dues au zèle éclairé du dernier gouverneur, le brave général Lallemand, homme d'un

---

[1] Voyez le discours du ministre du commerce et des travaux publics à la chambre des Députés, séance du 24 janvier 1837.

[2] Le nombre de ces étrangers qui n'est aujourd'hui que d'à-peu-près mille six cents, était de quatre à cinq mille du temps de l'abbé Gaudin. Chaque Lucquois retournait alors chez lui avec environ 48 livres ; la somme est maintenant plus que doublée ; le total emporté par ces travailleurs étrangers s'élève à 166,000 francs par année.

noble et généreux caractère, proscrit revenu modéré, qui par l'urbanité, la courtoisie de ses manières, a mérité l'estime de tout ce qui a quelque valeur en Corse.

Je crois devoir compléter ce tableau de la civilisation militaire en rappelant les services rendus à la Corse par d'anciens officiers de la grande armée, rentrés chez eux et nommés maires de leurs communes, gens pleins de sens, de droiture, d'intelligence et de dévoûment au bien public.

La garnison de Prunelli est d'une centaine d'hommes qui ne peuvent pas tous tenir à la caserne; un tiers environ loge dans le village dont la population est d'à-peu-près quatre cents habitans.

La vue remarquable embrasse les trois étangs d'Urbino, de Diana, de Palo, la mer, et jusqu'au rocher désert de *Monte Christo*, île appelée par les anciens *mont de Jupiter*.

ALÉRIA.

CHAPITRE LXXXVII.

Vadina. — *Aléria.* — Étang de Diana. — Huitres. — Plaine d'Aléria. — Le roi Théodore.

Avant d'arriver à la plaine d'Aléria, je rencontrai sur ma route Vadina, autrefois ferme et domaine considérable, maintenant dégradé et livré à des paysans de la montagne qui faisaient la moisson. Ces cultivateurs ambulans et temporaires expliquent les faibles progrès de l'agriculture ; elle serait bien plus avancée, si l'insalubrité de l'air ne rendait impossible la résidence sur le sol.

Les ruines de Mariana et d'Aléria sont les seules antiquités romaines de quelque célébrité en Corse. Les Romains paraissent avoir dédaigné d'orner cette colonie qu'ils possédèrent si longtemps, des monumens d'utilité et de magnificence qui signalèrent presque en tous lieux leur passage. Les trente-trois cités et les deux colonies romaines annoncées par Pline, peuvent très-bien être contestées puisqu'aucun reste ne les indique, que Strabon n'en a point parlé, et que Pline lui-même ne les nomme point. Mariana avait été fondée par Marius, Aléria le fut par Sylla. Il est remarquable de rencontrer les deux terribles proscripteurs dans ce pays sauvage et chez cette âpre nation. Il ne reste absolument rien de Mariana. Les rares et incertains débris d'Aléria consisteraient en une maison prétoriale dite par les paysans *Casa reale*, une espèce de cirque à-peu-près imperceptible, quelques traces des murs d'enceinte, et un fossé; mais aucun monument de l'art n'a été trouvé parmi ces ruines.

L'étang de Diana, barré par le sable, parait avoir servi de port à Aléria, ainsi que l'indiquent encore les gros anneaux de fer fixés sur ses bords. Il est aujourd'hui renommé par ses huitres exquises et d'une grosseur extraordinaire.

A la fin du XIIIe siècle, Aléria n'était pas encore entièrement détruite, l'évêque y résidait ainsi que la famille des Cortinco qui était la plus puissante de la partie cismontaine de l'île; ce fut cette famille qui, dévouée aux Génois, les introduisit dans l'île.

La plage occupée par Marius et Sylla fut depuis le burlesque théâtre de deux débarquemens et d'un rembarquement de ce baron de Westphalie.

Newhoff, dit le roi Théodore, aventurier couronné, ami de Law, fastueux, beau parleur, libertin, enfermé pour dettes en Hollande, mort dans un grenier de Londres et illustré par le souper des six rois de Candide à Venise, et par le libretto de Casti et la musique de Paisiello.

La plaine d'Aléria longue d'à-peu-près trente lieues sur deux ou trois de large, une des plus fertiles du monde, pourrait nourrir au-delà de cent mille habitans. Le climat doux, sans hiver, permettrait d'y cultiver même les plantes des Tropiques. Cette superbe plaine, au bord de la mer, est environnée de hautes montagnes, parsemée de légères inégalités et ondulations qui la sauvent de la triste uniformité des plaines. On y sent comme sur la côte sarde de Terra-Nova [1], l'ancien emplacement d'une cité puissante. Je n'eus que trop le loisir d'admirer cette plaine pittoresque, ayant erré tout le soir, au soleil couchant, afin de trouver un gîte et un souper, depuis la Casabianda jusqu'au fort d'Aléria et à la maison du receveur des douanes. Les quinze soldats que l'on isole sur ce point et qui seraient beaucoup plus utiles dans l'intérieur, avaient été obligés de quitter le fort comme il arrive chaque année, à cause de l'insalubrité de l'air, et le receveur n'a-

---

[1] Voyez livre III.

vait qu'une unique chambre dont, malgré sa politesse, je me gardai bien de le priver. Il semble que dans une île où l'hospitalité est à la fois nécessaire et dans les mœurs, l'administration pourrait s'y associer en logeant un peu moins à l'étroit ses préposés lorsqu'ils résident au milieu de pareils déserts. Un italien fugitif de Modène, qui exploitait le liége des montagnes voisines, voulut bien m'offrir un matelas sur lequel je dormis plus tranquillement que le sanglant fondateur d'Aléria; mais le réveil fut affreux.

CHAPITRE LXXXVIII.

Ma cécité.

Depuis cinq mois, je parcourais à cheval les montagnes de la Corse et les plaines de la Sardaigne, m'enivrant du beau soleil qui les éclaire. Je n'avais pu me résoudre à l'obscurcir par les verres bleus, verts ou gris de nos besicles [1]. Mes yeux presque épuisés par ces jouissances se trouvèrent chargés de nuages à mon réveil à l'espèce de bivouac d'Aléria. Je me voyais arraché à mes travaux, à ces monumens de l'Italie, au milieu desquels je vivais depuis huit années par mes études et mes voyages, et je me sentais comme frappé d'une captivité, d'une mort subite. Je ne conservai qu'une demi-lueur qui eût été insuffisante pour examiner les détails des monumens de l'art, mais qui me laissait encore découvrir les grandes scènes de la nature. Je continuai donc ma route ne manquant à aucun des devoirs de

---

[1] J'ai vu depuis à Florence, chez un opticien, des conserves dont les verres étaient garnis de chaque côté d'un double crêpe noir et qui étaient fort à l'usage des Anglais. Il semble en vérité, que ce n'est guère la peine d'aller en Italie pour apercevoir ainsi son soleil.

voyageur que je m'étais imposés. Ma vue n'éprouva quelque amélioration sensible que le surlendemain à la Porta.

Après plus de deux années de consultations, après avoir passé par les traitemens de la science et de l'empirisme, mes yeux qui s'étaient un moment dessillés sous le ciel riant de la Toscane et à l'aspect de ses chefs-d'œuvre, ne m'ont point été rendus; l'invincible cataracte a repris son cours, et il ne me reste plus qu'à me confier au temps et à la providence.

CHAPITRE LXXXIX.

Cervione. — Vin. — Du rétablissement de la sous-préfecture. — Église *Sainte-Christine*.

J'ARRIVAI presque à tâtons à Cervione, petite ville pittoresquement située à mi-côte au milieu de bois d'oliviers et de châtaigniers : l'éclatante verdure de ces derniers, reflétée sur du gazon, ranimait, réjouissait mes yeux affaiblis. Un accueil plein de grâces et de bonté m'a laissé de vifs souvenirs. La société de Cervione est agréable, l'eau excellente, et son vin passe pour le meilleur de l'île.

Cervione industrieuse, en progrès, qui compte plus de mille quatre cents habitans, une des deux sous-préfectures supprimées si mal à propos sous l'Empire, était fort digne de l'honneur dont elle fut privée. Son rétablissement ainsi que celui du tribunal consenti en 1820 par la chambre des Députés, échoua devant la chambre des Pairs égarée sans doute par d'injustes préventions. Il est au nombre des mesures d'amélioration à prendre envers la Corse.

L'église Sainte-Christine, au-dessous de Cervione, est une de ces anciennes églises dont l'origine est ignorée et attribuée vulgairement en Corse aux Sarrasins. Construite en pierres blanches et cubiques, la disposition du plan est singulière : elle présente la forme d'un tau ; à la place du maître-autel, il y a deux autels surmontés de deux colossales figures du Sauveur, avec la date de 1473, aussi sculptée en pierre à la façade. L'intérieur est couvert de grossières peintures qui contrastent avec cette belle date de 1473 illustrée déjà par tant de chefs-d'œuvre des maîtres toscans.

CHAPITRE XC.

Piedicroce d'Orezza. — Bains. — Vert antique. — Amiante. — Muletiers. — Industrie. — Route.

On arrive par une route romantique au milieu de montagnes plantées d'énormes châtaigniers, traversées par des torrens, à Piedicroce d'Orezza, village renommé par ses eaux acidules, son vert antique et son amiante. Telle est la longueur de celui-ci, que Pline regardait déjà comme le meilleur, qu'il pourrait très-bien réaliser les projets de ce bon feu M. Aldini de Bologne sur l'habillement complet à donner aux pompiers pendant leurs périlleuses expéditions.

Malgré ma demi-cécité, je descendis dans le lit du Fiumalto, long torrent qui roule à travers toutes ces montagnes et tombe dans la mer, afin de contempler un bloc superbe de ce vert de Corse que j'avais admiré si bien travaillé, si brillant, dans la chapelle des Médicis de Florence. Je le lavai, je le baignai, car on sait que l'eau donne un moment à ces riches minéraux l'éclat du plus parfait poli. Les vallées d'Orezza appelées avec enthousiasme par le savant ingénieur

M. Gueymard, *l'Elysée de la Géologie* produisent abondamment, aussi bien que le torrent, ce plus beau de nos marbres; qui pourrait servir à la construction des plus grandioses édifices et à la confection de vases, de tables, de candélabres les plus élégans. M. Gueymard a proposé d'établir des scieries sur le Fiumalto, qui exploiteraient successivement les divers blocs du torrent, splendide industrie dont la matière se renouvelle sans cesse et qui n'aurait pas de fin.

Les eaux ferrugineuses et gazeuses d'Orezza malgré leurs prodiges manquent de maison, et se prennent rustiquement sous des tentes de feuillage. Leurs propriétés sont vraiment innombrables selon les médecins : apéritives, diurétiques, toniques, elles passent encore pour efficaces contre les affections chroniques de l'estomac, l'atonie, les maladies cutanées, la goutte, l'hystérie, les obstructions et les hémorroïdes. Tel est le montant de ces eaux que, prises à la source, elles brisent les bouteilles ou font sauter le bouchon.

Les habitans du canton d'Orezza sont cités pour la joyeuseté de leur humeur, la vivacité des saillies et des réparties. Le facétieux Minuto Grosso, espèce de Falstaff corse, qui tant de fois dérida le front soucieux de Paoli, appartenait à ce canton. La race des muletiers d'Orezza, surtout quand elle est en pointe de vin, a dans le genre grivois une réputation particulière, et elle ne serait point indigne de figurer à la suite des sublimes muletiers de Don Quichotte et de Gilblas.

Le pays est fort commerçant; Filippini vantait l'industrie des habitans livrés au trafic des draps, des tissus et des chaussures. On y fabrique aujourd'hui des chaises, des selles, des faucilles, des cuillers et des fourchettes de bois, et malheureusement encore des stylets.

L'ancienne route qui mène à Bastia, *lo Stradone*, ainsi nommée du temps où probablement elle était la seule de l'île, est fort animée. Les petits marchands, les gais muletiers, ou quelque heureux malade guéri par les eaux d'Orezza, quelquefois même contre l'attente des médecins, la parcourent perpétuellement. On voit par l'activité qui règne sur cette route, que si la Corse en possédait un plus grand nombre, le peuple y serait fort capable de commerce et d'industrie. Déjà l'espoir des nouvelles routes royales votées en 1836 a imprimé le plus vif élan aux communes; elles s'empressent d'ouvrir des chemins pour correspondre à ces canaux de la civilisation, et elles sont animées par la présence du préfet dont le zèle ardent, agité, trouvera ici à s'exercer utilement.

CHAPITRE XCI.

La Porta. — Eaux gazeuses. — Église. — Curé. — Chapelle *Saint-Louis*. — Mgr Sébastiani. — Maison de MM. Sébastiani. — Pont.

La Porta, qui n'a qu'un peu plus de six cents habitans, est située au pied du mont Sampietro; son vallon boisé, assez riant, paraît un séjour peu agréable : on y étouffe l'été, et l'hiver y est glacial. La vertu de ces eaux gazeuses y attire du monde pendant la belle saison.

La paroisse, avec son haut campanile, a le même genre de splendeur que les petites églises italiennes. Sa visite m'offrit un nouveau trait de la dignité du peuple en Corse et de son mépris de l'argent [1]. Il n'était pas cinq heures du matin lorsque je fis éveiller le sacristain pour m'ouvrir les portes de l'église. D'après mes habitudes d'Italie et le paul de rigueur accordé à tout douanier, sacristain, custode et autres gens incorruptibles, je crus devoir glisser dans la main du Corse, un demi-franc qu'il refusa nettement malgré mon instance, et laissa tomber à terre. Le petit salaire

---

[1] Voyez ci-dessus les chap. xix et lxxxiv.

était cependant bien acquis, puisque la nécessité de monter à cheval et de me mettre en route avant la grande chaleur m'avait obligé de déranger cet homme à une heure indue.

Le curé sorte de prélat, renommé pour son bel extérieur, a été chanté agréablement par l'auteur du poëme héroï-comique de la *Dionomachia*.

Di paffuta beltà questi è un modello ;
E gran sorte è per noi che, s'egli muore,
Non perderem la razza d'uom si bello.
Sa il Francese, e l'insegna alle signore ;
Ma della lingua delle genti dotte
Apprese appena infino al qui que quotte.
. . . .
. . . .
. . . .
. . . .
Arriva al Borgo il Provicario bello,
Ed accorse ogni femmina a vedello.

Cortese a' baci lor la mano ei stende,
E porge anco a baciare a quella e a questa
Un sacro anel, ch'all oriol gli pende ;
Con gentili accoglienze in tutte desta
Un segreto desio spirituale
Di far da lui la confession pasquale [1].

---

[1] *Dionomachia.* Cant. VII, st. 13, 14, 15. Celui-ci est un modèle de beauté et de fraîcheur ; et il est heureux pour nous que s'il vient à mourir, nous ne perdions pas la race d'un si bel homme. Il sait le français et l'enseigne aux dames, mais de la langue des savans il put à peine apprendre le *qui quæ quod*..........
Le beau vicaire arrive au Borgo, et toute la gent féminine accourt pour le voir. Il leur tend gracieusement une main à baiser, et

Ce gracieux curé, cousin de MM. Sébastiani dont la Porta est la patrie, a eu le tort et le mauvais goût de se faire leur ennemi. Il ne peut leur pardonner de ne lui avoir pas obtenu l'évêché d'Ajaccio, s'imaginant peut-être qu'un évêque se nomme comme un maire ou un juge de paix. Dans son dépit, il a été dit-on, jusqu'à renvoyer au général Horace son portrait, et pour rendre le tour plus sanglant, il a cru devoir couper le nez à cette grave figure. Il vote aux élections de la Porta contre ses parens et ses premiers protecteurs auxquels on pourrait dire avec Mithridate :

Tes plus grands ennemis, Rome, sont à *la porte*.

Sur la hauteur, une chapelle a été consacrée à son grand patron par le dernier évêque d'Ajaccio, Louis Sébastiani, oncle des deux généraux, promu dès 1802 et mort il y a quelques années, prélat versatile dont les mandemens pour Napoléon ou la Restauration, furent tour-à-tour un peu trop enthousiastes. La longue et faible administration de M.gr Sébastiani a fait à la religion de ce vaste et difficile diocèse une plaie profonde : le choix des curés et toutes les nominations étaient sous l'in-

---

livre même aux lèvres de celle-ci et de celle-là, un anneau sacré qui pend à sa montre. Un si gentil accueil fait naître au cœur de chacune un pieux et secret désir de faire au vicaire la confession pascale.

fluence de l'avide nièce de l'évêque, sœur du curé de la Porta, la signora Angela Santa, véritable Donna Olimpia Maidalchini de la Corse, moins la villa Pamfili.

J'ai visité la maison paternelle de MM. Sébastiani, alors habitée par leur mère, femme respectée pour ses qualités et ses bonnes œuvres, qui, à près de quatre-vingts ans, jouissait de toutes ses facultés et faisait encore fort lestement à cheval le voyage de la Porta à Bastia. La simplicité de cette demeure me rappelait celle d'Alata [1]. La vue des modestes maisons corses de MM. Pozzo et Sébastiani, hôtes magnifiques des plus brillans hôtels de Londres et de Paris, vous frappe ; on sent là tout le mérite de pareils hommes, et il y a loin de ces noires et petites habitations de village, jetées à la cime d'une montagne ou au fond d'une vallée, aux deux hôtels des Champs-Élysées, ou de Piccadilly et de Manchester Square.

Le pont de la Porta au milieu de bois sur un torrent, pittoresque, est un noble et utile présent de M. le général Horace Sébastiani à sa patrie.

[1] Voyez ci-dessus, chap. LVII.

CHAPITRE XCII.

Gavignano. — *Te Deum* pour la fin d'une *vendetta*.

La commune de Gavignano près la Porta, d'environ cinq cents habitans, était à mon passage livrée aux *vendette :* tout le monde se renfermait chez soi ; les fenêtres étaient crénelées, les enfans même ne pouvaient aller à l'école, et le dimanche la messe était déserte. Ces ardentes *vendette* furent peu de temps après apaisées par l'habile et généreuse intervention de M. le général Lallemand, lors de sa tournée dans l'arrondissement de Corte au mois d'octobre 1834. Un traité fut conclu entre les deux principales familles, les Mattei et les Giampietri, qui s'embrassèrent en présence du général et jurèrent de marcher désormais sans armes sur leur territoire, exemple qui suivi, pourrait seul amener le repos de la Corse. Le soir, un *Te Deum* solennel fut chanté dans l'église de Gavignano pour célébrer et sanctionner cette paix, comme entre deux puissances.

CHAPITRE XCIII.

Morosaglia. — Couvent. — Clément Paoli. — Franciscains patriotes. — Vue.

Morosaglia, village de six cents habitans, illustre par la naissance et le séjour de Paoli, était avant la conquête génoise, le lieu d'assemblée des consultes de la nation, glorieuse vallée dite *il piano di Morosaglia.* Il est remarquable de voir naître, après quatre siècles, sur cet antique théâtre des libertés de la Corse, l'homme généreux qui devait un jour l'affranchir.

L'ancien et vaste couvent des Franciscains, résidence d'été de Paoli pendant la guerre de l'indépendance, est aujourd'hui propriété communale. L'école élémentaire fondée par le testament de Paoli, zélé jusqu'à sa dernière heure pour l'instruction de ses compatriotes, y est établie ainsi que la justice de paix et la gendarmerie. On suit à l'école la méthode de l'enseignement mutuel ; le nombre des élèves est de deux cents, y compris ceux de l'école supérieure élémentaire.

Les trois ou quatre cellules qui formaient l'appartement de Clément Paoli, et dans lequel mourut à la fin de 1793, chargé d'années, et pleuré de tous ses concitoyens, ce brave et pieux patriote,

Bayard de l'indépendance Corse, sont occupées par la gendarmerie. Clément Paoli, appelé dès 1753 au *magistrato supremo*, conseil formé de quatre membres, refusa avec modestie d'être général de l'insurrection disant qu'il était plus propre à porter un fusil qu'à commander une armée. Il invita le conseil à députer à Naples le fameux chanoine Orticoni qui ramena Pascal Paoli dont Clément devint comme le bras. Ce chef militaire était affilié au tiers-ordre franciscain, et en remplissait les pratiques. Telle était la mysticité de son maintien que le poëte de la Dionomachia a pu dire :

> *Ei mentre l'infallibile moschetto*
> *Al nemico drizzava, in aria pia*
> *Parea dir : requie eterna Iddio ti dia* [1].

Clément Paoli sut habilement profiter de l'ascendant des moines qui peuvent être comptés parmi les premiers et les plus ardens excitateurs de l'insurrection. Le clergé et les autres ordres religieux ne développèrent pas un moindre patriotisme : les ustensiles du culte étaient offerts pour être convertis en monnaie et en canons ; le père Léonard de Campoloro, professeur à l'université de Corte, avait écrit dans un livre d'ins-

---

[1] *Cant.* ii, st. 49. « Clément, lorsqu'il ajustait l'ennemi, de sa
« carabine infaillible, semblait dire d'un air pieux : Que Dieu te
« donne le repos éternel. »

truction primaire que ceux qui mouraient pour la liberté devenaient élus et martyrs, et Frà Filippo Bernardi criait de sa chaire que quiconque tuait un Génois, effaçait tous ses péchés. Vingt théologiens corses avaient déclaré sainte la révolte de 1729. Un d'eux, le père Bernard de Casacconi capucin, fait prisonnier et exposé aux injures populaires sur la place de Bastia, ne cessa de protester de la justice de sa cause, et envoyé à Gênes pour être condamné, il y tint le même langage. Il eût été mis à mort sans l'intercession du légat, de l'archevêque et du pape qui lui donna un asile à Rome. Le marquis de Maillebois employa même un expédient bizarre pour faciliter sa conquête; ce fut d'appeler dans l'île des capucins français chargés de tempérer la fougue indépendante de leurs frères corses.

Le couvent des franciscains a réuni d'illustres hôtes, puisqu'il fut habité par Paoli, Pozzo di Borgo, Lucien Bonaparte et Napoléon qui vint en 1790, y visiter Paoli dont l'esprit pénétrant, avait pressenti le génie et les hautes destinées de son jeune compatriote.

La vue du couvent est belle; d'un côté s'étend un immence rideau de châtaigniers, et de l'autre, une ligne de montagnes élevées, légères, parmi lesquelles domine le Monterotondo.

CHAPITRE XCIV.

Maison de Paoli. — Fontaine *del melo*. — Paysans. — Exemplaire des œuvres d'Alfieri envoyé à Paoli et inscription. — Selle du dey de Tunis. — Épée de Frédéric. — Gloire de Paoli.

La maison de Paoli à Morosaglia pose sur un coteau, environné de montagnes boisées; au-devant roule et se précipite un limpide ruisseau. La maison avait une petite chapelle. On montre l'étroite chambre où naquit Paoli; un nouvel escalier de pierre a été commencé; l'ancien, de bois, est une espèce d'échelle. Les vieillards du lieu racontent que lorsqu'il revint de Naples, son frère Clément ayant cru devoir faire mettre des vitres, il les cassa avec sa canne, et dit qu'il n'y en avait point quant il était parti. L'aspect de la maison n'est point changé, mais on regrette qu'elle soit aussi mal entretenue par le propriétaire, mari d'une nièce de Paoli, qui a de la fortune et vient quelquefois l'habiter. Un tel monument domestique et national méritait le culte d'un vrai Corse et il ne devrait pas être ainsi négligé.

L'eau de Morosaglia est excellente. A la fontaine *del melo* (du pommier), elle coule avec abondance par un canal et dans un bassin, tous deux taillés dans le roc.

Les paysans de ce canton de Rostino, aisés, intelligens, que Paoli traitait familièrement [1], et qui vénèrent sa mémoire, ont conservé, par tradition, un certain reflet des hommes distingués qui se groupaient autour de lui. Ils n'ont point oublié que Paoli, qui portait ordinairement un habit de drap vert avec un galon d'or, paraissait dans ses visites chez eux et chez les monta-

---

[1] On trouve sur ces entretiens de Paoli et l'adresse qu'il mettait à maintenir sa popularité, le détail suivant dans les récens et honorables *Mémoires* de M. Lucien Bonaparte. « Tous les jours une foule
« nombreuse de montagnards attendaient le moment de sa prome-
« nade pour le voir et pour lui parler ; ils l'environnaient avec un
« respect filial. Lui, parlait à tous comme un bon père, et ce qui me
« causa d'abord une extrême surprise, il reconnaissait et appelait
« par leurs noms des chefs de famille qu'il n'avait pas vus depuis
« un quart de siècle. Cet appel, cette souvenance produisaient sur
« nos insulaires un effet magique..... La même scène jouée plu-
« sieurs fois à chaque promenade et presque dans les mêmes ter-
« mes finit par m'inspirer des doutes. Je commençai à observer
« les préparatifs de la scène journalière. Un moine allait toujours
« dans le cabinet de Paoli avant sa promenade ; je le suivis avec
« malice, et je le vis, plusieurs jours de suite descendre au milieu
« de la foule et causer avec les plus apparens de ceux qui atten-
« daient l'audience. Je fus sur la voie de la découverte. Il me parut
« évident que le moine précurseur suppléait par son rapport confi-
« dentiel à la mémoire du patron. »

gnards, vêtu à la Corse et avec une veste de laine commune. Le souvenir de l'illustre chef anime, peuple, vivifie toute la contrée.

J'ai été assez heureux pour retrouver à Morosaglia l'exemplaire des œuvres d'Alfieri qu'il avait envoyé à Paoli, exemplaire disparu dans le pillage de l'appartement qu'il avait au couvent, et que l'on croyait détruit. Ce pillage avait eu lieu en 1796 avant l'occupation du couvent par les soldats républicains : les paysans craignant qu'ils ne s'emparassent des effets de Paoli, s'étaient par dévoûment pour lui, mis à piller sa maison, et à soustraire les pièces qui auraient pu exposer ses partisans. Paoli n'avait sur ce point aucune prudence, et l'on dit même qu'il aimait assez à compromettre son monde. Les divers volumes de cette édition ont été cédés par un paysan à M. Polidori, jeune avocat, fils du juge de paix de Morosaglia, digne de les posséder. Il ne lui manquait qu'un volume qui était dans le pays, et il espérait bientôt, comme on dit, se compléter. C'est l'édition incorrecte de Didot, 1788, avec son premier volume *di scarto* (de rebut), dont les fautes faisaient faire à Alfieri, *del sangue verde*, selon la vive expression italienne.

L'envoi et les vers ne se lisent qu'en tête de la tragédie de Timoléon dédiée par Alfieri à Paoli.

En voici le texte curieux, jusqu'ici inédit [1] :

All'egregio Corso, de'nuovi Francesi
Fattosi compagno, e maestro.
Tu invan col brando, ed io con penna, invano,
Paoli, destar l'Italia un dì tentammo :
Vedi or, se accenna i sensi tuoi mia mano.

V. A.

Parigi, di 11 aprile 1790 [2].

On peut remarquer ici qu'indépendamment de la sympathie et de l'énergie des principes, il y avait quelque ressemblance extérieure entre Alfieri et Paoli, par les yeux, le front, la couleur des cheveux et la haute stature.

La gloire de Paoli célébrée par les poëtes et les philosophes, avait parlé même au cœur d'un barbare. Une selle tissue d'or et d'argent, un superbe cheval, un tigre, deux autruches, une paire de pistolets et un sabre garni de diamans furent solennellement offerts à Paoli dans le palais de Corte

---

[1] L'auteur a également donné le premier, l'épitaphe consacrée par Alfieri à son ami Gori-Gandellini. Voyez les *Voyages historiques et littéraires en Italie*, liv. XI, chap. xii.

[2] « A l'illustre Corse qui, des nouveaux Français, s'est fait compagnon et maître. En vain, Paoli, de ton épée, en vain de ma plume, nous tentâmes un jour de réveiller l'Italie : vois maintenant si ma main retrace ta généreuse pensée. Victor Alfieri. Paris, 11 avril 1790. »

par un ambassadeur du bey de Tunis reconnaissant de ce qu'il avait fait réparer un navire naufragé de la régence, et restituer à l'équipage les objets enlevés par les habitans de la Balagne. Cette selle magnifique avait aussi disparu dans le pillage sentimental des paysans; ils l'ont depuis rendue à sa famille ainsi que plusieurs autres effets.

Le sort de l'épée que lui offrit le grand Frédéric et qui portait pour inscription les mots : *pugna pro patria* [1], a été moins heureux : cette noble épée tomba entre les mains de Salicetti qui la conserva jusqu'à sa mort; elle a dû passer à ses héritiers. Frédéric paraît toutefois s'être mépris dans une partie de son enthousiasme lorsqu'il appelle Paoli « Le premier capitaine de l'Europe. » Paoli était plutôt, ainsi qu'on l'a vu, habile administrateur et grand homme d'état. Voltaire, sans être homme de guerre, l'a infiniment mieux jugé que Frédéric : « Paoli, dit-il avec une admi-
« rable justesse, était plus législateur que guer-
« rier; son courage était dans l'esprit. »

J'aime à m'étendre, à revenir sur Paoli, sur ce

---

[1] « Combats pour la patrie. » Cette inscription est la même que celle des huit brillans étendards envoyés par Catherine de Médicis à Sampiero après les succès qui signalèrent le commencement de sa dernière expédition.

caractère digne de Plutarque, mélange heureux de vertus antiques et d'idées nouvelles. Malgré la renommée de Napoléon, Paoli est resté le héros national, l'homme de la Corse : Napoléon n'est que l'homme du monde.

CHAPITRE XCV.

Château de *Serravalle*. — *Golo*. — *Pontenuovo*. — *Pastoreccia*. — Bataille de Pontenuovo.

A une demi-lieue de la route de Corte, on aperçoit les restes de l'ancien et pittoresque château de Serravalle, construit vers la fin du ix.ᵉ siècle ; il domine la vallée de Deza et le village de Piedigriggio, et paraît assez fort pour le temps. Ses murs sont encore debout, et de tous les vieux manoirs de l'île, il est peut-être le plus vaste et le moins délabré. On lui donne pour fondateur un descendant d'Amondo Nasica, le prétendu compagnon d'Hugues Colonna. Ce nom romain de Nasica existe encore aujourd'hui en Corse et il est porté par un honorable magistrat, homme de science et de conscience, M. Nasica, président du tribunal de Corte.

Le Golo, la première rivière de la Corse, n'est qu'une sorte de torrent qui roule le plus souvent entre des rochers, et au fond d'une humide et insalubre vallée.

Sur cette rivière est le long pont, dit Pontenuovo, et à côté une petite caserne crénelée occupée pendant l'hiver par la gendarmerie qui l'été se réfugie dans la montagne à Pastoreccia village d'à-peu-près cinq cents habitans, Pontenuovo étant un des points les plus malsains de l'île.

Ces bords furent le théâtre des derniers efforts de l'indépendance corse. Malgré l'infériorité des armes et de la discipline, malgré le manque d'argent, de magasins et de places, malgré ses divisions, malgré quelques trahisons achetées, la Corse résista une année à la France qui alors n'avait qu'elle à combattre. Paoli dont le quartier général était à Morosaglia, instruit que l'armée française avait été imprudemment partagée en deux colonnes dont l'une traversait le Nebbio, et l'autre les gorges du Golo, résolut d'attaquer isolément chacune de ces colonnes séparées par un espace de cinq à six lieues coupé de torrens et hérissé de makis. Mais la rapidité des manœuvres françaises, et l'impatience corse qui engagea l'action plutôt que Paoli ne l'avait prescrit, déconcertèrent la sagesse de son plan. La seconde colonne arrivée à l'improviste sur les hauteurs de Lento, les ordres de Paoli furent interceptés, et il cessa de recevoir des nouvelles. Placés entre deux feux, les Corses se retirèrent en désordre vers Pontenuovo afin d'être couverts par le fleuve;

mais le corps d'allemands et de déserteurs, anciens prisonniers passés à leur service, au lieu de les protéger, les chargea rudement sous prétexte d'arrêter la retraite, et un régiment français maître du plateau qui domine le pont et la plaine, tira sur eux presque à bout portant.

Si la fortune manqua aux Corses, le cœur ne leur défaillit point. C'est alors qu'eut lieu cet héroïque expédient de vaincus, digne des Thermopyles : les Corses firent un rempart de leurs morts pour avoir le temps de charger derrière, et les blessés se trainèrent d'eux-mêmes jusque parmi les morts pour raffermir ce sanglant rempart.

Paoli vit le désastre de la route de Rescamone, et quoiqu'il eût bien put tirer encore la guerre en longueur, il sentit que les destinées de sa patrie étaient accomplies. Un mois après, le 13 juin 1769, il s'embarquait à Porto-Vecchio sur deux vaisseaux anglais avec trois cent quarante de ses généreux compagnons, et il arrivait à Livourne.

Les Corses perdirent à ce dernier combat de leur indépendance à-peu-près sept cents hommes. Les morts français furent nombreux et distingués. On remarquait un Bezons, un Chamisso et le capitaine Ségur du régiment de Soubise, jeune officier dont le nom allait bientôt paraître avec éclat dans l'histoire politique, militaire et littéraire de la France. Irrité de ces pertes, M. de Marbeuf qui devait un jour si bien mériter de la Corse, souilla sa victoire : des grenadiers français parcouraient le champ de bataille et achevaient avec ironie leurs ennemis à terre, parmi lesquels durent se trouver quelques uns des immortels blessés, pierres de taille du rempart humain ; le village de Vignale fut brûlé ainsi que le couvent de Lucciana, Marbeuf ne pouvant oublier que l'année précédente, à la bataille de Borgo, les frères avaient tiré de leurs cellules sur les Français, et que c'était peut-être une de ces balles monastiques qui l'avait atteint. Le triomphe de la France produisit à l'étranger une vive indignation, et l'on répandit en Italie l'énergique et injurieux distique :

> *Gallia vicisti! profuso turpiter auro,*
> *Armis pauca, dolo plurima, jure nihil* [1].

---

[1] « France tu as vaincu ! par l'or honteusement répandu ; aux armes tu dois peu, à la ruse beaucoup, au droit rien. »

CASINCA.

CHAPITRE XCVI.

Venzolasca. — Couvent. — Ruines. — Route. — Piliers antiques.

Venzolasca compte près de douze cents habitans. L'ancien couvent des franciscains bâti en pierres de taille, et d'architecture romane, offre un assez beau cortile de dix-huit colonnes. Les moines de Venzolasca étaient des plus anciens de leur ordre, jadis si populaire en Corse, et ils se piquaient de devoir leur fondation à Saint-François lui-même ou au moins à son compagnon le père Parente, depuis général de l'ordre et venu dans l'île en cette qualité. Les franciscains de Corse dont l'énergie et le patriotisme ont été déjà rapportés [1], furent aussi des hommes savans et lettrés. Dès l'année 1645, ils avaient introduit l'usage de soutenir dans des assemblées publiques

[1] Voyez chap. XCIII.

des thèses qui depuis, imprimées, furent louées à Gênes et à Rome.

La campagne offre quelques ruines ; de rares vestiges de la voie romaine conduisent à des piliers près du Golo, donnés dans le pays pour les arches d'un pont antique et qui paraissent plutôt les restes d'un aqueduc.

CHAPITRE XCVII.

Vescovato. — Châtaigniers. — Site. — Église. — Tabernacle. — Représentations théâtrales.

Vescovato, bourg de mille habitans, est la capitale de la Casinca ou Castagniccia, ainsi appelée de ses bois de châtaigniers. Quelques-uns de ses arbres antiques, décrépits, reçoivent dans leurs flancs entr'ouverts jusqu'à dix personnes et poussent encore de profondes racines et de vigoureux rameaux. Ces belles et verdoyantes forêts pourraient donner à la Corse une vaste et utile industrie; le châtaignier est le premier des bois de construction, et Filippini même rapporte que de son temps, on en fabriquait et exportait les plus belles tables du monde. Aujourd'hui cet arbre est plutôt une cause de misère : six châtaigniers et six chèvres suffisent à la subsistance et à l'indépendance du Corse qui ne sent pas le besoin d'une vie meilleure, et flâne armé tout le jour, au lieu de travailler et de cultiver le sol.

La manière de préparer les châtaignes est très-variée en Corse. Outre le pain (*pisticcine grisce*), on en fait de la *polenta*, dure ou liquide, et l'on rapporte que dans le canton d'Alesani, il est d'usage de servir, aux repas de noces, vingt-deux mets différens tous apprêtés avec de la farine de châtaignes.

Vescovato, sur une colline isolée et dominée, est riant par le site, l'abondance de ses eaux et la riche végétation de climats divers, depuis ses robustes châtaigniers jusqu'à l'olivier et l'oranger.

L'église est ancienne. Le beau tabernacle en marbre, cité par Filippini, provient des ruines de Mariana.

Cet agréable bourg de Vescovato dut jouir au XVI.ᵉ siècle d'une sorte de prospérité, si l'on en juge par les jeux scéniques et les spectacles qu'on y célébrait, selon Filippini, au milieu même des désastres de l'île ; brillantes représentations dont les sujets étaient pris à l'histoire sainte ou profane, et qui avaient pour acteurs tous les gens du pays. Mais l'art dramatique paraît avoir été assez stationnaire en Corse, puisque plus d'un siècle après, et lorsque la future métropole de l'île avait déjà produit les merveilles de Britannicus, de Phèdre et d'Athalie, on en était encore aux Mystères de sainte Catherine d'Alexandrie, du martyre de saint Pierre, de la passion de Jésus-Christ, joués à Speloncato, à Lumio et à Cateri.

CHAPITRE XCVIII.

Maison de Filippini. — Sa vigne. — Maison de Ceccaldi. — Murat à Vescovato. — Projet de Jean-Jacques de s'y retirer. — Les Casabianca. — Hérédité, simultanéité des réputations en Corse. — Esprit de famille.

La maison de Filippini qu'occupent des paysans, a été conservée par respect pour sa mémoire ; elle n'a plus que trois étages au lieu de quatre. Cette maison, solidement bâtie, est un modèle curieux de maison corse du xvi.ᵉ siècle ; l'historien s'y trouvait à son aise ; il pouvait y recevoir quelques amis ; elle paraîtrait maintenant fort incommode. Filippini est l'historien populaire de la Corse. Quoique diffus, peu correct, il touche par sa candeur et le sentiment national qui perce à travers sa contrainte et sa circonspection, puisqu'il écrivait sous la domination génoise et qu'il avait été détenu à Gênes comme suspect d'avoir été favorable à l'insurrection de Sampiero. Une des premières questions que fit Napoléon au docteur Antomarchi son compatriote, lorsqu'il vint à Sainte-Hélène, fut : « Avez-vous un Filippini ? »

Vescovato est le lieu de naissance de trois historiens de la Corse du xvi.ᵉ siècle, Monteggiani, incomplet mais sincère, Ceccaldi, chaud, élevé, et Filippini. Un tel nombre d'historiens paraît remarquable pour une île jusque-là assez peu littéraire. L'histoire est de tous les genres d'écrits celui qui se rapproche le plus des actions humaines, et elle a dû être cultivée de préférence chez une pareille nation. La résolution du caractère corse passait facilement à la narration, et le style ressemble aux faits. Le métier d'historien n'était point là toutefois sans quelques risques, et la vigne de Filippini où il composait et qui se voit encore près de Vescovato, est entourée de hautes murailles afin de le préserver des coups de fusil auxquels son livre l'exposait.

La maison de l'historien Ceccaldi, grande, refaite, délabrée, existe encore. Le nom de Ceccaldi a été illustré de nouveau par le brave général André Colonna Ceccaldi, un des premiers chefs de l'insurrection de 1729, digne frère d'armes de Louis Giafferi et de Hyacinthe Paoli [1]. C'est à la suite d'une défaite contre les deux premiers généraux que le général autrichien Wactendock passé au service de Gênes avec quatre mille hommes, écrivant à Daun, gouverneur de Milan, pour lui

---

[1] Voyez l'appendice n.º 8.

demander du renfort, dit qu'il combattait une nation qui ignorait la peur.

De nos jours, cette maison d'un historien a vu et fait de l'histoire. Elle servit d'asile à Murat lorsqu'il vint en Corse en 1815 demander l'hospitalité au général Franceschetti, autrefois colonel de son armée; le général l'occupait encore en 1834, sa femme étant Colonna Ceccaldi, et je l'y visitai [1]. Murat, ce cavalier toujours si bien monté et éperonné, ce paladin à la blanche aigrette qu'il ne quittait jamais devant l'ennemi, fit son entrée à Vescovato sur un mulet, en bonnet de soie noire, sans chapeau, en capote et en guêtres de soldat. Sa grossière chaussure était encore conservée dans cette maison. Heureux s'il avait pu céder aux sages conseils de son hôte et comprendre avant son fatal départ que Naples et lui n'étaient ni Napoléon, ni la France.

C'est à Vescovato qu'un asile fut offert en 1764 par le comte Mathieu Buttafuoco à Jean-Jacques qui avait montré un très-vif désir de s'y retirer, afin d'échapper à ses persécuteurs de la Suisse. Le philosophe génevois, a-t-on répété, avait presque

---

[1] Le général Franceschetti mourut en 1836, ruiné par suite de la résidence de Murat chez lui, et pour l'avoir accompagné dans son expédition de Pizzo. Deux de ses fils admis sous la Restauration à l'école de Saint-Cyr, sont aujourd'hui des officiers distingués.

annoncé la destinée de Napoléon et la gloire de la Corse lorsqu'il avait dit dans le Contrat social, « J'ai quelque pressentiment qu'un jour cette pe-« tite île étonnera l'Europe ; » mais la prétendue prophétie doit plus raisonnablement s'appliquer aux principes de liberté qui régnaient en Corse, et dont il était naturel, possible de prévoir les immenses progrès. Rousseau refusa le plan de législation que Buttafuoco demandait au nom de Paoli pour la Corse ; il ne consentait même à s'y rendre que sous l'étrange condition de ne point entendre parler de ses affaires. Il semble cependant que le sort d'un peuple brave, pauvre, isolé, luttant pour son indépendance et qui accordait une si généreuse hospitalité méritait bien quelque intérêt. L'histoire de l'île était le seul travail auquel Jean-Jacques promettait de se livrer. Cette histoire eût été la quatrième et même la cinquième écrite à Vescovato, puisque Buttafuoco en a laissé une manuscrite, tant l'air de l'endroit est historique.

Vescovato est la patrie d'une famille ancienne et distinguée, appartenant au parti populaire et qui a fourni à notre histoire militaire contemporaine trois de ses plus illustres morts : le capitaine de *l'Orient* qui se fit sauter à la bataille d'Aboukir, son héroïque enfant qui, âgé de onze ans, ne voulut point l'abandonner et périt près de lui, et le jeune et brillant colonel tué à la tête de son régiment dans la campagne de Russie. Le trait du poëte,

Fortes creantur fortibus et bonis,

semble particulièrement applicable aux fortes générations de la Corse; le même nom y est successivement ou simultanément illustré : c'est ainsi qu'elle compte ses trois Sampiero d'Ornano, ses trois Paoli, ses deux Abbatucci, ses deux Cervoni, ses trois Casabianca, ses deux Sébastiani : il faut dans ce pays des titres ou des prénoms à la gloire pour s'y reconnaître. L'esprit de famille est le secret de cette production rapprochée d'hommes remarquables. Là, les existences, les individualités se tiennent et s'appuient, au lieu d'être éparses, isolées, comme parmi notre multitude; il y a des traditions domestiques, et les liens du sang ne se brisent point à chaque pas par l'égoïsme, l'opinion ou la vanité. Si le christianisme, si la chevalerie ont, à des époques diverses, renouvelé la société, l'esprit de famille paraît aujourd'hui à de jeunes sages ne devoir pas lui être moins secourable et moins utile. Cet esprit est le fond des mœurs corses, et s'il était possible d'en corriger les cruels abus, cette île méconnue pourrait servir d'exemple à notre civilisation.

MARANA.

CHAPITRE XCIX.

Mariana. — *Lucciana.* — Aqueduc. — *Canonica.* — *Borgo.* — Église. — Clé vétérinaire. — Bataille. — L'abbé Septembre.

Il ne s'est retrouvé aucun reste de l'antique Mariana détruite par l'invasion des barbares sur ce littoral, et qui n'a laissé de trace que par l'altération de son nom donné au canton.

Lucciana, village très-ancien, de six cents habitans, au fond d'une vallée, théâtre de l'action de la Dionomachia, vivra par les vers du poëte. Lucciana se glorifie de quelques restes d'un aqueduc antique, mais à-peu-près imperceptible.

L'ancienne cathédrale de Mariana, dite aujourd'hui la Canonica, est une ruine curieuse, pittoresque, sur le bord de la mer, encombrée d'herbes et d'arbustes, avec toutes ses colonnes debout, le toit découvert, et des figures d'animaux sculptées à la façade. La disposition est d'architecture gothique, mais les arcades de l'intérieur sont grecques et d'ordre dorique. Cette cathédrale, très-probablement de construction pisane et du XIII.e siècle, était d'une médiocre étendue et n'approchait point de l'immensité des basiliques de la même époque.

La position de Borgo perché sur une montagne en cône, est extraordinaire, pittoresque :

> *Corona il giogo d'un acuto monte,*
> *E l'ampia spiaggia domina e sovrasta*
> *Sublime il Borgo* [1].

L'église assez belle a pour patron saint Appien, évêque d'Alexandrie et martyr, qui avait été maréchal ferrant ; aussi la clé de l'église passe-t-elle dans le pays pour guérir les ânes, les bœufs, les chevaux et autres quadrupèdes domestiques.

Ce village qui compte moins de six cents habitans, célèbre dans l'histoire militaire de l'île, fut toujours fatal à la France. Son désarmement tenté par l'infortuné Boissieux en 1738 [2], alluma la première guerre, et Paoli y remporta en 1768, son dernier avantage sur les Français. La valeur des Corses brilla du plus vif éclat pour la défense de leur liberté mourante. Le courage de l'armée fut vigoureusement secondé par les patriotiques

---

[1] *Dionomachia, cant.* 1, *st.* 5, Couronnant le pic d'un mont aigu, et dominant la vaste plage, le Borgo s'élève sublime.

[2] Voyez chap. III.

efforts des femmes, des prêtres, des moines qui firent aussi le coup de fusil et de stylet. On n'a point oublié l'exploit de ce petit abbé Agostini de Silvareccio, dit l'abbé Septembre, espèce de prestolet peu instruit, mais plein de cœur, qui tint seul dans une maison contre un nombreux détachement d'ennemis et en tua plusieurs. La perte des Français put être évaluée à environ cinq cents morts, et six cents prisonniers; les Corses ne perdirent pas un seul homme, et le lendemain, le colonel comte du Lude se rendit avec les drapeaux de la légion royale et quatre pièces de canon.

CHAPITRE C.

Biguglia. — Domination pisane. — Château. — Plaine. — Tour de la *Mortola.* — Étang. — Barques. — Pêche. *Furiani.* — Retour à Bastia.

Biguglia, aujourd'hui petit village qui n'a pas trois cents habitans, succéda à la noble Mariana et fut la capitale de l'île sous le gouvernement protecteur des Pisans. Cette domination qui s'étendit de 1090 à 1300 et qui venait après les invasions sarrasines, est le commencement de la civilisation corse : Pise au lieu d'opprimer sa conquête, comme fit Gênes, partageait avec elle ses arts et les bienfaits de son administration naissante. Le plus grand nombre d'églises, d'édifices, de routes ruinées, remontent à cette époque. Un chevalier voyageur, Gérard de Lorraine, vicomte de Strasbourg, envoyé par l'empereur Frédéric I au soudan d'Égypte et de Babylone, qui parcourut la Corse en 1175, vante la fertilité du sol, la bonne éducation, l'aisance, l'hospitalité et la valeur des habitans, qu'il oppose à la grossièreté et à la barbarie des mœurs sardes [1].

[1] Voyez page xxiii de la préface de la dernière édition de Petrus Cyrneus.

Biguglia conserva son rang de capitale jusqu'à l'année 1380 que le gouverneur génois Leonello Lomellino, chassé par le brave Henri della Rocca, construisit plus loin, sur le bord de la mer, le bastion qui depuis devint Bastia.

Le château de Biguglia, résidence des gouverneurs pisans et génois avant la fondation de Bastia, fut enlevé intrépidement par Vincentello d'Istria, neveu de Henri della Rocca, qui après avoir battu et pris les deux généraux génois, Fregoso et Squarciafico, y rentra triomphant avec ses captifs. Vincentello réunit alors à Biguglia une consulte générale qui d'une voix unanime l'élut comte de Corse.

Ce château historique n'offre plus qu'un amas de ruines qui jonchent la terre; on ne distingue guère que les traces des deux citernes sur deux petites buttes. De cette hauteur, on découvre l'étang, la mer et la magnifique plaine de Biguglia à Fornacine, plantée d'oliviers, et dans laquelle du riz qui avait été semé récemment était fort bien venu.

Non loin du château, est la vieille tour de la Mortola dont il ne reste que le mur d'enceinte.

L'étang de Biguglia qui a trois lieues de long, souvent une demie de large et offre une surface de trois mille hectares, est par son insalubrité, le fléau de la contrée, et les vapeurs qu'il exhale vont jusqu'à compromettre la santé publique à Bastia. Si l'administration doit hésiter entre les divers modes de desséchement ou d'écoulement de ce Marais-Pontin de la Corse, l'imagination peut jouir de l'aspect pittoresque des pêcheurs sillonnant cette vaste plaine d'eau, dans de longues barques formées d'un seul tronc d'arbre creusé, qui rappellent les pirogues des sauvages américains. La pêche abondante, lucrative et assez bien entendue, donne surtout d'énormes et grasses anguilles que l'on transporte régulièrement à Naples chaque année pour la semaine sainte, dans des bateaux ingénieusement construits pour ce voyage. Le reste de la pêche part pour la Toscane où les célèbres *ragnole* figurent sur la table des riches Florentins et sur celle du grand duc. L'exportation en Toscane et dans les autres parties de l'Italie, de la pêche des étangs de l'île, est ancienne, et Pierre de Corse qui l'indique donne sur la reproduction de leurs habitans, des détails qui rappellent, au milieu des flots, les amours poétiques des plantes [1]. Le poisson de Corse était estimé des gourmets de Rome, et

---

[1] *Sed qui nutriuntur in stagnis, ubi piscatio multa est, et conditurœ apta, hæc faciunt. Simul ac incessit eis libido gignendi, gregatim in mare enatant, ducibus masculis genituram*

Juvénal a cité les mulets qui se pêchaient dans ses parages :

Mullus erit domino, quem misit Corsica...

Furiani, village de quatre cents habitans, fut le théâtre d'une victoire de Giafferi, le premier fait d'armes de la guerre de l'indépendance. Ce village pittoresque, sur le bord de la mer, position militaire importante, est le dernier village qui ramène à Bastia.

Là dans les entretiens d'hommes distingués, le voyageur complète ses impressions, ses pensées, ses souvenirs de la Corse, et il peut fort agréablement attendre le retour de l'exact et du superbe bateau *le Napoléon*.

spargentibus, quam feminæ consectantes recurvando se ex eâ concipiunt. Eædem ubi pregnantes in mari sunt effectæ, omnes rursùs ad sibi consueta, non amplius eorumdem ductu, sed feminarum.

ILE D'ELBE.

ILE D'ELBE.

LIVRE DEUXIÈME.

CHAPITRE I.

Route. — Portoferrajo. — Aspect. — Port. — Fortifications. — Fanal. — Souveraineté. — Budget. — Garnison.

Je partis de Bastia pour l'île d'Elbe, le matin sur un petit navire marchand corse qui allait à Civita Vecchia. J'avais eu le bonheur de trouver deux compagnons de voyage, braves et aimables officiers de la garnison de Bastia. Nous devions arriver à Portoferrajo le même jour pour souper, mais ce fut le lendemain. Afin d'échapper aux ennuis du calme plat, à l'inconstance des vents et surtout à la fallacieuse parole des patrons italiens, il serait aujourd'hui plus sûr et moins cher de prendre *le Napoléon* de Livourne; le voyageur descendrait par une excellente route à

Piombino, petite ville peu fréquentée, intéressante par les antiquités de son territoire, ses souvenirs du moyen-âge, quelques objets d'art et les traces de l'empire français, et qui n'est séparée de l'île d'Elbe que par un étroit canal [1].

Portoferrajo dans sa petitesse a tout-à-fait l'aspect et l'espèce de dignité d'une capitale. Le joli port est sûr et capable de recevoir une nombreuse flotte. Les fortifications solides ceignent et couronnent très-pittoresquement la ville. Le fort principal sur le roc le plus élevé est le Faucon ; celui de la Stella doit son nom à sa forme étoilée, comme celui de la Linguella à sa longue saillie dans la mer, jusqu'à l'entrée du port. La porte de terre, dite la Tromba, creusée dans le roc, est un travail grandiose. La construction de ces ouvrages exécutés rapidement par l'architecte Jean-Baptiste Belluzzi de Saint-Marin, avait été imposée à Côme I.er par Charles-Quint afin de pouvoir résister aux attaques de la France avec laquelle il était en guerre. Le rusé empereur malgré le zèle du grand-duc et les deux cent mille écus qu'il lui avait prêtés, ne consentit jamais à ce que la domination de Côme dépassât les remparts de Portoferrajo, et celui-ci ne put qu'appeler la ville de son nom

---

[1] La largeur de ce détroit appelé Canal de Piombino, est de dix milles toscans ; il ne laisse pas quelquefois d'être assez orageux.

(Cosmopoli) qu'elle ne devait point garder. Il avait le projet d'installer à l'île d'Elbe les chevaliers de son ordre de Saint-Étienne, espèce de chevaliers de Malte au petit pied, destinés à combattre les Ottomans, chevaliers dont il s'était fait grand-maître et qu'il fut réduit à établir moins héroïquement en terre ferme et à Pise.

Le beau fanal érigé au-dessus de la Stella, est un de ces monumens secourables dus à la domination de Léopold, ainsi que l'indique l'inscription en marbre.

La souveraineté de l'île d'Elbe, une des grandes îles de l'histoire depuis l'exil de Napoléon, était bizarrement partagée jusqu'à l'occupation française et sa réunion actuelle à la Toscane : celle-ci possédait Portoferrajo ; Naples, Portolungone ; et le reste dépendait du prince de Piombino [1].

Il règne à Portoferrajo un certain luxe extérieur, qui rappelle l'aisance toscane, et le peuple même qui paraît la moins nombreuse partie de la population, d'environ deux mille trois cents âmes, y possède et y est cultivateur. Mais l'extrême faiblesse de la garnison qui ne monte pas à cinq cents hommes, et qui pour toute l'île n'est que de mille, y cause une grande gêne, et les petits dé-

---

[1] L'île d'Elbe comme les autres îles de la Méditérannée dépendantes d'États du continent, paraît plutôt coûter que rendre à la

tachemens répartis dans les divers cantons sont loin de suffire à la consommation des produits et surtout du vin [1]. L'île d'Elbe qui n'a que dix-sept mille habitans, fut depuis Rome jusqu'à l'empire français, un de ces points rares, iso-

---

Toscane. Voici quel était en 1833 le relevé des recettes et de la dépense.

RECETTES.

Mines de fer.	350,000 liv.
Tonnare ou Mandrague.	45,000
Enregistrement.	12,000
Régie de tabac.	10,000
Passeports maritimes.	5,000
Droits du pont de Rio.	12,000
Loterie.	2,000
Postes.	1,000
Salines.	15,000
TOTAL.	452,000

DÉPENSES.

Gouverneurs.	14,000 liv.
Juges et tribunaux.	15,000
Police.	9,000
Curés.	5,000
Pensions.	4,000
Réparations.	5,000
Bureaux d'Administration.	15,000
TOTAL.	67,000

L'entretien des mille hommes de la garnison absorbe fort au delà des 385,000 livres excédant la dépense.

[1] Le meilleur vin de l'Elbe, l'aleatico, a été comparé au vin de Montepulciano que Redi, à la fin de son célèbre dithyrambe de

lés, espèce de vastes casernes jetées en Europe pour l'observer ou la contenir : l'occupation militaire, la conquête faisaient leur vie ; ils languissent et meurent par la paix.

Bacchus en Toscane, fait proclamer par le dieu en délire, le *roi des vins :*

Montepulciano d'ogni vino è il Re.

Malgré les vignes nombreuses qui couvrent la plus grande partie de l'Elbe, l'aleatico ne s'y récolte qu'en petite quantité. Le vin ordinaire du crû doit être assez médiocre si l'on en juge par la précaution qu'avait prise le brave et loyal général D..... de se procurer à son compte du vin de Bordeaux, et qui, à la table de l'Empereur toujours économe, avait sa bouteille.

CHAPITRE II.

Maison de Napoléon. — Présentations. — Drapeau. — Garde impériale. — Caserne. — Route. — Théâtre. — Départ.

Les deux anciens quartiers du génie et de l'artillerie réunis par un salon devinrent le palais impérial de Napoléon. Une allée d'acacias a été plantée par lui sur l'ancien rempart changé en jardin. Une citerne à pompe est aussi son ouvrage. On reconnaît dans la nouvelle et passagère habitation l'esprit et les habitudes d'ordre du maître, et tout le soin du matériel de la vie, sans sybarisme, qui distinguait les résidences impériales, si habilement réparées, dégagées et embellies sous son règne. Une porte de derrière ménagée en cas d'invasion, montre les vicissitudes de cette fortune, si long-temps menaçante et réduite à craindre sous son propre toit. On remarque dans les appartemens et particulièrement dans l'anti-chambre de la chambre à coucher, quelques gravures de la grande description de l'Égypte, souvenirs des temps de jeunesse, d'espérance et de gloire de l'hôte déchu. Dans le cabinet, le bureau d'acajou est resté à la même place; il sert au gouverneur actuel de l'île, ancien officier de la grande armée, décoré de la Légion-d'Honneur, qui ne se doutait guère lorsqu'il servait dans nos rangs, qu'un jour il dût signer des ordres sur le bureau de l'empereur.

L'étroit asile de Napoléon ne fut pas toutefois sans dignité, sans grandeur : l'empereur détruit était toujours contemplé avec une admiration curieuse ; d'illustres étrangers venaient le visiter, et pendant son règne de dix mois, les présentations anglaises seules s'élevèrent à près de mille. Selon un historien bien informé, sa conversation étincelait alors d'esprit, de saillies et de vérités piquantes [1].

Si Napoléon avait conservé une maison, une cour, des chambellans, son aigle glorieux, son drapeau populaire avaient disparu, et ils étaient remplacés par un joli et insignifiant pavillon blanc partagé diagonalement par une bande écarlate avec trois abeilles d'or de chaque côté. Mais les mille hommes d'infanterie de la vieille garde étaient là de nobles, d'admirables représentans

---

[1] Voyez l'*Histoire du pape Pie VII* par M. le chevalier Artaud, Paris 1836, T. II, 383. M. Artaud était à cette époque secrétaire d'ambassade à Rome où l'on était très-occupé et fort au courant des nouvelles de l'île d'Elbe.

de la France : la cavalerie, moins nationale, se composait de Polonais et de Mamelucks qui témoignaient aussi de nos lointains exploits.

La belle route qui mène de Portoferrajo à Portolungone, est due à Napoléon qui l'avait plantée de mûriers abattus l'année suivante. Deux édifices caractérisent encore le passage de ce souverain, la vaste caserne et le petit théâtre. Ce dernier, autrefois couvent de carmélites, fut construit en quelques semaines ; l'empereur avait donné le terrain et allait en personne encourager les travailleurs. La dépense a été faite par les propriétaires de la ville qui ont eu des loges à proportion de l'argent qu'ils avaient versé ; chaque action de mille francs rapportait une loge. La salle est jolie, commode ; Napoléon avait sa loge en face. Il assistait au bal masqué (*veglione*) de ce théâtre, le 24 février 1815, et le 26 il partait pour la France sur le brick l'*Inconstant*.

CHAPITRE III.

Salines. — *Grottes.*

Les salines de la plaine insalubre de Saint-Jean, à un mille de Portoferrajo, et qui rapportent quinze mille livres, sont à peu-près semblables à toutes les salines du monde. Les salines peuvent être regardées comme un des fléaux du voyageur consciencieux auquel on ne manque jamais de les indiquer, et qui se croit obligé de les visiter. Ces éternelles salines ne méritent le plus souvent ni le temps, ni la peine qu'elles coûtent. L'évaporation au soleil de celles de Portoferrajo m'a rappelé le trait de notre éloquent et vil historien Mézeray qui traitait poétiquement la gabelle d'impôt sur la mer et le soleil.

J'examinai avec curiosité sur le golfe de Portoferrajo, au lieu dit les *Grottes*, les ruines considérables d'une villa ou peut-être même d'une ville romaine. Des massifs d'oliviers et d'amandiers enveloppent ces nobles débris. Plusieurs chambres moins dégradées servent d'étables.

CHAPITRE IV.

Saint-Martin. — Fontaine. — Ruines.

A trois milles de Portoferrajo, est Saint-Martin qui fut la villa de Napoléon. Portoferrajo, la mer, les vaisseaux, les montagnes forment une très-agréable vue. La maison petite, mais bien distribuée, n'a qu'un étage d'un côté, et deux de l'autre. La salle à manger est décorée à l'égyptienne; sur la cheminée du salon, étaient restés les bustes en marbre de la princesse Elisa Bacciocchi et de son mari. La terrasse au-devant de la maison, a quelques orangers plantés par Napoléon; il a réparé et presque créé une fontaine voisine d'excellente eau. Saint-Martin est aujourd'hui propriété de l'archiduchesse Marie-Louise, et son régisseur (*fattore*) y réside. Cette chétive villa est l'unique héritage laissé par le soldat puissant possesseur de tant de vastes et beaux domaines, et la fille des Césars est l'héritière du représentant de la plus vaste des révolutions populaires. Nulle part peut-être le prodige de l'élévation et de la chute de Napoléon n'est aussi frappant.

La vallée de Saint-Martin offre quelques tas

de pierres et de pans de murs donnés pour les ruines de la maison d'un Scipion Nasica, de l'ancien bourg Nasica détruit; une longue enceinte environnée de fondations sur la colline de Castiglione peu éloignée, passe pour les restes d'un temple dédié au dieu Volturne.

L'île d'Elbe est charmante au printemps. En parcourant à cheval, cette riante et fertile campagne bien cultivée, mêlée de vignes et d'arbres fruitiers à la discrétion du passant, je me représentais le Dioclétien de Saint-Martin, y vivant encore au milieu de la gloire de ses souvenirs, et devenant un de ces centenaires assez communs à l'île d'Elbe. Combien sous le feu des tropiques et sous la geôle anglaise, n'a-t-il pas dû regretter l'heureux climat de la Toscane, et l'*otium cum dignitate* dont il aurait pu y jouir.

CHAPITRE V.

Capoliveri. — Origine. — Mœurs. — Murs. — *Calamita.*

CAPOLIVERI, ancien *Caput liberum*, au lieu de tirer son beau surnom de quelque temple de Bacchus, dont il n'existe aucun vestige, semble le devoir plus justement à une origine assez peu honorable. Ce vaste promontoire était sous les Romains et même sous les Pisans un lieu de franchise et de privilèges pour les débiteurs, les banqueroutiers et les contumaces. Le bourg actuel de Capoliveri, sur la montagne, pauvre, délabré, pourrait, à sa misère, paraître encore le séjour des anciens habitans. On prétend que certaines traces des vieilles mœurs se retrouvent et se perpétuent chez la population nouvelle de ce canton de douze cents âmes, que l'on pourrait croire plus innocente puisqu'elle se compose de pêcheurs et de bergers. Les murs sont pisans et témoignent comme en Corse et en Sardaigne, de l'action protectrice et civilisante de cette domination.

Dans le voisinage, les faibles restes d'une église dédiée à Saint-Michel semblent remonter au iv.ᵉ siècle, époque de l'introduction du christianisme dans l'île. L'Elbe fut le théâtre du martyre du pape Silvère persécuté par l'impure épouse de Justinien, Théodora, et condamné à mourir de faim.

La noire et sauvage montagne de la Calamita battue de la mer, est ainsi appelée de sa mine d'aimant (*calamita*). L'exploitation paraît abandonnée : le voyageur a même assez de peine à se procurer les petits morceaux qu'il est d'usage d'emporter dans ces sortes de visites. Notre cicerone, garde de la mine, afin de vendre, et très-cher, les morceaux qu'il avait chez lui, mettait dans cette recherche beaucoup de mauvaise grâce. J'ai depuis trouvé chez un ouvrier de Portolungone, de l'aimant de la Calamita fort bien travaillé, aimant excellent, et de nuances variées. La découverte de la mine de la Calamita ne remonte guère qu'à la moitié du xvii.ᵉ siècle, et elle avait échappé aux travaux des Romains.

On a prétendu qu'à l'approche du cap de la Calamita, la boussole des vaisseaux se dirigeait de ce côté, mais il n'y a aucun fait à l'appui de ce dire, et c'est une des erreurs des systèmes sur la sympathie.

CHAPITRE VI.

PORTOLUNGONE. — Fortifications. — *Christ.* — Prise et défense de Portolungone.

PORTOLUNGONE fut jadis par son port et ses fortifications presque la rivale de Portoferrajo. L'île d'Elbe avait sa double capitale comme les autres grandes îles de la Méditerranée : Bastia et Ajaccio en Corse; Sassari et Cagliari en Sardaigne; Palerme et Messine en Sicile.

La ville paraît aujourd'hui ruinée; le général Dalesme fit sauter en 1815 les fortifications d'après l'ordre que lui en avait donné Napoléon à son départ; la population est de mille âmes, et la garnison de seize hommes. La citadelle passait pour avoir été construite par les Espagnols sur le modèle de celle d'Anvers. Ce quartier de Portolungone est le plus ravagé, et ne présente presque qu'un amas de décombres.

A l'église Saint-Jacques, un *Christ mort* étendu sous verre, statue de papier mâché, venue d'Espagne, offre une réalité qui n'est pas sans mérite; c'est le seul objet d'art de quelque réputation que j'aie trouvé cité à l'île d'Elbe.

Les remparts croulans de Portolungone me rappelaient deux brillans faits d'armes de l'ancienne histoire militaire de la France : la prise de la place par le maréchal de Choiseul-Praslin en 1646, et sa défense par le baron de Noailles qui s'était aussi distingué à la prise. Les attaques de Choiseul poussées avec le talent de cet habile général de sièges et la plus héroïque audace, furent soutenues par les Espagnols avec une constance non moins admirable.

L'explosion d'une des mines des assiégeans produisit presque l'effet d'un fort tremblement de terre et retentit jusque sur la côte d'Italie. C'était cette belle année de la bataille de Rocroy et des premières armes de Condé ; malgré l'enivrement qu'inspirait une telle gloire, l'exploit de Choiseul fut remarqué ; il ravit Mazarin qui chargea le fameux graveur Varin de le consacrer par une de ses belles médailles [1]. La défense de Noailles, trois ans après, contre les troupes espagnoles, italiennes et allemandes, ne fut point inférieure à la prise. Après avoir tenu trois mois, après l'explosion de sa poudrière par l'effet d'une bombe des assiégeans, réduit de quinze cents à sept cents

---

[1] Cette médaille porte d'un côté l'inscription : *Piombino et Portu Longo expugnatis*, et elle représente de l'autre la victoire foulant aux pieds un faisceau d'armes, avec la date de MDCXXXXVI.

hommes mutinés faute de paie, l'intrépide gouverneur obtint la plus honorable capitulation. Les troupes qui devaient être ramenées en France sur la flotte espagnole, sortirent de la place, tambour battant, et le général ennemi, don Juan d'Autriche accompagna courtoisement de Noailles jusqu'à sa galère.

CHAPITRE VII.

Maison de Napoléon. — Devis. — *Canapé*. — Fontaine de Barberousse. — Invasion due à des casuistes.

Le palais de Napoléon à Portolungone, voisin de la citadelle, est à-peu-près en ruines. Une certaine activité en petit était imprimée par l'empereur aux constructions de l'île d'Elbe. J'ai vu chez son ancien régisseur, propriétaire aisé de Portolungone, des propositions de dépense de cent écus avec ces mots peu élégans écrits de sa main : *Approuvé à faire faire le plus tôt possible.* Certes il y a loin de si chétifs devis à ce magnifique budget des bâtimens de la couronne de 1810 qui s'était élevé à cinq millions deux cent mille francs sans y comprendre les fêtes du mariage et le projet du futur palais du roi de Rome [1]. Si les temps de puissance et de splendeur étaient passés, la première partie des qualités du trône, l'ordre, la volonté, le goût des travaux restaient à Napoléon; il avait pu tomber, mais il n'était point déchu.

[1] Voyez page 21 de l'intéressant ouvrage de MM. Percier et Fontaine, *Résidence de Souverains.* Paris, 1833, in-4.º et pl.

Dans la campagne, est un long banc circulaire, taillé dans le roc, appelé assez justement de sa forme, *le canapé*, précédé d'une demi-lune que Napoléon avait plantée de mûriers; souvent il y faisait dresser sa tente et venait y dîner, regardant avec sa lunette les environs, les vaisseaux qui passaient, et les côtes d'Italie.

Non loin de là, est la limpide fontaine *Barbarossa*, du nom du fameux corsaire Barberousse II, roi d'Alger, que l'on dit l'avoir découverte, et qui a dû fournir d'excellente eau les dîners sur l'herbe de Napoléon. Ainsi ce coin de l'île d'Elbe a vu se reposer et se rafraîchir deux des plus grands et des plus terribles capitaines des temps modernes, acteurs puissans au milieu des deux siècles marqués par les plus fortes agitations.

Parmi la foule de petits princes qui ont occupé ou partagé l'île d'Elbe, Barberousse paraît une sorte de souverain par le droit du pillage. Le scrupule d'une conscience mal éclairée produisit les malheurs de la seconde invasion du corsaire. C'était en 1544, par un de ces brillans soleils de juillet, redoutables aux empires; la mer était calme, le vent favorable; tout-à-coup le Canal de Piombino est couvert et comme obstrué par les galères musulmanes renvoyées des côtes de Provence qu'elles avaient menacées de leur secours,

(Soliman et François I.ᵉʳ étaient alliés contre Charles-Quint). Les malheureux Elbois qui n'avaient pu oublier les meurtres, les incendies de la première descente, et leurs compatriotes chargés de chaînes et emmenés esclaves, fuient épouvantés vers les bois et les montagnes; mais, ô surprise, la flotte ennemie reste immobile; une galère s'avance seule et pacifique vers le port de Piombino; l'officier qui la commande, porteur d'une lettre de la main de Barberousse, offre à Jacques Appiani, seigneur de l'Elbe et de Piombino, l'amitié du corsaire, lequel ne demande que la remise du jeune Sinaam, dit le juif, pris à Tunis par l'armée de Charles-Quint, et fils de son vieil ami général des galères de Soliman, alors chargé d'équiper à Suez une flotte afin d'attaquer les Portugais dans l'Inde. Sinaam venait de passer à la foi chrétienne; le confesseur d'Appiani et les docteurs consultés déclarent que le salut du néophyte serait compromis par cette remise, et qu'elle doit être refusée. Alors la fureur de Barberousse ne connaît plus de bornes, il ordonne à toutes ses troupes et jusqu'aux équipages de débarquer et de mettre l'île à feu et à sang; les fugitifs sont atteints, entraînés, et réduits comme la première fois en esclavage. La fumée et le bruit de l'artillerie turque vinrent enfin avertir le seigneur de Piombino et ses casuistes de leur coupable erreur qui pour protéger une âme, en exposait, en sacrifiait peut-être quelques milliers. Un parlementaire est envoyé, et le prisonnier qui avait reçu le nom Appiani, rendu à Barberousse. Celui-ci le fait saluer respectueusement par toute sa flotte ; il l'embrasse avec joie, et lui confie le commandement de sept galères qu'il le charge de conduire à Alexandrie, et Sinaam de là retourna vers son père.

CHAPITRE VIII.

Environs. — Palmiers. — Ermitage du *Montserrat*. — Avenue. — Ruisseau. — *Sassi tedeschi*.

Les environs de Portolungone sont agréables, pittoresques : on y remarque jusqu'à des palmiers qui donnent des dattes mangeables, avantage qu'ils ont même sur les rares palmiers de la Corse et les palmiers nombreux de la Sardaigne.

Je me rendis au très-poétique ermitage du Montserrat, au sein de pics, de rochers élevés, et précédé d'une belle et montante avenue de cyprès mêlés d'aloès alors en fleur. Au devant de la chapelle, une treille forme un rustique pronaos d'où la vue immense de la mer à l'horizon, est superbe. Un ruisseau perpétuel venant de la montagne, roule une eau exquise ; mais elle n'a plus la même fraîcheur à la fontaine de l'ermitage, le conduit qui l'amène n'étant point recouvert.

L'ermite, frère André, n'est comme à l'ordinaire qu'un custode paysan ; mais outre la fête de la Madone, au mois de septembre, les prêtres de Portolungone viennent assez souvent dire la messe à ce petit et très-pittoresque ermitage. La Madone du Montserrat est, comme on sait, une dévotion espagnole. Si les routes, les grandes constructions annoncent la domination des Romains ou des Français de l'Empire, les ermitages, les lieux de dévotion visités par les pélerins, sont les traces caractéristiques et les plus durables de la domination espagnole.

Je ne sais si Napoléon a visité le Montserrat, mais il me semblait que l'aspect de cette fraîche, paisible et religieuse solitude aurait pu calmer son âme, le faire rentrer en lui-même et le désabuser à jamais des ambitions et de la gloire humaines.

L'étroite vallée du Montserrat fut le lieu de la défaite des Allemands par les Espagnols le 9 mai 1708; la cime d'une des montagnes s'appelle depuis *sassi tedeschi* (rochers allemands), parce que des fuyards qui se croyaient sauvés à cette hauteur, y furent poursuivis et tués par les acharnés vainqueurs.

Par une étrange grossièreté, le général allemand afin de ne point se compromettre envers la légitimité de l'archiduc, n'avait cru devoir écrire la veille au brave Pinel de Mauroy, général des troupes de Philippe V et gouverneur de Portolungone, qu'avec la suscription *al nemico* (à l'ennemi). Pinel qui s'était montré humain envers les prisonniers allemands, qui, malgré l'incivile correspondance de leur général, avait écrit de sa main à l'un de leurs colonels pour lui donner des nouvelles de son frère prisonnier et blessé et lui annoncer qu'il pouvait lui envoyer son propre chirurgien et toutes sortes de secours, ce Français si courtois, comme certains hommes aimables dans le monde et tyrans domestiques, fut cruel envers les habitans de l'île d'Elbe qu'il n'avait pas trouvés assez dévoués à sa cause, et il mérita d'être destitué.

CHAPITRE IX.

Vallée *dei mulini*. — *Volterrajo*. — Rio. — Fontaine. — Mine. — Orangers. — Eau acidule. — Grotte romaine. — Ouvriers. — Exploitation. — Produit.

Sur la route de Rio, on découvre la belle vallée *dei mulini* (des moulins), fertile, cultivée, et que domine pittoresquement la tour de Volterrajo à la cime d'un rocher. Les fondations de ce petit fort sont le roc même; un chemin aussi taillé dans le roc, conduit à une descente rapide, et les hautes murailles qui paraissent du XIII.ᵉ siècle, ont une extrême solidité. Le Volterrajo a été attribué à une colonie étrusque de l'illustre cité de Volterra, la plus ancienne de l'Italie; mais l'île n'a aucun reste d'antiquités étrusques. Souvent détruit et relevé, ce fort remonte aux premiers temps de l'île; il figure honorablement aux diverses époques de son histoire ancienne et moderne, et au milieu des fureurs de la seconde irruption de Barberousse amenée par les scrupules d'Appiani et de ses docteurs, il tint contre les troupes furieuses du corsaire.

Rio, le village le plus important de l'île, tire

son nom de l'abondante fontaine à cinq bouches, regardée, quoique assez mal tenue, comme la plus belle de l'Elbe. Par une mystérieuse merveille, ce serait de Corse que l'eau proviendrait; des feuilles de châtaigniers y ont été trouvées comme signes de communication avec cette île où ils sont très-communs; quelques-uns des lacs profonds au sommet des montagnes toujours couvertes de neige de la Corse, seraient des cratères de volcans éteints dont les voies souterraines communiquaient à Rio. Il a été reconnu que les diverses montagnes de l'Elbe ne pouvaient fournir l'eau de cette fontaine, et certes elle ne saurait provenir du petit mont pelé qui la domine.

Le chemin qui de Rio mène à la célèbre mine, chemin noir, poudreux, est comme parsemé, étincelant de paillettes d'argent et de diamans qui rappellent les Mille et une Nuits. Au fond de la vallée de fer, on découvre un bois d'orangers dont les fruits sont exquis, et plus loin la mer; contraste charmant qui montre que la nature n'est point ici marâtre comme dans Rhadamiste, et qu'elle a rassemblé dans cet étroit espace, ses produits les plus forts, les plus utiles et les plus doux.

L'eau acidule de la fontaine de la mine, agréable, tonique, purgative et principalement composée de sulfate de fer, se débite au loin et même ne perd rien à être transportée.

La grotte dite romaine, travaillée au marteau, est singulièrement curieuse comme trace de la patiente exploitation des Romains. On y a découvert quelques outils antiques incrustés, incorporés avec le minerai. Virgile a peint la mine de Rio dans ce beau vers si faiblement rendu par Delille :

Insula, inexhaustis Chalybum generosa metallis [1].

L'histoire de cette antique mine se rattache à quelques uns des grands souvenirs de Rome. Après l'expulsion des rois et le traité imposé à Porsenna, il fut stipulé qu'elle ne servirait plus qu'à fabriquer les instrumens de l'agriculture, noble clause et digne du traité qui fondait la liberté romaine [2]. A la suite du revers de la Trebia, son fer servit à réarmer l'armée défaite afin d'arrêter la marche invincible d'Annibal.

L'exploitation actuelle en plein air, au soleil, au lieu des ténèbres ordinaires de ces exploitations, offre un superbe et agréable coup-d'œil. Les mineurs, ni noirs, ni courbés, travaillent sur

---

[1] « Ilva, qui des métaux est la mère féconde. »

[2] D'après un passage de Tacite (Hist. lib. III, cap. LXXII), et un autre de Pline l'ancien (Hist. Nat. lib. XXXIV, cap. XXXIX), qui contredisent Tite Live, c'est Porsenna qui prit Rome ; mais la clause du fer reste la même dans les deux opinions.

des côteaux de minerai comme des bûcherons ou des vignerons sur leurs côteaux champêtres, et ils font intrépidement sauter le sol, comme les premiers abattent des forêts. L'uniforme jaune de ces ouvriers au nombre de deux cent neuf mineurs et de soixante manœuvres, les fait ressembler de loin aux galériens perpétuels employés à Portoferrajo, méprise qui cause momentanément une sorte de terreur, et que ne méritent point ces honnêtes ouvriers auxquels on pourrait toutefois souhaiter plus d'activité, car ils ne travaillent que de huit heures à deux, même pendant l'hiver où la chaleur ne saurait les incommoder. Ils sont à la vérité, presque tous propriétaires et cultivateurs, et ils consacrent à leurs champs le reste de la journée.

Ces ouvriers à leur aise comptent un prédécesseur distingué beaucoup moins bien traité par la fortune : c'est le lettré, l'intéressant Pierre de Corse [1]. Le malheur saisit Pierre dès l'enfance : à l'âge de sept ans, il avait perdu son père Picino, mort jeune, et sa mère Coralluccia s'étant remariée pour la troisième fois, il fut privé de son héritage, et sous le toit maternel, il était indigent. Alors il dit à sa sœur : « O Bianchina, si je m'en « allais, nos châtaignes ne te suffiraient-elles pas

[1] Voyez liv. I, chap. VIII.

« pour vivre? » Il partit, et devenu pâtre des brebis de son parent Ghilardino, celui-ci le dépouilla de ses hardes. Pierre pria quelques marins du Cap-Corse, plus humains, de le mener à l'île d'Elbe ; à leur débarquement, ces braves gens déjà aussi honnêtes qu'ils le sont aujourd'hui [1], portèrent dans leurs bras à travers la neige jusqu'à Rio, l'enfant voyageur et pieds nus. Après d'autres souffrances, le futur et élégant historien de la Corse parvint au grade d'ânier chargé de transporter le fer de la mine à la mer.

La pittoresque et poétique mine de Rio paraît assez arriérée sous le rapport des procédés d'extraction : le produit n'est que de trois cent cinquante mille francs, et elle pourrait rendre fort au delà.

---

[1] Voyez liv. I, chap. XI.

CHAPITRE X.

Palagio. — Chapelle *san Bennato.*

L'HABITUDE et le besoin de rechercher des antiquités me poussèrent, par d'affreux chemins, jusqu'au Cap della Vita, le plus avancé de l'île sur le Canal de Piombino. Là se voient les ruines dites Palagio, mêlées pittoresquement de végétation. De l'avis d'un propriétaire voisin, homme instruit qui nous en fit obligeamment les honneurs, ces ruines curieuses par les murs et le pavé en pouzzolane, seraient un château d'eau romain qui fournissait de l'eau sur la côte à Capo Castello.

A mon retour, je visitai les restes de la chapelle dite San Bennato, ruines désertes, éparses, au milieu de vignes, qui paraissent une construction pisane encore remarquable par le solide assemblage des pierres.

CHAPITRE XI.

Campo. — Saint-Nicolas. — Saint-Jean. — Fontaine. — Tour. — Secchetto. — Chantiers romains. — Pianosa.

Saint-Pierre de Campo, gros village de mille habitans, se divise en deux petites bourgades, l'une à mi-côte de la haute montagne de granit, l'autre au bord de la mer. L'église Saint-Nicolas est fort curieuse. Deux anciennes et superbes colonnes de granit venaient d'être ridiculement peintes en granit de la même couleur : colonnes qui ont ainsi, comme certaines personnes estimables, l'affectation des qualités qu'elles possèdent. Une vieille et bonne *Madone* avait été encore non moins malheureusement restaurée.

On monte, à travers d'énormes blocs de beau granit, à l'église Saint-Jean regardée comme la première qui ait été élevée dans l'île. Le bâtiment actuel en granit, ainsi que le clocher, paraît de construction pisane. La coupole plus nouvelle et refaite, fut trois fois ravagée par la foudre. L'office ne se célèbre que trois ou quatre fois l'année; mais la fraîcheur, l'agrément du site, l'excellente eau de la fontaine Saint-Jean attirent sur cette hauteur pendant la belle saison les habitans de Campo qui viennent y faire des parties champêtres.

A peu de distance de l'église, une petite tour quadrangulaire jetée au-dessus d'une masse isolée de granit avec de hauts murs aussi de granit et d'étroites chambres, mérite, malgré la difficulté de l'accès, l'attention du voyageur antiquaire. Peut-être était-elle, ainsi que l'indiquent les souvenirs de Sénèque et du jeune Agrippa [1], un de ces gîtes redoutables où le despotisme des empereurs de Rome reléguait ses victimes doublement exilées par la solitude et la mer. Le canton de Campo, le plus nu, le plus aride de l'île, brille indépendamment de ses divers granits par le marbre serpentin, le cristal de roche et de belles calcédoines. La plage dite Secchetto et la montagne voisine sont parsemées de colonnes de superbe granit, ébauchées et extraites par les Romains et les Pisans. La plus grosse de ces colonnes, enfouie dans un makis de genêts, de lentisques et de romarin, n'a pas moins de trente-deux palmes. C'est encore un de ces chantiers romains si dignes d'observation [2].

---

[1] Voyez liv. 1, chap. xv et ci-après même chapitre.
[2] Voyez liv. 1, chap. lxxx et liv. iii.

Un Français fixé à Florence, et propriétaire à l'île d'Elbe, exploite le chantier romain. Ce chantier a fourni les petites colonnes destinées à servir de bornes au *Corso* de Rome, sort bien différent de celui des colonnes antiques, leurs compatriotes, qui figurent au Panthéon. La riche carrière de l'Elbe s'honore encore d'avoir produit le granit de deux des plus splendides monumens de l'art moderne, le dôme de Pise et la chapelle des Médicis de Florence. Les traces de l'exploitation voisine de Campo se remarquaient parmi les ateliers romains ; mais cette exploitation paraissait languissante, et le moulin qui fait partie de la propriété est, m'a-t-on dit, plus fructueux que le noble granit.

Du Secchetto, on croit toucher à l'île voisine de la Pianosa, ainsi appelée de sa surface unie. De ce point elle ressemble, comme on me le fit observer, à une femme couchée dans l'eau, Néréide de tuf et de chaux, avec un poste militaire, et un petit et assez mauvais fort improvisé par Napoléon. Un Corse de la famille Lando avait déjà possédé la Pianosa au xive siècle ; elle lui avait été concédée par acte du 22 juillet 1344, moyennant une forte redevance, bail emphytéotique déposé aux archives du chapitre de Pise. Le bruit se répandit en 1835 que la Pianosa allait être cédée à une compagnie russe moyennant soixante mille écus, prise de possession dans la Méditerranée qui occupa fort les diplomates de Florence, et fut signalée dans les gazettes comme un nouveau pas du colosse russe. Mais la nouvelle n'était point fondée : il ne s'agissait que de la cession emphytéotique par le grand duc à un négociant de Livourne, de terres incultes depuis long-temps abandonnées, et que le capitaliste patriote voulait faire cultiver exclusivement par des Toscans.

La Pianosa est une de ces îles jadis florissantes devenues désertes par l'effroi des barbaresques ; elle comptait neuf cents habitans lors de l'irruption du corsaire Dragut qui brûla le village, détruisit la tour et emmena la population esclave. On remarque encore l'extraordinaire grosseur de ses oliviers aujourd'hui sauvages. Les Génois sentant l'impossibilité de conquérir l'Elbe, fondirent en 1174 sur la Pianosa, et violant la capitulation, ils enchaînèrent et transportèrent à Gênes les courageux et infortunés habitans : malgré leur christianisme, ces barbares vainqueurs avaient anticipé sur les excès des invasions musulmanes.

L'histoire de cette île si petite dont le pillage, la captivité, le meurtre des habitans, font toutes les annales modernes, se rattache à l'un des plus terribles souvenirs de l'antiquité : c'est là qu'Auguste vieux et cédant aux instances ambitieuses de Livie, relégua le dernier de ses petits fils, fils de Julie, Agrippa le posthume, jeune homme commun, maître peu regrettable à la vérité, mais dont la disgrâce valut au monde Tibère qui le choisit pour première victime.

CHAPITRE XII.

Capanne. — Vue. — Marciana.

Le mont granitique delle Capanne, le point le plus élevé de l'Elbe, offre une admirable vue : l'œil embrasse à la fois le Cap-Corse, Bastia, la côte d'Aleria, les Maremmes toscanes, bords autrefois florissans, long-temps infects, dépeuplés, et que d'habiles travaux viennent de rendre à la culture [1] ; Livourne apparaît avec ses mille vaisseaux, son lazaret, et Gênes avec son superbe amphithéâtre de palais et de remparts que dominent les cimes légères de l'Apennin.

Le territoire montagneux de Marciana, le plus pittoresque, le plus sauvage de l'île, soit par le site, soit par sa fière et courageuse population, est comme le Fiumorbo de l'Elbe [2]. La soumission de ce canton fut toujours très-difficile. Le commissaire français Barralier dont les exactions d'armes et d'argent avaient tourmenté le pays, y fut assassiné en 1799 ainsi que le commandant de la tour près de la mer.

[1] Voyez les *Voyages historiques et littéraires en Italie*, liv. IV, chap. xiv.
[2] Voyez liv. I, chap. lxxxiii.

Trois ans après, le commandant du détachement polonais chargé par le général Rusca d'occuper cette tour, ayant tenté d'ôter aux habitans leurs armes et jusqu'à leurs fusils de chasse, une femme de la côte alla hardiment à lui, le prit par le bras et le menant jusque devant chez elle : « Tiens « lui, dit-elle, regarde cette maison, c'est celle « où fut tué Barralier ». Et le désarmement ne se fit point.

Napoléon, qui au temps de ses prospérités *étouffait en Europe*, se sentait à l'étroit dans son île; aussi l'a-t-il parcourue en tous sens. Marciana était le but préféré de ses excursions, il y était, dit-on, attiré par la fraîcheur, la pureté de l'air et des eaux, mais plutôt je pense, par la forte nature, le caractère âpre, indomptable, des montagnards qui devait être plus de son goût que la douceur, que la mollesse toscane des autres habitans de l'Elbe.

APPENDICE.

APPENDICE.

N.º 1, *page 7.*

Lettre de Napoléon à M. de Marbeuf, officier au 25.ᵉ régiment de dragons.

Je vous accorde, votre vie durant, une pension de six mille francs sur le trésor de la couronne, et j'ai donné ordre à M. de Fleurieu, mon intendant, de vous expédier le brevet. Je donne ordre qu'il vous soit remis sur les dépenses courantes de ma cassette particulière, douze mille francs pour votre équipement. Mon intention est de vous donner, dans toutes les circonstances, des preuves de l'intérêt que je vous porte pour le bon souvenir que je conserve et les services que j'ai reçus de M. votre père dont la mémoire m'est toujours chère, et je me confie dans l'espérance que vous marcherez sur ses traces. Sur ce je prie Dieu qu'il vous ait en sa sainte garde.

Paris, ce 18 ventose an XIII.

Signé NAPOLÉON.

N.° 2, *page 19.*

Lettre de Viterbi.

Mia carissima consorte,

Ormai ci avviciniamo allo scioglimento del nodo, e siamo già sul punto di vedere l'ultima scena dell'ultimo atto. Io non mi lusingo che si possa ottenere nulla di favorevole, e però mi dispongo con tranquillità di animo, e senza inquietudine a fare il mio viaggio in' un nuovo sconosciuto mondo, perchè ho la coscienza non macchiata da delitto da meritarsi punizione severa. Io dunque finirò la mia carriera in un modo da non far arrossire i miei parenti nè i miei persecutori, se ne avrò la facilità ed il tempo.

Quando avrò cessato di vivere, sarà per me indifferente d'esser sepolto nella terra di Bastia, od in quella della Penta, ma in caso, che per qualche umano riguardo vogliate far trasportare il mio corpo, io vi ordino, e vi raccommando di eseguire ciò che dispongo con questa mia lettera. Io non ho mai pensato come il volgo, e non voglio esser trattato che conformemente ai miei filosofici principj.

Ordine da tenere nella marcia del convoglio funebre.

1.° La mattina della mia sepoltura la cassa sarà coperta con panno nero, nel quale vi si riuniranno alcuni rami di cipresso.

2.° Diciotto Parenti, cioè Edoardo Ciavaldini Palmieri, Gio: Francesco Vinciguerra, Angelo Donati, Anton Carlo di lui cognato, Carlo Antonio Suzzarini, Carlo Giovanni Suzzarini, Matteo Marcangeli, Gio: Filippo Marcangeli, Giuseppe Pesce, Ambrogio Pesce, Pietro Francesco Fabbj, Matteo Paoli, Pietro Nicolai ed il figlio, Giuseppe Antonio Tomasi, Giovanni Vinciguerra, Luigi Campana ed il cognato, Domenico Francesco, e Dionisio prenderanno il convoglio funebre ed avranno un nastro nero al braccio ed un ramo di cipresso alla mano.

APPENDICE. 363

3.° Dodici dei più poveri del comune saranno piazzati dopo i precitati, ed a questi solamente sarà data una candela di libra, e saranno piazzati in due linee in mezzo alle quali, cioè nel centro della comitiva, sarà fissata la barra.

4.° Subito immediatamente appresso seguiranno: Giorgio, Giuseppe Maria, Angelo Orso Antoniuccio, Filippo, Giovanni, Stefano, Gio : Girolamo, Parisi, Alessandro e Leopoldo. Questi pure avranno al braccio il distintivo nero, ed il ramo del cipresso.

5.° Questa terza divisione sarà seguita dall'abate Suzzarini mio caro compare, ed a questo unico sacerdote sarà data una torcia di due libre.

6.° Il Sig.r Antonio Trojani, e Simone Carbuccia terranno nel mezzo il sacerdote e canteranno le ordinarie religiose cantilene.

7.° In seguito si piazzeranno gli amici della famiglia, alla testa dei quali pregherete che si fissino i sig^{ri} Galeazzi, Battaglini, i fratelli Vincenti, gli altri del paese, ed i forestieri.

8.° Il convoglio entrerà per pochi istanti nella chiesa parocchiale, ed indi continuerà la marcia collo stabilito ordine.

9.° I primi incaricati di portare la barra saranno i due fratelli Gueroli, compar Vincetti, Fabbj. Nel viaggio si rileveranno sciegliendo frà i primi della comitiva.

10.° Due poveri, a cui saranno pagate le giornate, porteranno due zappe e due vanghe, e questi anderanno avanti a tutti.

11.° I miei generi saranno i primi a dare un colpo

di zappa e di vanga per riempire la fossa, e poscia ne sarà fatto altrettanto da tutti i parenti, e dai nostri più attaccati, ed ognuno dando la zappata e gettando la terra sulla cassa, dirà ad alta voce: *Giuro di non dimenticarmi mai della maniera con cui è morto il mio parente, ed il mio amico Lucantonio Viterbi*. I miei generi saranno i primi a far questa promessa.

12.° Consumata l'inumazione, la comitiva rientrerà in paese colla stessa regola fino all'entrata della chiesa, dove si scioglierà subito che il sacerdote sarà rientrato nella medesima.

13.° Mia moglie, appena sarà uscito di casa il cadavere, chiamerà tutte le di lei figlie; si metteranno tutte in ginocchioni, e *giureranno odio eterno ai nostri persecutori*, e prometteranno di celebrare ogni anno il giorno anniversario della mia morte, riunendosi tutte coi loro figli nella casa paterna, di dove si trasporteranno nel cimiterio; là tutte unite alla madre e ai figli, giureranno di non dimenticare mai l'infame maniera di cui i nemici si sono serviti per far morire il loro padre, e di tramandare ai più tardi nepoti le notizie di quest'infausta mia disavventura.

Ricordatevi spesso del vostro affettuoso marito, inculcate alle vostre figlie sentimenti di onore e di pudicizia; unione frà loro, intrinsichezza coi veri sinceri parenti; lealtà e franchezza cogli amici, concordia colle persone indifferenti; affezione con tutti, compassione e sensibilità per i sventurati; odio di morte ai nemici.

V'abbraccio affettuosamente col cuore

Sottoscritto LUCANTONIO.

N.º 3, *page* 27.

AL LETTO.

O letticciuol beato, che pur' anco
L'ambrosio odor del molle corpo spiri,
E la forma e il tepor del latteo fianco
Serbi, e un susurro di baci e sospiri;

Fatto per gioja languidetto e bianco
Quel volto io miro ancora, ov' io te miri;
E a voluttade il dolcemente stanco
Petto rinfiammi con nuovi desiri;

E per te vo nel grato error tant' oltre,
Che l'orme del soave venir meno,
E i lini abbraccio, e la turbata coltre.

Deh cosi sempre, o letticciuol, rimanti
In memoria di lei ch'avesti in seno,
O letticiuolo, invidia degli amanti!

LA TONACA.

Di scure lane ruvide contesta
Per man di povertade al ciel sì cara,
O sovrà ogni altra avventurosa vesta,
Onde s'ammanta la beltà più rara,

Quando in te il guardo cupido s'arresta,
Quanti son fregi a dispregiare impara;
Chè ben maggior tu n' hai da quella onesta
Salma trasfusi, che nascondi avara.

Dipinte tele, e di fin' or trapunte
Lucide molli sibilanti sete
Dal mar'estremo o a noi d'oltr'alpe giunte,

Quest'angioletta mia s'unqua vedrete,
E tante grazie in un sol corpo giunte,
Oh quanta invidia a queste lane avrete!

LE DUE SORELLE.

Ad ambo ride gioventù nel volto,
Ambo del par vezzose, ambo son belle,
E un non so chè di simile hanno accolto
In viso qual conviensi a due sorelle.

Mi piaccion'ambo s'a mirar son volto
Il rotar lento dell'azzurre stelle;
Mi piaccion'ambo se parlar le ascolto,
E sempre scorgo in lor grazie novelle.

Pur' elegger degg' io; ch' io serbi il core
Irresoluto e ognor fra due diviso
Le leggi non consentono d'Amore.

Son troppo dure, o Amor, le leggi tue;
O il cor mi cangia, o cangia ad esse il viso,
O concedi ch' a un tempo io n' ami due.

APPENDICE.

LA NATURA.

Te, madre de' moltiplici
Enti, che il mondo ha in grembo,
Non prego ch' alzi al cupido
Mio sguardo il sacro lembo,

Onde il mirabil ordine
Velato è delle cose,
E son le mute origini,
E l'ardue cause ascose.

Quanti le cifre tentano
Sciorre, onde hai pinto il manto!
Ma tu ritrosa e indocile
Più le inviluppi intanto.

L'uomo infra cieche indagini
Il ver ricerca invano:
Spesso e' si crede aggiungerlo,
Allor ch' è più lontano:

Talor ci è presso, e debole
Il guardo non lo vede:
L'error si stringe, e stringere
La verità si crede.

Sono alla vita incommodi
Cotai deliri inetti.
Le cause che c' importano,
Purchè godiam gli effetti?

APPENDICE.

Te nel silenzio io venero,
Avvolta in nebbia oscura;
Ti sento, e questo bastami,
Santissima Natura.

Miro con occhio attonito
Gli astri nell' ampio vuoto;
Ma d'indagarne astengomi
O la figura, o il moto.

Mortal, te stesso mediti,
Nè quel che sei comprendi;
E folle poi conoscere
Ciel, terra, e mar pretendi?

Filosofia vanissima,
Figlia d'umano orgoglio,
Oh quanto è incerta, e instabile
La base del tuo soglio!

In mille forme varii
Al variar degli anni;
Tu sembri il ver promettere,
Ci alletti, e poi c' inganni.

Devoti a un mite genio,
Natura, ho core e ingegno;
Nè vuo' importun sovvertere
Le leggi del tuo regno.

Abitator pacifico
Di questa terrea mole,
Io col pensiero scorrere
Non vuo' le vie del sole.

Ed a qual uopo imprendere
Opre difficil tanto?
Son l'opre mie più facili;
Sono l'amore, e il canto.

Nè l'arte, che difformati
In mio soccorso io chiamo;
E libero ed ingenuo
Senz' arte io canto ed amo.

Sia pure il bel pregevole
Dell'arte; io nol conosco:
Più d'un giardino florido
Mi piace un prato, un bosco.

Vaghe matrone spieghino
Sul volto i vezzi a gara:
Pastorelletta ruvida
Oh quanto m'è più cara!

Natura, in me fai nascere
Tu sol pensieri, e affetti:
Godo i piacer che m'offeri,
Scrivo quel che mi detti.

IL RAMMARICO.

T'amo, le dissi; del mio cor l'affetto,
Donna, a te volgo, a te sarò costante;
Tu sol mi piaci, e or per te sola in petto
Tutto ho l'ardor ch' ebbi per molte avante.

APPENDICE.

Dal dì primier che il tuo leggiadro aspetto
Mi ferì, mi beò, mi rese amante,
Son tuo così che non ho alcun diletto,
Se non mi vien dal tuo gentil sembiante.

Che non fec' ella, e che non disse allora?
Quai numi non giurò l'empia, dicendo
Che ognor sincera, ognor fedel mi fora?

Eppur tradimmi.... eppur poteo l'ingrata
In braccio ad altri... Ah! di furor m' accendo...
Oh potessi obliar d'averla amata!

———

O tu che ten fuggisti in erma cella,
Come colomba da rapace artiglio,
Ed agli occhi del Ciel per farti bella
Da noi prendesti volontario esiglio;

Se vedessi qual torbida procella
L'anima mi combatte, e qual periglio,
Forse più d'una al rigor tuo rubella
Lacrima ti vedrei cader dal ciglio;

Forse... Che penso mai? Che mai ragiono?
Oimè!... tra nube e nube scintillante
Veggio... è l'ira di Dio... già n'odo il tuono.

Ma invan.. non temo.. in faccia anco a'tuoi sdegni
Sarò in amarla, o Dio, sarò costante,
Se tu non sei, che a disamar m'insegni.

———

IL VELO.

O casto velo, che a più casto viso
Intorno serpi, e l'una e l'altra cingi
Candida tempia, e quelle invido stringi
Care reliquie del bel crin reciso,

Dimmi se più sereno amabil riso
Esser può in terra, e qual pur vuoi tel fingi?
E se non son del bruno, onde ti tingi,
Più bruni i lumi, dov'è il sol diviso?

Dachè religion di sacre ancelle
Fregio ti feo, di queste che circondi,
Dimmi, s'hai tocco mai forme più belle?

Ma tu non odi, a que' bei rai beato,
Orgogliosetto vel, tu non rispondi,
Qual chi d'altrui non cura in lieto stato.

LA GRATA.

O ferrea ardua infrapposta aspra barriera,
O cagion de' sospir che non intendi,
Con gli avari cancei tu mi contendi
Gioir dell'aria del bel volto intera!

O avversaria d'amor soverchio austera,
Sebben dall'amor mio sì la difendi,
Non allenti però, ch'anzi raccendi
Quel puro amor, che non vedrà mai sera.

Men intenso saria, se tu men dura :
Chè per ostacol più la brama è desta ;
Men cosa, ad acquistar lieve, si cura.

T'apri al mio pianto; nè temer che questa
Mal sia per sè contra al mio ardor sicura :
Ben altro in sua virtù schermo a lei resta.

LA LONTANANZA IN PRIMAVERA.

S'invola omai del tardo verno algente
La stagion disamabile e severa,
E con il mite aspetto sorridente
Olezzando ritorna primavera ;
Ma primavera i cor di gioja pasce
Che son felici, e sol per lor rinasce.

Il mio che grave di dolor sospira
Al suo lieto ritorno ahi non s'allegra !
Anzi ovunque si volge, ovunque mira,
Tutto per lui vieppiù s'infosca e annegra :
Il piacer di goderne a me vien tolto,
Mentre più bel mostra natura il vòlto.

Cento e cento memorie erranno in folla
Intorno a questo cor privo di speme ;
Alternamente or l'una or l'altra il crolla;
Tutte or l'assalgon raggruppate insieme :
Ed un piacer perduto, a mio tormento,
Mi rammenta in passando ogni momento.

Ma fugga il tempo pur, nulla men cale :
Ore, di cui pavento il pigro volo,
Il so, rapir potete voi sull'ale
La vita mia preda all'affanno e al duolo;
Ma del bene, ond'io fui felice un giorno,
Voi più non permettete a me il ritorno.

Più non lusinga l'infiammata mente
Quel che sull'alba a me s'offria primiero,
Quel che poi rinasceva al sol cadente,
Giocondo soavissimo pensiero,
Che un futuro piacer mentre pingea,
Anticipato delibar mel fea.

Veggio d'intorno rinverzire il manto
Della vallea, e i rami agli arboscei;
Odo dolce animarsi il primo canto
De' folleggianti amorosetti augei,
Ed accordarsi in musical susurro
Gli augelli, i rami, e il ruscelletto azzurro.

Ah questa è la stagion, stagion diletta
In cui soleami amor esser cortese;
Che la vispa occhi-nera forosetta
Più sovente faceasi a me palese :
Là dolce salutommi, e qui s'assise,
Qui parlommi d'amore, e là sorrise.

Al caro suon de' suoi soavi accenti,
Che prostrato al suo piè bever godea,
Stavan sull'ale innamorati i venti,
Più lenta del ruscel l'onda correa,

E udianla muti, e tra le frondi ascosi
Stupidi gli augelletti, e in un gelosi.

È ver che spesso un invido indiscreto
Spettator sorvenia nel luogo istesso,
Nè al fervido desire ed inquieto
Il meditato sfogo era permesso;
Ma l'occhio d'un rival, sebben ci offende,
I diletti d'amor più dolci rende.

Oh grate veglie! oh placide e giulive
Sere, di lieto amor felici scuole!
Languide occhiate avvicendar furtive,
Dolci all'orecchio mormorar parole,
Un atto, un riso, un bacio eran mercede
Alla mia tenerezza, alla mia fede.

Degli accorti rivali in fra la schiera,
Di lor più accorta in aria semplicetta,
Or con parola non del tutto intera,
Or con cenno furtivo e fatto in fretta
Mi additava Neera in modo espresso
Dove doveam trovarci il dì d'appresso.

Supplir che puote alla giojosa ebrezza,
Onde i suoi scherzi amor condisce e avviva,
Sol atta ad alleggiar la ria tristezza
Della languida vita fuggitiva?
L'incantatrice gloria, ah non sen vanti,
Che dar non può sì preziosi istanti.

Perchè nutrire in sen cura mordace
Ad acquistar d'un vano nome il suono?

La gloria or non mi alletta, or non mi piace;
Chè più non ho cui possa offrirla in dono:
Amai la gloria un tempo, e allor l'amai
Che dal mio ben più farmi amar sperai.

La splendida dell'arti e lusinghiera
Pompa, che a'sguardi miei tutta s'ostenta,
No che non può farmi obbliar Neera;
Ch'anzi vie-meglio ognor me la rammenta;
Ch'ella, ove appar di bel vestigio o traccia,
Più bella sempre al mio pensier s'affaccia.

Se di mima gentil musico labro
Armonizzar il molle fiato ascolto,
Mentre dà legge al cor più duro e scabro,
Mentr'ebro da lei pende il popol folto,
Neera, io dico, più soave oh quanto,
E sol per me scioglieva il labbro al canto!

Se con spettacol dolcemente mesto
Melpomene talvolta mi trattiene,
A'dì felici io col pensier m'arresto,
Quando a noi presentavano le scene
Ciò che sentian ben meglio i nostri petti
In un tumulto tenero d'affetti.

Mi avverte un moto involontario spesso
Ch'io non son lungi dal ritiro amico,
Ove sedendo alla mia ninfa appresso
De'folti rami sotto il verde intrico
Nulla a'miei s'opponeva, e a'desir suoi,
Soli, se non che amor era con noi.

Talvolta, è ver, ch'al destinato loco,
Che accoglierci dovea, l'attesi, e quando
Trascorsa mi parea l'ora alcun poco,
Cento sospetti mi venian turbando :
Ed ora, oimè, troppo da lei lontano
Attenderla vorrei, fosse anco invano.

Il mio cor solitario, irrequieto
A rinvenir s'affanna il ben perduto;
Ma incontra del destin l'aspro divieto,
E sospeso rimansi e irresoluto;
Poi quel, che a lui niega il presente, almeno
Vuol gir sognando all'avvenire in seno.

Simile ad augellin timido, incerto
Nel rio verno di nordiche contrade,
Qualor di neve è il colle e il pian coverto,
Chè il piano e il colle più col vol non rade,
Nè sa ove posi per scampar dal gelo
Con dubbia penna volteggiando in cielo.

In van, lo veggio, d'ingannar io tento
L'immedicabil mio dolore atroce
Coll'iterato mio lungo lamento,
E in van perdo i sospir, perdo la voce;
Chè nulla giova il lamentar frequente,
Se il nostro lamentar altri non sente.

Ma che importa destar altrui nel petto
Pietà d'un mal, ch'altri sanar non puote?
Reca pur anco il sospirar diletto,
Dolce è di pianto inumidir le gote;

Esala il suo dolor, nè cerca il core
A divider con altri il suo dolore.

Lasso! che dico? il mio pensier doglioso
Che d'amor, di fortuna avverso nembo
Agita e preme, sol trovar riposo
A queste può dolci memorie in grembo?...
Sì questo è il sentimento in che mi arresto;
Di tutti i miei piacer l'ultimo è questo.

Sentimento gentil! piacer soave,
Che avrò compagno ancor de'miei fredd'anni!
Pur quando avvien che la canuta e grave
Età gli error di gioventù condanni,
Questi teneri moti all'alma mia
Forse che dolce a rammentar mi fia.

Allorchè de'bei dì la lusinghiera
Illusion dileguasi repente,
E che ragione querula e severa
Vieta d'amar a chi più amor non sente,
Io troverò, poichè l'amor perdei,
D'amor l'immago almen ne'versi miei.

AL RITRATTO.

O fedel opra di pennel pietoso,
Volto, che tanto rassomigli al vero,
O dolce error dell'occhio e del pensiero,
Care luci fatali al mio riposo,

Bocca, cui d'appressar la mia non oso,
Conscio del cor pudicamente austero,
O bianca mano, o crin tinto in bel nero,
O sen tremante sotto un vel geloso,

Potessi, o immago del più vago aspetto,
Darti la vita con un mio sospiro,
Onde l'inganno mio fosse perfetto!

Ah! se l'amor, se lo potesse il duolo,
Qualor ti parlo, e muta ognor ti miro,
Pigmalione non sarebbe solo.

AD UN AMICO IN MORTE DEL PADRE.

Ben veggio, ancor che lungi, ed odo come
Con fioca voce, di pietà dipinto,
Sulla fredd'urna che il racchiude estinto
Il padre chiami, il caro padre a nome!

Nè giova il dir, che omai le antiche some
Scosse del tempo, e del suo fral discinto,
Poichè sì ben quaggiù sè stesso ha vinto,
Della luce di Dio fregia le chiome:

Chè nullo giova di ragion conforto,
E duol ti fiede l'anima cotanto,
Ch'altro non senti fuor che il padre è morto.

Oh potess'io placarti almen col canto!
Ma in la tua doglia acerbamente assorto
Non posso oimè! che piangere al tuo pianto.

ADAMO ED EVA.

Poichè dal primo sonno i lumi aperse
Del piacer nel ridente almo soggiorno,
Colla man le palpebre Adàm si terse,
E il guardo volse avidamente intorno;

E oh! qual novella maraviglia scerse,
Che fea più ameno il suol, più chiaro il giorno:
La donna al ciglio ammirator s'offerse
Dal bel crin d'oro e dal sembiante adorno.

Di fibra in fibra con soavi scosse
Serpeggiò ad ambo incognito diletto,
E l'un ver l'altro rapido si mosse.

Amor guidò l'ignuda coppia, e affise
Labbro a labbro, occhio ad occhio e petto a petto:
Vide innocenza il dolce amplesso, e rise.

IL SACRIFIZIO D'ABRAMO.

Giunto sul monte all'olocausto eletto
Abràm pensoso sul divin consiglio,
Sordo all'amor che gli parlava in petto
Fea la costanza balenar sul ciglio.

Non gli palpita il cor, non cangia aspetto
Del caro germe all'ultimo periglio:
La manca Isacco, e l'altra il ferro ha stretto:
Ahi sacerdote è il padre, ed ostia il figlio!

Pronto a svenarlo il braccio ecco già stende;
Ma grido alto il riscote, il colpo arresta,
E a mezzo il colpo il braccio a lui sospende:

Pur di ferire ancor si stava in atto:
L'Angelo allor: di Dio la voce è questa,
Abramo, Abramo, il sacrifizio è fatto.

SUSANNA.

Sola e ignuda del bagno in sulla sponda
L'ebrea sedeasi giovinetta sposa;
E attonita godea doppiarne l'onda
L'inconsapevol nudità vezzosa.

Celata dietro alla secreta fronda
De' vegli rei la coppia insidiosa
Esce tosto d'aguato e la circonda,
E chiede, e tenta, e minacciar pur osa.

La morbidetta man l'uno le prende
Colla man rude; un bacio l'altro a còrre
Col labbro informe in sul bel labbro pende.

E sola e ignuda, oh Dio! chi la soccorre?
Ah! nulla teme chi l'onor difende,
Chi la vita non cura, e il fallo abborre.

APPENDICE.

LA MALINCONIA.

Il cittadino strepito
Il fumo ed il tumulto,
E più l'orgoglio abbomino:
Ermo sentiero occulto
S'indaghi e più pacifico
Non profanato asil,
  Ove d'uman vestigio
Piè non deturpi il campo:
Le confidenti ombrifere
Piante ricetto e scampo
Dienmi: il duol m'urta, e mormora
In lamentoso stil.

  Caro all'alme sensibili
Saggio cantor britanno,
Quella, che t'odo sciogliere,
Favella dell'affanno,
In me un soave fremito
Desta, che par piacer.
  Piacere! idol fuggevole,
Te invan l'uom brama e traccia
Dietro t'anela, ahi misero!
Ed un fantasma abbraccia;
Pur dell'inganno appagasi;
Nè cura, o abborre il ver.

  Fra gl'ilari spettacoli,
E nel rumor giocondo

Sogna, delira, e immagina
D'esser felice al mondo :
Oh illusion! non abita
Felicità quaggiù.
 Felice fia chi fluttua
Fra cento affetti, e oltraggio
Fa al bel candor dell'anima
Prestando al vizio omaggio
Velato dell'ipocrita
Immago di virtù?

 De'venti al torbid'impeto
Il mar vast'onde estolle,
Mugghia, spumeggia, s'agita,
S'ammonta, infuria, e bolle,
E al lido in bianchi frangersi
Sprazzi gemendo va.
 Dell'elemento instabile
Nell'orrida tempesta
Veggio l'inevitabile
Dell'uom sorte funesta :
Contro al suo fasto il lùgubre
Scoglio di morte sta.

 Ti scorgo, o solitaria
Via dal clamor rimota
Ai passi miei sol cognita :
Già l'alma a te devota
A salutarti un flebile
Svelle sospir dal sen.
 Diritte fila in ordine
Di cipressi funebri

D'ambo i lati t'ombreggiano
Co' sacri rami e crebri:
Serto vò al crine intessere
Quale al mio duol convien.

Il piè s'innoltra, e crescere
L'errante ciglio vede
Il muto orror patetico
All'innoltrar del piede;
Sol d'aura un cupo sibilo
D'intorno odo vagar.

Oh! qual già sento piovere
Dell'egro spirto in grembo
A mano a man di tetrici
Pensier gravoso nembo,
Che affollansi per chiedermi
L'usato lamentar.

Salve, o bosco, ricovero
De' tristi lai soltanto:
Qui alcun non può contendermi
La libertà del pianto:
Ah! quando posso piangere
Meno infelice io son.

Fronzute querce intrecciano
L'annose braccia intorno,
Tal che qui mai non penetra
Se non di furto il giorno;
Gli occhi a fatica scernere
I dubbi oggetti puon.

Luce importuna, fúrati
Per sempre agli occhi miei:

Tu dunque, o di Dio fulgida
Primiera figlia, i rei
Dell'uom misfatti illumini,
E insozzi il tuo candor?
　Io t'odio: a nuovi palpiti,
Luce crudel, mi danni,
Che sol in parte mitiga
Sotto i tacenti vanni
Quel che invocando accelero
Amico tenebror.

　Ma qual udir mai sembrami
Per l'aer cheto e fosco
Rombo improviso? Gl'ospiti
Ah! son di questo bosco
Malaugurati e striduli
Augei nemici al dì.
　Quest'è un ruscel che origine
Ha dal vicin dirupo;
Col languido discorrere
Va mormorando cupo:
V'è i molli fior sonniferi
Che il pigro umor nutrì.

　Accento uman qui fiedere
L'orechio a me non puote:
Lungi i detti infingevoli,
L'amare ontose note,
E quanto un labbro perfido
Sa di più nero ordir.
　A te, sacro silenzio,
Genio di questo loco,

Io di mia cetra dedico
Il flebil suono e roco :
Le austere leggi venero
Che vietano il garrir.

   Di qua s'apre e profondasi
Tetra ed enorme grotta;
Tentarne il varco è inutile :
Per entro ognor v'annotta;
L'ingresso spaventevole
Mi fa arretrare il piè.

   Io mi sofferino all'adito
Qui dove un nudo masso
Duro riposo apprestami.
Il travagliato e lasso
Fianco adagiar su morbide
Piume non lice a me.

   A voi, figli d'ignavia,
A voi poltrir conviene
In seno alle delizie :
Le più lontane arene
A' gara a voi forniscono
Multiplice gioir.

   Virtù...? negletta aggirisi
Alle superbe soglie
Avvolta in manto logoro,
E le discrete voglie
Ond'appagar, desideri,
Nè speri unqua fruir.

   Odo a di mezzo rendere
Le voci il cavo speco;

Ah! forse a ripercotere
Con lagrimevol eco
L'estreme note querule
L'eccita il mio dolor.

Scroscio di frasche e strepito
Ecco che di là parte :
Biancheggia il loco infausto
D'ossa all'intorno sparte :
Ah forse sono vittime :
D'un disperato duol'!

Tale è il tenore immobile
Ah! di mia sorte ria,
Che il core audace e timido
Paventa e in un desia,
L'estremo fato accelera,
Ed evitarlo vuol.

Tu, vita, don benefico
De'numi? e in te chi trova
Ombra di bene? il vivere
A che cotanto giova?
D'un male ahi che si valica
Sempre in un altro mal!

Uom, che sei tu? t'esamino,
Ed ahi! gelar mi sento ;
Chè nel pensiero memore
S'innova lo spavento :
Mostro d'istinto perfido
Può a te trovarsi egual?

No, selva o spiaggia inospita
Tal non ne alberga ancora :

Sol frodi studia e insidie,
Il suo simìl divora,
E sotto il riso l'odio
Nasconde ed il livor.
   Tutto saper desidera
Tutto saper ei crede
Vano, orgoglioso, instabile,
E illuso ognor travede:
Nel natio carcer brancola
Fra l'ombre dell'error.

   Che il quinto lustro io supero
Volge il prim'anno omai:
Vien, morte: segno a barbaro
Cruccio ho vissuto assai:
Altro non fei che piangere
Dal primo mio vagir!
   Al reo commercio involami
De' vivi: ecco il mio voto;
Ver me pietosa mostrati.
Ah spargo i preghi a vuoto!
Col volto scarno ridere
La veggio a' miei sospir.

   Si pianga almeno; alleggiansi
Col pianto i miei martori;
Ristoranmi le lagrime,
Come i più puri umori
Dell'alba ai fior ristorano
L'illanguidito sen.
   Ma qual torpor mai serpemi
Nel petto a poco a poco?

Le stanche luci aggravami,
Più rende il labbro fioco :
È il sonno : e non fia l'ultimo?
Ah fosse lungo almen!

GENOVA. — 1797.

E queste son del Feritor le sponde?
Della figlia di Giano è questo il lido?
È desso, ognun sento che a me risponde,
È desso; ma d'altrui pur non mi fido.

Genova è questa? e come? aure seconde
V'ebbi un tempo, esca dolce, e lieto nido;
E or qui tutto mestizia al cor m'infonde :
Qui non era ella, o non è adesso, io grido.

Fra' moti del dolor così deliro,
Finchè m'avvengo in quel vedovo tetto;
Ed ahi! tacito il guardo, e poi sospiro;

E fammi allor con nuovi moti al petto
Il duol fede del loco in che m'aggiro,
Quel duol che mi fea cieco a ogni altro objetto.

PEL RITORNO IN PATRIA DI PASQUALE PAOLI

NEL 1790.

Libero spirto indagator del vero
Di rea lusinga non aspergo i carmi;
Sol le bell'opre dell'oblio severo
     Involo all'armi.

Io de'potenti le superbe soglie
Miro da lungi, e d'appressarmi sdegno,
Nè al vano orgoglio, e alle dorate spoglie
                    Serve l'ingegno.
Stancar non so co'voti miei fortuna;
Pago di quel che mi concesse il fato
Fra i lari umili, ove sortii la cuna,
                    Vivo beato.
Qui le sacr'arti son mia dolce cura,
Nè del volgo venal temo il disprezzo,
E a un vol sublime ver l'età ventura
                    La mente avvezzo.
De'forti il braccio, e i nobili perigli,
Non effimero onor di sangue avito,
Sono agli alati della cetra figli
                    Possente invito.
Come, se acciaro il duro sen percote,
L'occulto foco si sprigiona, e mille
Lucide a un tratto dall'alpestre cote
                    Scoppian scintille;
Tal, di stupor se mi ferisce il prode,
Destansi in me l'immagini tacenti,
Che al caldo labbro di non compra lode
                    Chiedono accenti.
Ed or che a noi di bella gloria carco
Dopo tant'anni alfin tu fai ritorno,
Non deggio aprir d'eternitade il varco
                    Al fausto giorno?
Oh qual incendio per le fibbre io sento
Scorrermi ratto! mai più bella forse
Provocatrice di febeo concento
                    Cagion non sorse.

Ma indugio a me, signor, fa tua virtude:
Ammiro il folto stuol de'tuoi gran vanti,
E qual temprar sulla canora incude
                Non so fra tanti.

D'Ida l'irsuto montanaro in cima
Così guardando or quella pianta, or que sta,
Mentre non sa qual poi troncar, qual prima,
                Sospeso resta.

Dubbio così per odoroso prato
Rustica Ninfa il passo avvien che volga,
Nè sa fra mille fiori, ond'è smaltato,
                Qual prima colga.

Teco rinchiusa in bianco vel la fede,
Teco costanza intrepida e sicura,
Teco prudenza vien, che tutto vede,
                Tutto misura.

Tu della patria, in sull'etade bionda,
Torvo guatasti la servil catena,
Nè più lusinghe ebbe per te la sponda
                Della Sirena.

Chè lei giacente a sollevar dall'onte
Voli col lauro fra le chiome inserto;
E tosto trema di Liguria in fronte
                L'ingiusto serto.

Lunghe non fur le belliche contese:
Per te s'unìr le forze in pria divise;
E alle veloci paventate imprese
                Vittoria arrise.

D'ingiuriosa servitude il laccio
Sciolto, onde fummo lungamente afflitti,
Alfin riprese a bella pace in braccio
                Cirno i suoi dritti.

La disperata tirannia contorse
Ver te le luci allor di sangue ingorde,
E per rabbia fuggendo il dito morse,
     Ed anco il morde.
Parlàr le leggi, ed il delitto sparve,
Fiorir costumi e de bei studj al chiaro
Fulgor le cieche d'ignoranza larve
     Si dileguaro.
Allor di cittadin di patria il nome
La prima volta sul tuo labbro intesi,
E ai dolci nomi, al sacro ardor oh come
     Anch'io m'accesi!
Quantunque fossi sulla prima aurora
De' miei verd'anni nel fuggir sì lievi,
Di que' bei giorni io mi rammento ancora
     Ahi troppo brevi.
Straniere insidie contro noi repente
Sorser velate d'amistà col manto,
Che poi forzàr la libertà cadente
     A nuovo pianto.
Ma nel cimento in te vigor non langue:
Urti, e combatti il prepotente insulto;
Tingonsi i campi di nemico sangue,
     Nè cedi inulto.
Vide l'Europa l'inegual contrasto,
E meglio vide il tuo valor distinto:
Biasmo sortì del vincitore il fasto,
     E gloria il vinto.
Te generosa sull'amico lido
Anglia chiamando, degno asil t'offerse:
Alzò di plauso libertade un grido,
     Le braccia aperse;

E noi, rapito di tue cure il frutto,
Vittima ingiusta d'un poter tiranno
Restammo in preda fra l'orrore e'l lutto
           A lungo affanno;
Che al fin cessò, poichè l'antico errore,
Poichè più saggia i primi torti emendi,
E a noi la libertade e il difensore,
           Gallia tu rendi.

N.° 4, *page* 27.

LA CADUTA

DELL' ABBATE D. GIUSEPPE STRAFORELLI.

È scritto in cielo, che chi nasce muora.
Ogni uomo ai nove mesi al mondo viene;
Ma del morire è incerto il mese e l'ora.
Qui sento chi mi dice: il sappiam bene:
Domma è di fede, e chiosa di notai.
Leggi i miei versi, e meglio lo saprai.

Quando l'aspetti men, morte t'assale;
Quando lontan la credi, ell' è vicina.
Puoi morir di quaresma o carnovale,
Puoi morir dalla sera alla mattina;
E taluno oggi sciala, e fa figura,
E domani dà il tuffo in sepoltura.

È una grazia del cielo, s'ei talora,
Col darci un opportuno avvertimento,
Previen quella vecchiaccia traditora,
Ch'ammazza l'uomo senza complimento.
Sì buon avviso io l'ho dal cielo avuto,
Benchè in un modo che non m'è piaciuto.

Poco mancò, che mentre al camposanto
Stavo colla candela e col breviario
Intonando l'esequie in fermo canto
De' trapassati nell'anniversario;
Poco mancò, dicea, senza motivo,
Ch'io non restassi sotterrato vivo.

Dando indietro una gamba per pregare
In suffragazion de' miei bisavi,
Nel punto ch'io volea propio intonare
De profundi ad te Domine clamavi,
Casco a rovescio d'una fossa in fondo;
E mi credo con quei dell'altro mondo.

Ebbi al fil delle rene un duro scrollo;
E mentre steso lì con divozione
Ringrazio Dio che non mi ruppi il collo,
Mi cadde in testa un pezzo di sabbione:
Credetti d'aver sopra il beccamorto:
Non mi coprir, gridai, ch'io non son morto.

Risero tutti senza discrezione;
E io pur lì stava immobile e confuso.
Chi più pietoso mi porse il cordone
Della sua cappa per tirarmi suso;
Chi il *subvenite sancti Dei* mi lesse:
Chi gridò: terra addosso, e poche messe.

Io n'uscii salvo, chè Domenèddio
Non volea, che morissi ab intestato.
Voi che rideste allor sul caso mio,
Che m'intronò le rene ed il costato,
Vi guardi Iddio da quel luogo fatale,
E dal cascarci senza farvi male.

IL RITRATTO.

Fra tante voglie che mi son cavato,
Vo' cavarmi anche questa ad ogni patto,
Di vedermi in un quadro ritrattato.

Mi feci prete, e quel ch' è fatto è fatto;
Nè giusta il jus canonico poss' io
Lasciare in carne e in ossa il mio ritratto.

Ritrattami tu dunque, o compar mio;
Ch' ad ogni modo, in cera o in carta pesta,
Alla posterità vo' andare anch' io.

Tu mi dirai: che strana brama è questa,
Or che già grinzo e improsciuttito sei,
E non hai denti in bocca e crini in testa?

Alla morte pensar certo io dovrei:
E ben ci penso, quando mi rammento
Che sto già per finir tre giubilei.

Pur m' è venuto in cor questo talento:
Se non l'appago (vedi fantasia)!
Non mi parrebbe di morir contento.

S' altro non posso, alla famiglia mia
Io vo' lasciar, com' un legato pio,
Il profil della mia fisonomia.

Era questi, diranno, il nostro zio
Penitenzier canonico, vecchietto,
Ch' in età di tanti anni sen morio.

Oh quanto gli somiglia! il poveretto
Avea così buon core e buona testa,
Faceto, allegro, cordiale e schietto.

Almen di lui questo ritratto resta,
Che ci rimette giusto alla memoria
Com' andava vestito il dì di festa.

Il poveraccio, Iddio se l'abbia in gloria,
Non ebbe ugual, pria che perdesse i denti,
Nell' intonar l' Eleisonne e il Gloria.

Poi con facezie divertia le genti,
Cantando in versi storielle amene,
E bizzarri, ridicoli accidenti.

Ancor quella cascata ci sovvienne,
Che gl' interruppe a mezzo il *Miserere*,
E per poco non ruppegli le schiene;

Quand' intonando funebri preghiere
Cascò dentro una fossa all' impensata;
Nè so come n' uscì coll' ossa intere.

Ei si rizzò da quella strammazzata,
E a guarirgli le coste e il mesentero,
Gli bastò d' uova fresche una chiarata.

Ma questa volta ci cascò davvero
Il pover' uom, nè in prosa o in poesia
Può venirla a contar dal cimitero.
Requiescat in pace, e così sia.

LAMENTO

IN LINGUA VERNACOLA BASTIESE,

Fatto a nome di Anna Catalina, pescivendola, per la morte di Pasquale suo marito,

DALL' ABBATE D. GIUSEPPE STRAFORELLI.

.Morte crudele,
O corpu tropp'amaru,
Chi m'hai privatu
D'un cumpagnu sì caru,
Infelice miò destinu,
Mi si statu tropp' avaru:
M'hai rubatu u miò Pasquale,
Per me nun ci fu riparu.

Lu miò campione,
Lu miò core sinceru!
Figlioli cari,
Pienghitelu daveru.
Mi lasciasti, u mo fratellu,
Cun un tamantu penseru.
Oh la miò crudel furtuna!
Oh lu corpu troppu fieru!

Dopu tre mesi,
E più di malatia,
Tanti ricatti
Circati per Bastia
A niente un sò serbiti,
Ma t'hannu purtatu via.
Di più si sarebbe fattu,
Se di più ci ne vulia.

Tanti Duttori,
Chi t'avianu in cura,
T'hannu mandatu
Più prestu in sepurtura;
T'hannu prima macellatu,
Fattu più d'una ruttura;
E tu tuttu suppurtava
Cume una criatura.

Pienghilu tu
Lucia la miò figliola,
Chi t'ha lasciatu
Abbandunata e sola;
Prive d'u nostru rispettu
Nimmu c'è chi ci cunsola,
Nè mancu per sullevacci
C'è chi dica una parola.

Quandu la nova
Arriverà in Diana
Che tu sì mortu
In questa settimana,

Quantu ne vurà dispiece
A tutta la caravana,
Chi cridianu, lu miò caru,
La to morte ancu luntana!

Ancu l'altr' eri
M'avianu dumandatu
Cume tu stava
Quelli di lu Spallatu.
Eo li dissi chi paria
Un pucucciu sullevatu :
Se ti veneranu a bede
Ti vedrannu apparicchiatu.

Eccu a Surona,
Eccu a cumpà Austinu;
Oh quanta jente!
Entr'ancu Pistuccinu;
Eccuti a Maria Incirata,
E unepochi di u vicinu,
Chi sò ghiunti tutti a bede
Lu miò caru Sammertinu.

O Pilusè,
Che sempre t'infinghia
D'andà a lu Stagnu
Cun questa cumpagnia,
Avà nun ti dubità
Chi fastidiu più ti dia :
Guerdalu stracquatu in tera
Lu campion di la Bastia.

APPENDICE.

(Pilusella accostandosi ad Anna Catalina).

   O a miò surella,
Quantu m'è dispieciutu
Di lu cumpagnu
Che boi avete perdutu!
Era troppu galentomu
Da lu mondu cunusciutu.
Ghiustu perch'ell'era vonu
U Signore l'ha bugliutu.

   O Pasqualò,
Per me avà sò finiti
Quelli gran rocchi
Di li pesci arustiti,
Chi purtavi da lu Stagnu,
Ch'eranu sì savuriti,
. . . .
. . . .

(Anna Catalina).

   O lu miò caru!...
E cos' è stu rimore?
Oh quanta jente
Entrata in curidore!
Eccuti la Cumpagnia
Per pigliatti, lu miò fiore.
Ah! sì ch'è stata avisata
Chi benissi alle cinqu' ore.

   O Pasqualò,
Cum' è chi ti ne vai,

E qui mi lasci
Cun tanti affanni e guai?
O Pasquà, core di mene,
Chi nun t'aghiu pientu assai!
Ti ne vai tantu luntanu
Ch'un ti videraghiu mai.

N° 5, *page* 28.

ODE.

Coroniamo il crin di rose,
E di rose pur s'infiorino
L'ampie patere spumose.
  E di Bromio col favore
Della rosa i pregi cantinsi,
Ch'è de' fiori il più bel fiore.
  Rosa, tu rallegri e bei
L'are, i nuzïali talami
E i conviti degli Dei.
  Han le Ninfe rosee braccia,
Ha l'Aurora le man rosee,
Citerèa rosea la faccia.
  D'altro fior non fan corona
Le canore eterne Vergini
In sul giogo d'Elicona.
  Nel tuo sen, quando nascesti,
Versò nettare il ciel provido,
Ed i succhi a' morbi infesti.

Da te sugge umor la pecchia
Più soave che dal dittamo;
E sebben già vizza e vecchia,
Tal da te l'aere odor bee,
Qual non hanno le aromatiche
Odorose erbe sabee.

Al tornar di primavera,
Rosa, Amore di te adornasi,
Di te adornasi la schiera
Delle Grazie, quando vuole
Con alterno piede sciogliere
Leggiadrissime carole.

Di te adorno il crine anch'io,
Di te adorno il plettro eburneo,
Di te adorno l'idol mio...
E soavemente il core
Di quei lumi al rotar placido
Langue in estasi d'amore.

ALL' ISOLA DI SANT' ELENA.

1821.

Salve, o petrosa dell'oceano figlia;
E voi salvete, ch' or alto librati
Sulle grand' ali attoniti tacete,
Delle nere tempeste arbitri venti;
E voi che riverenti il flutto stanco
Appiè di lei rompete, onde canute.

Rupe deserta, nel cui sen bevea
L'ultime della vita aure infelici

Quel Grande, ch' adorò qual Dio la terra,
Ed or gelosa il suo cenere serri,
Di te cogli anni parlerà la Fama;
Nè tacerà l'obbrobrioso vero,
Ch' or nel suo bujo anglica frode involve.
Il Pro, dirà, venne a mercè non vinto,
E l' ospizio cercando, il venerato
Invocò delle genti eterno dritto,
E scellerato qui durò servaggio.

 O sir della vittoria e della fama,
Il rigor di fortuna e te medesmo
Ben tu vincesti, tu non vinto mai.
Ma lenta nel tuo sen scendea la stilla,
Ch' avea perfidia inferocita espresso
Dagli angui d'Acheronte, e alfin moristi,
Esul moristi e senza onor di tomba!
Ed ora il curvo salice, e indistinto
Muscoso sasso, e rio gemente il loco
Additano, ove il tuo cenere giace.

 Signor del mondo, e quest' è la tua tomba?
Fostù caduto dello Scaldi in riva
Del trionfale alloro incoronato,
O in riva all' Istro, o al Boristene! intorno
Ti stariano il Dolore e lo Spavento;
E tremefatta e attonita la terra
Daria del tuo morire annunzio degno;
E di te degno a ragionar cogli anni
Sorger farian di gloria monumento
Il concorde ammirare e i comun voti.

 Ma qual dell' orbe parte di lui degna?

Ai generosi degna sede è il cielo;
E al cielo per sentiero all' uom vietato
Ei sorse, e là si riaccende al lume
Di cui fu la sua mente il maggior raggio.

 Immortal verde i gioghi tuoi coroni;
Susurrino alle miti aure d'Igea
Le tue foreste, o solitario monte,
Cui dell' esilio suo sacraro i passi.
A te il segreto delle lunghe notti
A lacrime simpatiche commisto
Verrà sospiro, e a te dei vati il canto;
E il nocchier, che l'atlantico veleggia,
Additerà la pietra innominata,
Onde ascose viltade il fral temuto,
Monumento di gloria e di sventura,
Ed ara ai voti dei mortali. Eterno
Fia che sorga il tuo nome, o balza alpestre,
Ch' in te quel Grande, ch'illustrò la terra,
D' altezza immensurabile disceso
Lungi accogliesti, qual cadente sole.

 Ma voi che vili lo tradiste, e nome
Solo ottorete dalle sue sventure,
Voi maledice delle genti il grido,
E a sempiterna infamia vi condanna,
Codardi voi ch' il venenoso dente
Esercitaste sull' Eroe, qual suole
Rettile vil sull' aquila caduta.

 Salve, o foresta avventurosa! o rupe
Dall' universo invidiata, salve!

N.° 6, page 46.

Voici quelques passages du petit poëme de M. Felici et de l'agréable version italienne qu'en a faite M. Viale :

. . . . ; . . . .
Cyrne optata mihi concusso per maris undas,
Et mage quam patrias optaverat ille latebras,
Qui mores hominum multorum vidit et urbes.

At tu non Ithacæ adsimilis, non horrida tantùm
Quantùm te quidam veterum pinxere poetæ.
Tu mihi securos portus, tu littora et amnes
Et nemora et montes, fœcundaque messibus arva,
Stagnaque seclusum populo servantia piscem,
Prataque odoriferis semper viridantia gemmis,
Quas Hyblæa fovet, quales dat Thessala Tempe.

Hic glacialis hyems non brumâ horrescit, et arbos
Non stipulis superimpositis dat citrina mala,
Et flores ipso pariter de stipite gignit.
Carduus hic jam mitescit, montanaque fraga
Suppeditant nostris gratissima fercula mensis,
Et Martis primæ nondùm venere calendæ.
Hic et Flora rosas, immortalesque amaranthos
Educat et violas, hyacinthos atque anemones,
Et chariophyllon mixta et vacciana calthâ.

APPENDICE.

. . . .
Oh Cirno, a me dai tempestosi flutti
Stanco del mar più sospirata sede
Che il patrio lido all'Itaco ramingo,
Per fatali sventure esperto e lasso,
E per molto veder costumi e genti!

Ma tu non pari all'aspre itache rupi,
Nè, qual l'esul filosofo ti pinse,
Orrida sei; tu a me securi porti
Offri, pescosi laghi, aquose e culte
Valli, e cedue foreste, e d'ognor nuovi
Odoriferi fior prati gemmanti,
Quai la Tessala Tempe o il florid'Ibla.

Qui mite verna il cielo ai campi e agli orti;
Da sovrapposte stipule indifeso
Qui l'arancio gentil frutta e fioreggia.
Previen l'aprico marzo, e i frutti suoi
Già maturo tributa ai nostri prandi
L'ortense cardo, e la montana fraga.
Il mellifero timo, il catalano
Vago gesmin, la primoletta, il giglio
Qui Flora di sua man sparge ed educa.

Aspicis ut placido decurrunt murmure rivi ;
Utque olere omnigeno declivis floreat hortus.
Audis ut volucrum resonent super arbore cantus,
Et philomela suos æstivo tempore questus,
Ingeminetque suos frondosa turtur ab ulmo.
. . . .

Pomaque nec desunt passim pendentia ramis ;
Persica, pruna, pyrum, cornumique et punica mala ;
Nec cerasus, nec ficus abest, nec amygdala, nec nux.
. . . .

Hic oleas præbet divinæ Palladis arbos ;
Hic nemus ombriferum soles defendit, et arcet ;
Arbor et intonsos tollens cybeleïa ramos
Dat fructus, pelagoque simul sine remige turres.
Quid quod venator, lustrans nemora avia, grandi
Insidiatur apro, plumboque et cassibus afram
Captat avem, damasque leves, leporesque fugaces?
. . . .

Vè serpeggiare i mormoranti rivi;
Vè l'irriguo giardin varia e fragrante
D'erbe salubri e di nativi aromi
Nutrir famiglia! I peregrini augelli
Odi per l'aria salutar col canto
Gli odorosi boschetti e il cielo amico:
Vedi calar tubando alla nuova ombra
Del platano natio le tortorelle;
Odi tra' folti lauri l'usignuolo
Lunga stagione amoreggiar cantando.

. . . .

Qui l'eleatic'uva olezza e imbruna
Pei declivi vigneti; e, del tebano
Dattilo a par, qui s'insapora il fico.
Ciliege qui, punici frutti e persi,
E quei del lacrimato arbor di Filli
Del felice pomier curvano i rami.

. . . .

Nel lungo autunno nereggiar tu vedi
Gli oliviferi colli; vedi i boschi
Le antiche ombre serbar. Allor sovente
L'erta de' monti o le brinose sponde
Dei laghi aggira vestigando ed opra
Il cacciator di pingui alati a danno
L'aeree maglie; ed appostar la lepre
Gode, o 'l daino inseguir, che capovolto
Salta la rupe; o dal secreto brago
Coll'indigeno cane il cignal scova.

Qui l'alpe, che dall'ostro si dilunga,
E le due piagge signoreggia e parte,
Leva altissimi pini, a varcar nati

Adde quod et cives mirâ bonitate, fideque,
Constantique animo excellunt, et laudis amore.
. . . .

Nec taceam vestro laus quæ dignissima sexu,
Solaque, non alibi fortassè imitata per orbem.
Namque hìc ægrotis lectissima fœmina semper
Accurrit, dat opem, manibus curatque fovetque,
Nec morbos putres, nec sordes carceris horret,
Servet ut alterius proprio discrimine vitam.
. . . .

Hìc mihi sufficiunt quæ dat pelagusque, solumque,
Contentus parvo, uno et delectatus amore
Quo me civis amat profugum, populusque veretur,
Quod valeo, spiratque mihi non noxius aer;
Et si fata Deûm patrios contingere fines
Præstabunt, memor usque animo te, Bastia, habebo.

Il circonfuso mare, e a far securi
E formidati i portuosi lidi.

. . . .
    E che dirò dell'ospital bontade
Dei corsi cuor, del senso alto d'onore,
Del fermo ardir, della specchiata fede?
. . . .
    Nè tacerò del gentil sesso degna
La pietà feminil, non pari altrove.
Qui pia matrona sedula conforta,
Veglia gli egri languenti, e il duol ne alleggia;
Nè lo squallor dei carceri, nè i putri
Morbi schifa o paventa; e generosa
L'altrui vita a servar la sua periglia.
. . . .
    Ciò che a mie brame il mar largisce e 'l suolo
Me qui contenta, e il reverente amore
Della città, che ospite amica albergo,
E sanità che il mite aere mi serba:
E se reduce in patria il ciel mi appella,
Grata memoria ognor mi fia Mantino.

APPENDICE.

N.° 7, *page* 218.

NANNA.

Cantata da una Donna oltramontana della provincia di Coscione.

Neli monti di Cuscioni
V'era natu una zitedra,
E la sò cara mammoni
Li facea l'annannaredra,
E quand'ella l'annannava
Stu talentu li pregava.

Addurméntati parpena,
Alegrezza di mammoni,
Ch'aghiu da allestì la cena,
E da cosce li piloni
Pe u to tintu babbaredru,
E pe li to fratedroni.

Quandu vo' saretti grandi
Vi faremu lu vestitu,
La camicia, lu bunnedru
E l'imbustu ben guernitu
Di du pannu sfinazzatu,
Che si tesse scarticciatu.

Vi daremu lu maritu
Allevatu a li stazzali,
Un bellissimu partitu,
E sarà lu capurali

Di li nostri montagnoli,
Pecorai, e caprachioli.

Quandu anderetti sposata
Purteretti li frineri,
N'anderetti incavalciata
Cun tutti li mudraccheri,
Passeretti insannicciata
A caramusa imbuffata.

Lu sposu n'andrà davanti
Cu li sò belli cusciali;
Vi sarannu tutti quanti
Li sò cugini carnali.
Alla Zonza di Tavera
Vi faranu la spallera.

Quand'arrivate a lu stazzu
Duve avete poi da stani
Surterà la suceroni,
E bi tuccherà la mani;
E bi sarà presentatu
Un tinedru di caghiatu.

N.° 8, *page* 310.

Hyacinthe Paoli était aussi poëte et lettré; on rapporte même que ce général était dans l'usage singulier de faire des sonnets contre l'ennemi qu'il avait battu; plusieurs de ces sonnets courent manuscrits. Tel est celui qu'il lança contre le marquis de Rivarola, génois qui se prétendait victorieux. Voici le beau sonnet qu'il adressa à Giafferi après sa victoire de Borgo en 1735 :

 A coronar l'eroe di Cirno invitto,
Marte discenda e se gl' inchini il Fato;
E i sospiri del Ligure sconfitto
Diano alla tromba della Fama il fiato.

 Fatto appena di Golo il bel tragitto,
Del nemico espugnò forte steccato;
Sprezzò perigli e al disugual conflitto
Virtù prevalse ov' ei comparve armato.

 Cirno lo scelse e'l suo destin gli arrise.
E'l gran litigio a cui l'Europa è attenta
Al suo valore, al brando suo commise.

 Il brando ch' anche il fier destin spaventa
All' ingrata Liguria il crin recise
E'l scettro a Cirno la sua man presenta.

FIN DE L'APPENDICE.

TABLE DES MATIÈRES

CONTENUES

DANS LE PREMIER VOLUME.

LIVRE PREMIER.

BASTIA.

Chapitre Ier. *Le Napoléon.* — Bastia. — Aspect. — Port. — Rocher .... Page 1

Chap. II. Reflet italien. — Sociabilité de Bastia. — Pavé. 4

Chap. III. *Saint-Roch.* — *La Conception.* — Inauguration du buste de Paoli. — *Saint-Jean-Baptiste.* — Tombeaux de Boissieux ; — de Marbeuf. — Lettre de Napoléon. — M. de Montélégier. — Le curé Bajetta. — Tableau de M. Pasqualini 5

Chap. IV. Cathédrale. — Biguglia. — *Vagabondi.* — Tableau de M. Varèse. — Artistes corses.. 11

Chap. V. *Hôpital militaire.* — Citadelle. — *Maschio.* — *Bastion Saint-Charles.* — Anciennes prisons. — Palais des gouverneurs français 14

Chap. VI. Cour royale. — M. le comte Colonna d'Istria. — Séance de la cour d'assises. — Mot du frère Albertini. — Proportion des délits en Corse. — Lettre inédite de Viterbi......*Page* 16

Chap. VII. De la dénonciation. — Du jury en Corse. — Vif sentiment du juste et de l'injuste chez les Corses. — Anecdote............... 20

Chap. VIII. Bibliothèque. — M. Renucci. — M. Prela. — M. G.-C. Gregorj. — Sisco. — Nouvelles éditions des histoires de Filippini et de Petrus Cyrneus. — V. Giubega. — Le chanoine Straforelli. — M. Viale. — Poésie corse. 23

CAP-CORSE.

Chap. IX. Vues. — Habitans. — Vins. — Soie... 29

Chap. X. *Cardo.* — Eau. — Noyers............ 31

Chap. XI. *Erbalunga.* — Marins. — *Brando.* — Cascade. — *Madone de la Vasina.* — Mauresque. — *Sainte Catherine de Sisco.* — Les plus anciennes reliques. — *Canari.* — Église..... 33

Chap. XII. *Tomino.* — Vue. — Premières traces du christianisme en Corse. — Église. — Tabernacle. — *Macinajo.* — Débarquement de Paoli. 37

Chap. XIII. *Capraia.* — Bourg. — *Esenoppido.* — *Stagnone.* — Vin. — Miel. — Moines....... 40

Chap. XIV. *Luri.* — Vallée. — Église. — *Meria.* — Réputation de ses habitans............. 42

Chap. XV. Couvent de *Saint-Nicolas.* — Tour de Sénèque. — *Ortica di Seneca*............... 44

NEBBIO.

Chap. XVI. *Olmeta.* — M. H. Sébastiani. — Cirni.

TABLE DES MATIÈRES.

— Église *Saint-Michel*. — Granit bleu. — De la prétendue domination sarrasine. —Vue. *Page*   47

Chap. XVII. *Murato*. — Tableau du Titien. — Fieschi. — Tour de Campocasso. — Caporaux.   51

Chap. XVIII. *Saint-Florent*. — Golfe. — Cailloux. — Étang. — Citadelle. — *Sainte-Marie de l'Assomption.* — Évêques du Nebbio. — Antiquités. — M. Piazza..................................   54

Chap. XIX. De l'hospitalité corse..............   58

Chap. XX. Barque de la douane. — Pêche du corail. — Contrebande en Corse...............   62

BALAGNE.

Chap. XXI. *Ile-Rousse*. — Sa fondation. — Lapins. — Commerce.......................   65

Chap. XXII. *Corbara*. — Daniele. — Génie médical des Corses. — *Barcale*. — Granit, dit d'Algayola. — *Algayola*. — Tableau du Guerchin.....................................   68

Chap. XXIII. *Monticello*. — Couvent manqué. — Sceau de Paoli. — *Occiglioni*. — Giudice della Rocca. — *Belgodere*. — Dynasties d'oliviers. — Frère Bonfiglio. — Correspondance de Paoli.   72

Chap. XXIV. *Speloncato*. — J.-M. Arrighi. — Zèle moral d'un curé. — Plaine de *Campiolo*. — Assemblée nationale corse. — Aventure....   76

Chap. XXV. *Aregno*. — Église de *la Trinité*. — Oranges. — *La Mascherata*. — *Lumio*. — Église. — *Saint-Pierre*. — Cactus. — Nouveau sucre indigène.................................   79

CHAP. XXVI. CALVI. — Golfe. — Giovanninello. — Inscription génoise. — Courage des femmes corses. — Mœurs.................... Page 81

CHAP. XXVII. Église. — Mausolée *Libertat.* — *Saint-Antoine.* — Crucifix. — Guidi *della gran memoria.* — Agnese. — Colomb de Calvi. — Tour de *Caldano*........................ 85

CHAP. XXVIII. Étang de Calvi. — Tradition. — *Calenzana.* — Église. — Cimetière des Allemands. — L'Immaculée Conception souveraine de Corse. — Miel amer. — *Carbonari* et *Fiscoloni.* — *Santa-Restituta.* — *Saint-Pierre.*.... 89

VICO.

CHAP. XXIX. Côte de *Galeria.* — Porphyres globuleux. — Lenteurs administratives. — Golfe de *Girolata.* — Prise de Dragut........... 94

CHAP. XXX. Tour de la *Girolata.* — Bandit...... 97

CHAP. XXXI. *La Piana.* — Scène d'élection. — Château de *Giunepro.* — Fort de *Foce d'Orto.* 100

CHAP. XXXII. *Cargèse.* — Colonie grecque. — Archimandrite. — Pétition................. 102

CHAP. XXXIII. *Sagone.* — Golfe. — Réponse d'un évêque à saint Grégoire. — Eaux thermales de *Mosi*........................ 107

CHAP. XXXIV. VICO. — *La Sposata.* — Couvent de Saint-François. — Eaux de *Balogna.* — Château *de la Zurlina.* — Trahison de Filippino da Fiesco. — *Guagno.* — Bains. — Martyre patriotique d'un curé. — Bon italien et bon français de Corse. — *Arbori.* — Château. *Page* 109

Chap. XXXV. *Liamone.* — Château de Cinarca. — Égalité corse............................... 113

Chap. XXXVI. *Evisa.* — Montagnes. — Chapelle *Saint-Cyprien*............................ 116

Chap. XXXVII. Forêt d'*Aytone*. — Son exploitation. — Route. — Pins laricio. — Forêt de *Valdoniello*. — Des forêts de la Corse........ 118

NIOLO.

Chap. XXXVIII. Bergers. — Ravage du Niolo par les Génois. — *Calacuccia.* — Foire. — Costume des femmes. — M. Grimaldi. — Lacs *Creno et Ino.* — *Scala di santa Regina*............. 121

CORTE.

Chap. XXXIX. Corte. — Aspect. — Pacification. — Porcs....................................... 125

Chap. XL. Palais de Corte. — Appartement de Paoli. — Son gouvernement. — Son université de Corte................................... 127

Chap. XLI. Maison de Gaffori. — Son patriotisme. — Intrépidité de sa femme. — Séjour de madame Letizia......................... 131

Chap. XLII. Église. — Caserne. — Citadelle. — Embrâsure où fut attaché l'enfant de Gaffori. — Abîme. — Évasions. — Cachots de Paoli. — Couvent de Saint-François. — Assemblée du 27 mai 1793................................. 134

Chap. XLIII. *Monterotondo.* — *La Restonica.* — Erreur sur les qualités minérales de ses eaux. — Porphyre. — Vue. — Guides...... *Page* 137

Chap. XLIV. *Soveria.* — Cervoni. — *Tralonca.* — *Alando.* — Ruines du château de Sambucuccio. — Générosité de T. Cervoni. — Mort de Matra. — Cornets corses........................ 141

Chap. XLV. Fontaine *Ottovo.* — *Poggio de Venaco.* — Bel Messer. — Fromages. — Lac *delle sette Scudelle.* — Pont *del Vecchio.* — *Vivario.* — Inscription. — Pont. — *Perello.* — Trois souverains et une impératrice nés en Corse. — Pommes architectoniques................. 145

Chap. XLVI. Forêt de *Vizzavona.* — Granit. — *Bocognano.* — Usage cordial. — Scrupule d'un voleur de grand chemin. — *Ucciani.* — Pont. — *Monte d'Oro.* — *Les Baraques*............ 149

AJACCIO.

Chap. XLVII. Ajaccio. — Golfe. — *Sanguinaires.* — Port. — Quai. — Môle. — Fontaine. — Statue de Napoléon 152

Chap. XLVIII. Cathédrale. — Baptistère. — Naissance de Napoléon. — Maître-autel. — Religion des Corses. 155

Chap. XLIX. Maison de Napoléon. — Saveria... 157

Chap. L. Hôtel de ville. — Théâtre. — Bibliothèque. — Enfans trouvés. — Confrérie de Saint-Erasme. — Tableaux. — Maison de

M. Pozzo di Borgo. — Maison du cardinal Fesch.................................. *Page* 161

Chap. LI. Du changement de noms de quelques rues d'Ajaccio. — Impôts. — Population..... 164

Chap. LII. Citadelle. — Place Miot. — *Casone.* — *Carmine.* — Vue......................... 167

Chap. LIII. *La Villetta.* — Sorba. — Femmes de chambre politiques........................ 170

Chap. LIV. Pépinière. — Jardin botanique. — Progrès de l'agriculture en Corse........... 172

Chap. LV. Les *Melelli.* — Lettre de Bonaparte au comte Buttafuoco. — Chêne............... 174

Chap. LVI. Tour de *Capitello.* — Péril de Bonaparte 176

Chap. LVII. *Alata.* — Esprit des habitans. — Cruel châtiment d'un père corse. — Maison de M. Pozzo di Borgo. — Ancien Pozzo. — Tours des Monticchi........................... 177

Chap. LVIII. Tombeaux. — *Pergoliti.* — Eau de *Caldaniccia.* — *Campo del Oro.* — Héroïsme des vingt et un bergers 181

Chap. LIX. *Suarella.* — Mort de Sampiero. — Cortège armé. — Fusillade................. 184

Chap. LX. *Bastelica.* — *Dominicacce.* — Tour de Sampiero. — Naissance de Sampiero. — Beauté des montagnards. — Mariages. — Combats de femmes. — *Pozzi*...................... 187

Chap. LXI. *Sainte-Marie d'Ornano.* — Tour de Vannina. — Son innocence. — Château de Sampiero. — Sa manière d'entendre la messe. — *Urba Lacone.* — Vues................... 191

TABLE DES MATIÈRES.

SARTÈNE.

Chap. LXII. *Bicchisano.* — *Sollacaro.* — Point de vue du *Tabbione.* — Château de Vincentello d'Istria. — Mousse. — Inscription. — Citerne. — Vue. — Savilia. — Tour. — Colonne en Corse. — Héroïsme patriotique d'une mère corse.................................. *Page* 194

Chap. LXIII. *Olmeto.* — Chapelle *Pianelli.* — Église. — Granit. — Ruines du château de Henri della Rocca...................... 200

Chap. LXIV. *Fozzano.* — *Vendette.* — Nouvelle route. — Église. — Vue. 202

Chap. LXV. Pont de *Rizzanese.* — *Sainte-Lucie de Tallano.* — Rinuccio della Rocca. — Mausolée de sa fille Serena. — Granit orbiculaire. — Lichen. — Mousse de Corse. — Bains. — Granit rouge. 206

Chap. LXVI. *Levie.* — Famille Peretti. — Inconvéniens du port d'armes. — De sa suppression. 209

Chap. LXVII. *Carbini.* — Eglise. — *Giovannali.* . 214

Chap. LXVIII. Château de *Capola.* — *Serra.* — Château de Giudice. — *Quenza*............ 216

Chap. LXIX. *Coscione.* — *Piano* de Rinuccio. — *Incudine.* — Famille corse en voyage. 218

Chap. LXX. Sartène. — Ses divisions. — Vue. — *Saint-Damien.* — Écho. — Galeux. 221

Chap. LXXI. Ruines du château et fontaine de Rinuccio. — Fontaine *Quieti.* — *La Monaccia.*

—Partage des biens communaux. — Destruction des makis. — *Figari.* — Traces sarrasines. — *Caldarello.* — *Pianattoli.* — *Pietra de' Sindichi.* — *Uomo di Cagna.* — Cavalcade dans la mer..................................Page 226

BONIFACIO.

Chap. LXXII. Bonifacio. — Aspect. — Ancienneté. — Marzolaccio. — Manuscrits 230

Chap. LXXIII. Faubourg. — Fontaine. — Montée. — Tour. — Maison de Charles-Quint. — Chambre de Bonaparte. — Son séjour à Bonifacio. — Son premier secrétaire............. 233

Chap. LXXIV. *Saint-Roch.* — Pestes italiennes. — *Sainte-Marie-Majeure.* — *Loggia.* — Clocher. — *Saint-Dominique.* — Inscription. — Couvent. — *Saint-François.* — Tombeaux. — Fontaine. — Bois........................ 238

Chap. LXXV. Hospice. — Testamens........... 243

Chap. LXXVI. Port. — Rocher surmonté de maisons. — Escalier du roi d'Aragon. — Siège de 1420............................. 244

Chap. LXXVII. Grottes marines. — Grotte *Saint-Antoine.* — Caverne *Saint-Barthélemy.* — Lac. — *Montepertusato.* — *Dragonale.* — Pigeons. — Phoques........................ 248

Chap. LXXVIII. Caserne. — Citerne. — Place d'armes. — Fortifications. — *Torrione.* — Arsenal. — Place de la *Manicchella.* — Séparation de la Corse et de la Sardaigne............. 254

Chap. LXXIX. Oratoire de la *Trinité*. — Vue. — Bois. — Ermite. — Fêtes..............Page 253

Chap. LXXX. Iles *San-Bainzo, Cavallo, Lavezzi*. — Carrières exploitées par les Romains...... 255

Chap. LXXXI. Ruines du château de *Campana*. — Ors'Alamanno. — *Porto-Vecchio*. — Station. — Vignes. — Porphyre. — Salines.......... 258

Chap. LXXXII. *Conca*. — Grotte. — *Favone*. — Tours................................. 261

FIUMORBO.

Chap. LXXXIII. *Sari*. — Insurrection du *Fiumorbo*. — Ruines du château de *Rocca Tagliata*. — Fontaine *Alzitella*. — Voie romaine. 262

Chap. LXXXIV. Mépris de l'argent. — Indépendance des Corses. — *Migliacciaro*. — Exploitation 264

Chap. LXXXV. Bains de *Pietrapola*. — Promptes guérisons. — Antiquités.................. 268

Chap. LXXXVI. Civilisation du *Fiumorbo*. — Premier discours d'un curé. — Frères des écoles chrétiennes. — Garnison de *Prunelli* — Lucquois. — Vue........................... 271

ALERIA.

Chap. LXXXVII. *Vadina*. — *Aleria*. — Étang de Diana. — Huîtres. — Plaine d'Aleria. — Le roi Théodore 276

Chap. LXXXVIII. Ma cécité.................. 280

TABLE DES MATIÈRES.

Chap. LXXXIX. *Cervione.* — Vin. — Du rétablissement de la sous-préfecture. — Église *Sainte-Christine* .... *Page* 282

Chap. XC. *Piedicroce d'Orezza.* — Bains. — Vert antique. — Amiante. — Muletiers. — Industrie. — Route.................................. 284

Chap. XCI. *La Porta.* — Eaux gazeuses. — Église. — Curé. — Chapelle *Saint-Louis.* — Mgr Sébastiani. — Maison de MM. Sébastiani. — Pont 287

Chap. XCII. *Cavignano.* — *Te Deum* pour la fin d'une *vendetta*................................. 291

Chap. XCIII. *Morosaglia.* — Couvent. — Clément Paoli. — Franciscains patriotes. — Vue..... 292

Chap. XCIV. Maison de Paoli. — Fontaine *del melo.* — Paysans. — Exemplaire des œuvres d'Alfieri envoyé à Paoli et inscription. — Selle du dey de Tunis. — Épée de Frédéric. — Gloire de Paoli............................... 295

Chap. XCV. Château de *Serravalle.* — Golo. — Pontenuovo. — *Pastoreccia.* — Bataille de Pontenuovo................................ 301

CASINCA.

Chap. XCVI. *Venzolasca.* — Couvent. — Ruines. — Route. — Piliers antiques. 305

Chap. XCVII. *Vescovato.* — Châtaigniers. — Site. — Église. — Tabernacle. — Représentations théâtrales 307

Chap. XCVIII. Maison de Filippini. — Sa vigne.

— Maison de Ceccaldi. — Murat à Vescovato. — Projet de Jean-Jacques de s'y retirer. — Les Casabianca. — Hérédité, simultanéité des réputations en Corse. — Esprit de famille. *Page* 309

MARANA.

Chap. XCIX. *Mariana.* — *Lucciana.* — Aqueduc. — *Canonica.* — *Borgo.* — Église. — Clé vétérinaire. — Bataille. — L'abbé Septembre..... 314

Chap. C. *Biguglia.* — Domination pisane. — Château. — Plaine. — Tour de la *Mortola.* — Étang. — Barques. — Pêche. — *Furiani.* — Retour à Bastia........................ 317

ILE D'ELBE.

LIVRE DEUXIÈME.

Chap. Ier. Route. — Portoferrajo. — Aspect. — Port. — Fortifications. — Fanal. — Souveraineté. — Budget. — Garnison............... 324

Chap. II. Maison de Napoléon. — Présentations. — Drapeau. — Garde impériale. — Caserne. — Route. — Théâtre. — Départ.......... 328

Chap. III. Salines. — *Grottes* 331

Chap. IV. *Saint-Martin.* — Fontaine. — Ruines.. 332

Chap. V. *Capoliveri.* — Origine. — Mœurs. — Murs. — *Calamita*....................... 334

Chap. VI. Portolungone. — Fortifications. — *Christ.* — Prise et défense de Portolungone... 336

TABLE DES MATIÈRES.

Chap. VII. Maison de Napoléon. — Devis. — *Canapé*. — Fontaine de Barberousse. — Invasion due à des casuistes.................... *Page* 339

Chap. VIII. Environs. — Palmiers. — Ermitage du *Montserrat*. — Avenue. — Ruisseau. — *Sassi tedeschi*............................ 343

Chap. IX. Vallée *dei mulini*. — *Volterrajo*. — *Rio*. — Fontaine. — Mine. — Orangers. — Eau acidule. — Grotte romaine. — Ouvriers. — Exploitation. — Produit................. 346

Chap. X. *Palagio*. — Chapelle *san Bennato*...... 351

Chap. XI. *Campo*. — *Saint-Nicolas*. — *Saint-Jean*. — Fontaine. — Tour. — *Secchetto*. — Chantiers romains. — *Pianosa*...................... 352

Chap. XII. *Capanne*. — Vue. — *Marciana*....... 357

APPENDICE.

N.º 1. Lettre inédite de Napoléon............ 361
N.º 2. Lettre de Viterbi 361
N.º 3. V. Giubega........................... 365
N.º 4. Le chanoine Straforelli 392
N.º 5. V. Biadelli........................... 400
N.º 6. Le chanoine Felici, et M. Viale........ 404
N.º 7. Chant (*nanna*) de paysanne du Coscione.. 410
N.º 8. Sonnet de Hyacinthe Paoli............. 411

FIN DE LA TABLE DU PREMIER VOLUME.

VERSAILLES. — IMPRIMERIE DE DUFAURE,
Rue de la Paroisse, 21.

www.ingramcontent.com/pod-product-compliance
Lightning Source LLC
Chambersburg PA
CBHW050911230426
43666CB00010B/2119